# Teacher's Manual With Answers

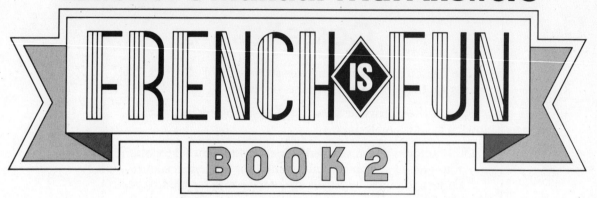

# FRENCH IS FUN

## BOOK 2

### Gail Stein

When ordering this book, please specify *either* **R 560 T**
*or* FRENCH IS FUN, BOOK 2, TEACHER'S MANUAL

Dedicated to serving

AMSCO

our nation's youth

**AMSCO SCHOOL PUBLICATIONS, INC.**
**315 Hudson Street / New York, N.Y. 10013**

# Cassettes

The Cassette program comprises six two-sided cassettes. The voices are those of native speakers of French.

Each of the twenty lessons in the textbook includes the following cassette materials:

Oral exercises (from the *Teacher's Manual* and textbook) in four-phased sequences: cue—pause for student response—correct response by native speaker—pause for student repetition.

The narrative or playlet at normal listening speed.

Questions based on the narrative or playlet in four-phased sequences.

The dialog with model responses at normal speed, then again by phrases with pauses for student repetition.

In addition, the final cassette includes the listening-comprehension passages in the Proficiency Test.

The Cassettes (Ordering Code N 560 C) are available separately from the publisher. A complete cassette script is included.

ISBN 0-87720-030-0

Copyright © 1993 by Amsco School Publications, Inc.

Printed in the United States of America

# Prefatory Note

This *Teacher's Manual with Answers* for FRENCH IS FUN, BOOK 2 includes the following materials for the textbook and the CAHIER D'EXERCISES.

- Suggestions for presenting the key sections of the twenty lessons in the textbook.

- Supplementary explanatory notes that teachers may wish to use in suitable classroom contexts.

- Optional oral exercises not printed in the textbook. Most of these exercises are also part of the cassette program.

- Key to structures and text exercises, including games and puzzles.

- Key to CAHIER exercises.

- Quizzes to be used after each of the twenty lessons in the textbook.

- Key to Quizzes.

- Unit Tests to be used after each of the four parts in the textbook.

- Key to Unit Tests.

- Achievement Tests to be used after Part Two and Part Four.

- Key to Achievement Tests.

- Teacher components for the Proficiency Test, along with the procedures for their administration and for the evaluation of student performance.

# Introduction

## Vocabulary

Present the active vocabulary of each lesson before taking up the readings or structural elements. With the aid of supplementary materials (pictures, objects), pronounce each new expression in a dramatic and even, where appropriate, an exaggerated manner.

Have students repeat each expression individually or in unison. Using gestures and intonations, prompt students to respond individually to simple questions in order to reinforce the pronunciation and meaning of each new item. Before this procedure works successfully, you may have to engage in a type of monologue through which the full meaning of the new vocabulary is set forth:

**Qu'est-ce que c'est qu'une omelette aux champignons?**
**C'est un plat français.**
**Comment fait-on cette omelette?**
**On la fait avec des œufs et des champignons.**
**C'est un plat délicieux. Il est très populaire en France et partout où on aime la cuisine française.**

As the work progresses and students become more proficient, questions may increase in number and difficulty. You may also wish to recognize varying degrees of readiness among students by individualizing the cue-response sequences.

## Structures

Structure is presented inductively in order to encourage students to discover and formulate their own conclusions about grammatical principles. The sequences of questions and directed responses about structure include open "slots" for completion by students. This device is designed to motivate students to observe, compare, reason, and form conclusions.

Irregular verb structures and other structural elements are presented through illustrated dialog sequences to enliven the learning process. Encourage students to memorize and role-play these conversational components.

## Optional Oral Exercises

Do the optional oral exercises in this Manual after the presentation of structures.

## Activités

The exercises (which may be done both orally and in writing) are closely integrated with the learning materials in that they follow directly after the materials to which they apply. The exercises are designed to make students work actively in the language—hence, **activités**—whether they practice vocabulary, structure, conversation, or writing. Systematic recycling of lexical and structural elements helps reinforce all materials and develops increasing proficiency as the course progresses.

## Reading

The narratives or playlets in the lessons feature new vocabulary and structural elements and reinforce previously learned structures and expressions. Although these narratives and playlets are intended chiefly to develop reading skill, they are equally suitable for practice in listening comprehension, speaking, and—through the accompanying **activités**—writing.

To maintain class interest, each reading passage may be divided into appropriate segments and presented in different ways: the teacher reads; the class repeats phrases in unison after the teacher; individual students are called on to read or repeat.

When working with playlets, it is, of course, far more interesting and effective to assign roles to students, so that they may realistically act out the situations. Presenting the materials in a lifelike setting makes them far more enjoyable and meaningful for the students than they would be by merely repeating disparate sentences.

Each reading piece is followed by questions and answers or completions, which may be done orally or in writing. Teachers may wish to expand upon the **activités** in the book by personalizing the materials.

## Conversation

The dialog exercise in each lesson is designed to stimulate creative speaking. Call on students to articulate and dramatize the dialog with their own creative variations. Assign roles to individual students and groups and reverse roles so that every student has an opportunity to participate. You may wish to check comprehension by means of an oral exercise. Sample dialog responses are included.

## Personal Information

The entire lesson sequence has as its major goal the ability to apply acquired skills freely. Through **Questions personnelles, Vous,** and **Composition,** students are encouraged to express themselves freely about their own lives and experiences. Sample responses for these exercises are included.

# Première Partie

## *Leçon 1: À la fête française*

**Notes:** Students like to talk about food, their likes and dislikes. This lesson may be supplemented by pictures of various foods, menus, and actual examples of French delicacies supplied by teacher and students. You may want to review basic food terms (**viande, poulet, lait, pommes de terre**) along with the new vocabulary. These words can then be used to describe the makeup of the dishes presented in this lesson.

The verb **servir** should serve as a point of departure for the other verbs in the chapter. Teachers may cue students (or have students cue one another) to ask questions. Example: **Sers-tu le dîner?** A student answers: **Oui, je sers le dîner.** The entire class may then respond in unison: **Il/Elle sert le dîner.** Or: **Servez-vous le dîner? — Oui, nous servons le dîner. Ils/Elles servent le dîner.**

Encourage students to give negative answers when applicable and ask each other questions using **quel** and its various forms. The exclamatory **quel** can be practiced by having students react to magazine pictures.

To stimulate an interest in the cultural material, teachers may wish to use a map of the world and point out areas with which certain foods and dishes are identified. Students may also be asked to draw maps and locate the areas and specialties on them.

### Optional Oral Exercises

**A.** Ask a waiter to give you some of the following dishes: (Teacher uses pictures of the various food items indicated in the key.)

EXAMPLE: Donnez-moi du maïs, s'il vous plaît.

KEY

1. *Donnez-moi de la tarte, s'il vous plaît.*
2. *Donnez-moi du ragoût, s'il vous plaît.*
3. *Donnez-moi du gigot d'agneau, s'il vous plaît.*
4. *Donnez-moi des crevettes, s'il vous plaît.*
5. *Donnez-moi du canard, s'il vous plaît.*
6. *Donnez-moi des pâtes, s'il vous plaît.*
7. *Donnez-moi du rosbif, s'il vous plaît.*
8. *Donnez-moi du riz, s'il vous plaît.*

**B.** Express the form of the verb with the subject you hear:

1. servir: je
2. sentir: vous
3. dormir: les garçons
4. partir: Marie
5. sortir: je
6. servir: nous
7. sentir: tu
8. dormir: elle (singular)
9. partir: elles (plural)
10. sortir: vous

KEY

1. *je sers*
2. *vous sentez*
3. *les garçons dorment*
4. *Marie part*
5. *je sors*
6. *nous servons*
7. *tu sens*
8. *elle dort*
9. *elles partent*
10. *vous sortez*

**C.** You have just met André, a new student in your class. Ask him which of the following he likes: (Teacher uses fingers to indicate singular or plural.)

EXAMPLE:  plat
Quel plat aimes-tu?

1. sports
2. classes
3. films
4. musique
5. programme de télévision

KEY

1. *Quels sports aimes-tu?*
2. *Quelles classes aimes-tu?*
3. *Quels films aimes-tu?*
4. *Quelle musique aimes-tu?*
5. *Quel programme de télévision aimes-tu?*

**D.** Express your enthusiasm about the following: (Teacher uses fingers to indicate singular or plural.)

EXAMPLE:  maison
Quelle maison!

1. voiture
2. chiens
3. match
4. histoires
5. idée

KEY

1. *Quelle voiture!*
2. *Quels chiens!*
3. *Quel match!*
4. *Quelles histoires!*
5. *Quelle idée!*

**E.** Role playing. One student asks questions and another answers. You want to make the acquaintance of someone at the food festival in your school. Ask for the following information:

1. his/her age
2. his/her address
3. his/her favorite sport
4. his/her favorite dish
5. his/her favorite song

KEY

1. *Quel âge as-tu?*
2. *Quelle est ton adresse?*
3. *Quel est ton sport préféré?*
4. *Quel est ton plat préféré?*
5. *Quelle est ta chanson préférée?*

**F.** Directed dialog. Student #1 asks the question, student #2 responds, class responds in unison.

Demandez à un étudiant [une étudiante, des étudiants, des étudiantes] s'il [si elle, s'ils, si elles]

1. dort/dorment tard.
2. sent(ent) le parfum.
3. sert/servent le petit déjeuner
4. part(ent) pour l'école.
5. sort(ent) le week-end.

KEY

| | STUDENT #1 | STUDENT #2 |
|---|---|---|
| 1. | *Dors-tu tard?* *Dormez-vous tard?* | *Oui, je dors/nous dormons tard.* |
| 2. | *Sens-tu le parfum?* *Sentez-vous le parfum?* | *Oui, je sens/nous sentons le parfum.* |
| 3. | *Sers-tu le petit déjeuner?* *Servez-vous le petit déjeuner?* | *Oui, je sers/nous servons le petit déjeuner.* |
| 4. | *Pars-tu pour l'école?* *Partez-vous pour l'école?* | *Oui, je pars/nous partons pour l'école.* |
| 5. | *Sors-tu le week-end?* *Sortez-vous le week-end?* | *Oui, je sors/nous sortons le week-end.* |

NOTE:  The procedure for directed dialog may be extended to practice (a) negative and (b) third-person singular and plural forms. Examples:

(a) *Sers-tu le repas?*
*Non, je ne sers pas le repas.*
(b) *Demandez à un étudiant si un autre étudiant (d'autres étudiants) sert (servent) le repas:*
STUDENT #1:  *Sert-il le repas?*
*Est-ce qu'il sert le repas?*

STUDENT #2: *Oui, il sert le repas.*
STUDENT #1: *Servent-ils le repas?*
*Est-ce qu'ils servent le repas?*
STUDENT #2: *Oui, ils servent le repas.*

## Key to *Activité*

**A**  1. *Elles mangent de la tarte.*
2. *Elles mangent des crevettes.*
3. *Elles mangent des pâtes.*
4. *Elles mangent du rosbif.*
5. *Elles mangent du gigot d'agneau.*
6. *Elles mangent des saucisses.*
7. *Elles mangent de l'omelette.*
8. *Elles mangent du riz.*
9. *Elles mangent du maïs.*
10. *Elles mangent du ragoût.*

## Key to Structures

**2** . . . | **je** *sers* | **nous** *servons* |
| **tu** *sers* | **vous** *servez* |
| **il** *sert* | **ils** *servent* |
| **elle** *sert* | **elles** *servent* |

**3** . . . Which letters were dropped from the infinitive to form the verb stem? *-ir* Which ending was added for **je?** *s;* **tu?** *s;* **il?** *t;* **elle?** *t.*
. . . Which letters were dropped from the infinitive to form the verb stem? *-ir* Which ending was added for **nous?** *ons;* **vous?** *ez;* **ils** *ent;* **elles?** *ent.*

| | | | |
|---|---|---|---|
| **je** *dors* | *pars* | *sens* | *sors* |
| **tu** *dors* | *pars* | *sens* | *sors* |
| **il** *dort* | *part* | *sent* | *sort* |
| **elle** *dort* | *part* | *sent* | *sort* |
| **nous** *dormons* | *partons* | *sentons* | *sortons* |
| **vous** *dormez* | *partez* | *sentez* | *sortez* |
| **ils** *dorment* | *partent* | *sentent* | *sortent* |
| **elles** *dorment* | *partent* | *sentent* | *sortent* |

## Key to *Activités*

**B**  1. *dors*   3. *sort*
2. *partent*   4. *servent*

5. *sentent*   8. *sortent*
6. *dormons*   9. *sert*
7. *pars*   10. *sent*

**C**  1. *dors*   5. *sentent*
2. *partent*   6. *dormons*
3. *sert*   7. *servez*
4. *sors*   8. *sent*

**D**  1. *Le nom du jeu est «Connaissez-vous votre mari?».*
2. *Marie est la première compétitrice.*
3. *Le couple peut gagner cinq cents dollars.*
4. *Il préfère la cuisine française.*
5. *Il ne mange pas de légumes.*
6. *Il fréquente «Le Versailles».*
7. *Il aime toutes les pâtisseries.*
8. *Son plat préféré est le ragoût d'agneau.*
9. *Marie a cinq réponses correctes.*
10. *Martin Renard est le mari de l'autre compétitrice.*

## Key to Structures

**5**  The interrogative **quel** and its forms mean *which (what).* The form of the word **quel** is followed by a *noun.*

. . . Use **quel** before a *masculine singular noun,*
**quels** before a *masculine plural noun,*
**quelle** before a *feminine singular noun,*
**quelles** before a *feminine plural noun.*

. . . When **quel, quelle, quels,** or **quelles** is followed by a noun that is the object of the question, you can form the question by either *inverting* the subject pronoun and the verb, or by using *est-ce que* before the subject and the verb.

## Key to *Activités*

**E**  1. *Quelles tartes aimes-tu?*
2. *Quelle salade aimes-tu?*
3. *Quelle soupe aimes-tu?*

4. *Quels légumes aimes-tu?*
5. *Quelles pâtes aimes-tu?*
6. *Quelle omelette aimes-tu?*
7. *Quel gâteau aimes-tu?*
8. *Quelles crêpes aimes-tu?*
9. *Quel fromage aimes-tu?*

**F**
| | | | |
|---|---|---|---|
| 1. | *Quel* | 5. | *Quel* |
| 2. | *Quels* | 6. | *Quelles* |
| 3. | *quelle* | 7. | *Quels* |
| 4. | *Quelle* | 8. | *Quelles* |

**G**
| | | | |
|---|---|---|---|
| 1. | *Quel* | 5. | *Quelle* |
| 2. | *Quels* | 6. | *Quelles* |
| 3. | *Quel* | 7. | *Quels* |
| 4. | *Quelles* | 8. | *Quelle* |

**H**
| | | | |
|---|---|---|---|
| 1. | *Quel* | 5. | *Quel* |
| 2. | *Quelle* | 6. | *Quels* |
| 3. | *Quelles* | 7. | *Quelle* |
| 4. | *Quels* | 8. | *Quelles* |

### Key to Structures

**8**   ... In exclamations, **quel** and its forms mean: *what (a).*

### Key to *Activité*

**I**
1. *Quelles crevettes formidables!*
2. *Quel rosbif formidable!*
3. *Quelles omelettes formidables!*
4. *Quel maïs formidable!*
5. *Quel gigot d'agneau formidable!*
6. *Quelles tartes formidables!*
7. *Quelle soupe formidable!*
8. *Quelles pâtes formidables!*

**Dialogue** (Sample responses)

De quel pays êtes-vous?
*Je suis de France.*
Quelle est la spécialité de votre pays?
*C'est le bœuf bourguignon.*
Quel est l'ingrédient principal?
*C'est le bœuf.*
Combien de temps ce plat prend-il à préparer?
*Trois heures.*
Pourquoi aimez-vous ce plat?
*Parce que j'aime la viande.*

### Questions personnelles (Sample responses)

1. *Ma mère sert le dîner à sept heures.*
2. *Le poulet sent bon.*
3. *Je pars pour l'école à sept heures et demie.*
4. *Je sors avec mes amis.*
5. *Je dors dans ma chambre.*
6. *Mon adresse est le 17, boulevard Régine.*

### Vous (Sample responses)

1. *Aimez-vous le gigot d'agneau?*
2. *Quels légumes préférez-vous?*
3. *Quelles pâtisseries aimez-vous?*
4. *Mangez-vous du poisson?*
5. *Quel est votre plat préféré?*

### Composition

1. *Quel est ton nom?*
2. *Quelle est ton adresse?*
3. *Quel est ton numéro de téléphone?*
4. *Quelle est ta classe préférée?*
5. *Quel est ton programme de télévision préféré?*

### Key to *Cahier* Exercises

**A**
1. *Elle sert du gigot d'agneau.*
2. *Elle sert une omelette.*
3. *Elle sert du riz.*
4. *Elle sert des saucisses.*
5. *Elle sert du maïs.*
6. *Elle sert des crevettes.*
7. *Elle sert du poulet.*
8. *Elle sert des pâtes.*
9. *Elle sert des tartes.*
10. *Elle sert du rosbif.*

**B**
1. *commande des crevettes, des pâtes et de la tarte.*
2. *commandons des saucisses, du maïs et du gâteau.*
3. *commandent une omelette, de la salade et du fromage.*
4. *commandes du gigot d'agneau, du riz et des fruits.*

**C**

**D**  (Sample responses)

1. *Tu dors tard.*
2. *Les jeunes filles sortent ensemble.*
3. *Nous partons faire une promenade.*
4. *Paul sent le ragoût.*
5. *Je sers le déjeuner.*
6. *Vous partez jouer au football.*
7. *Pierre et moi, nous sortons avec Lise.*
8. *Luc et Marc dorment jusqu'à midi.*

**E**  (Sample responses)

1. *Quel plat aimes-tu?*
2. *Quels films regardes-tu?*
3. *Quelles classes choisis-tu?*
4. *Quels fruits manges-tu?*
5. *Quelle actrice adores-tu?*
6. *Quel dessert commandes-tu?*
7. *Quelle cassette écoutes-tu?*
8. *Quelles chansons chantes-tu?*

**F**  (Sample responses)

1. *Quelles tartes délicieuses!*
2. *Quel film triste!*
3. *Quels disques excellents!*
4. *Quelle classe formidable!*

**G**  (Sample response)

*Je sors acheter les ingrédients. Je prépare un plat. Je sens le plat. Je goûte le plat. Je sers le plat.*

**H**  1. *e*    3. *f*    5. *c*    7. *d*
   2. *g*    4. *h*    6. *b*    8. *a*

NOM: _____ CLASSE: _____ DATE: _____

# Quiz 1

**A.** Answer the question you hear:

_____

**B.** Express what each person is serving at the food festival:

EXAMPLE:  Tu

Tu sers du poulet.

1.   Je _____.

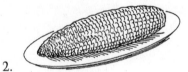

2.   Nous _____.

3.   Ils _____.

4.   Vous _____.

5.   Elle _____.

**C.** Express what each person is doing:

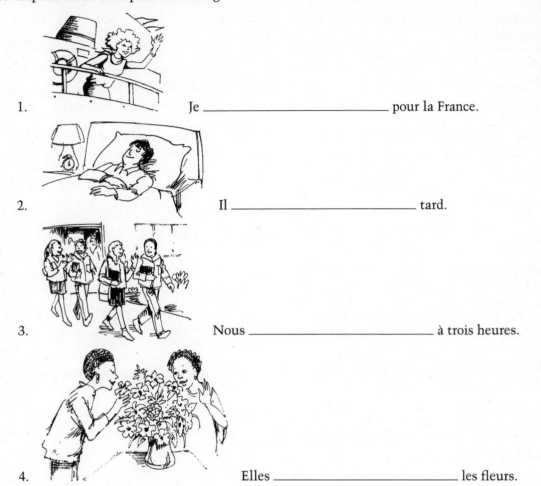

1. Je _____ pour la France.

2. Il _____ tard.

3. Nous _____ à trois heures.

4. Elles _____ les fleurs.

**D.** You are at a party where you meet a new friend. Using the interrogative **quel,** ask him/her for the following information:

1. his/her favorite car

_____

2. his/her favorite rock group

_____

3. his/her favorite books

_____

4. his/her favorite pastries

_____

### Key to Quiz 1

**A** Teacher cue: Qu'est-ce que tu sers à une fête chez toi?
Sample response: *Je sers du canard et du riz.*

**B** 1. *sers du riz*
2. *servons du maïs*
3. *servent des crevettes*
4. *servez du ragoût*
5. *sert de la tarte.*

**C** 1. *pars*    3. *sortons*
2. *dort*    4. *sentent*

**D** (Sample questions)
1. *Quelle est ta voiture préférée?*
2. *Quel est ton groupe rock préféré?*
3. *Quels sont tes livres préférés?*
4. *Quelles sont tes pâtisseries préférées?*

# Leçon 2: Chez le bijoutier

**Notes:** This lesson dealing with jewelry lends itself readily to playacting. Have students bring in costume jewelry. Many of these items (bracelets, rings, and the like) can be bought cheaply in quantities. Students can then act out skits, purchasing various items at the jewelry store, asking to see different items, asking their prices, and so on.

The verb techniques used in Lesson 1 may also be applied here. Individualized cue-response techniques should be encouraged wherever possible.

Negatives may be practiced by having the teacher or the students ask each other questions that will produce negative answers.

Teachers may wish to bring in foreign currency to reinforce the cultural content of this chapter. In addition, students may be asked to find foreign-exchange rates in the newspaper.

### Optional Oral Exercises

**A.** Tell the jeweler what you are looking for: (Teacher uses props or pictures of items indicated in the key.)

EXAMPLE: broche
Je cherche une jolie broche.

*KEY*

1. *Je cherche un joli collier.*
2. *Je cherche une jolie montre.*
3. *Je cherche un joli bracelet.*
4. *Je cherche une jolie bague.*
5. *Je cherche un joli anneau.*
6. *Je cherche de jolies boucles d'oreilles.*
7. *Je cherche une jolie chaîne.*

**B.** Express the form of the verb with the subject you hear:

1. mettre: tu
2. permettre: il (singular)
3. promettre: vous
4. remettre: je
5. mettre: Georges et André
6. permettre: nous
7. promettre: elles (plural)
8. remettre: Marie

*KEY*

1. *tu mets*
2. *il permet*
3. *vous promettez*
4. *je remets*
5. *Georges et André mettent*
6. *nous permettons*
7. *elles promettent*
8. *Marie remet*

C.  You are not in a good mood. Answer all the questions negatively using the clues provided:

EXAMPLE:  Tu peux rester (pas)
          Non, je ne peux pas rester.

1. Tu veux sortir? (pas)
2. Tu attends quelqu'un? (personne)
3. Tu manges quelque chose? (rien)
4. Tu chantes encore? (plus)
5. Tu aimes le bifteck et le rosbif? (ni. . .ni)
6. Tu danses souvent? (jamais)
7. Tu sors le week-end? (que)

KEY

1. *Je ne veux pas sortir.*
2. *Je n'attends personne.*
3. *Je ne mange rien.*
4. *Je ne chante plus.*
5. *Je n'aime ni le bifteck ni le rosbif.*
6. *Je ne danse jamais.*
7. *Je ne sors que le week-end.*

D.  You are at a boring party. Express what isn't happening:

EXAMPLE:  danser
          Personne ne danse.

1. parler           3. chanter
2. manger           4. jouer

KEY

1. *Personne ne parle.*
2. *Personne ne mange.*
3. *Personne ne chante.*
4. *Personne ne joue.*

E.  Express your negative opinion to say how everything is:

EXAMPLE:  intéressant
          Rien n'est intéressant.

1. formidable        4. magnifique
2. excitant          5. passionnant
3. bon

KEY

1. *Rien n'est formidable.*
2. *Rien n'est excitant.*
3. *Rien n'est bon.*
4. *Rien n'est magnifique.*
5. *Rien n'est passionnant.*

F.  Directed dialog. (See Lesson 1, Optional Oral Exercise F, for procedures.)

Vos amis et vous parlez des devoirs. Demandez à un ami [une amie, des ami(e)s] s'il [si elle, s'ils, si elles]

1. met(tent) les devoirs en ordre.
2. permet(tent) de copier les devoirs.
3. promet(tent) d'étudier.
4. remet(tent) le travail à demain.

KEY

| STUDENT #1 | STUDENT #2 |
| --- | --- |
| 1. *Mets-tu les devoirs en ordre?* *Mettez-vous les devoirs en ordre?* | *Oui, je mets/nous mettons les devoirs en ordre.* |
| 2. *Permets-tu de copier les devoirs?* *Permettez-vous de copier les devoirs?* | *Oui, je permets/nous permettons de copier les devoirs.* |
| 3. *Promets-tu d'étudier?* *Promettez-vous d'étudier?* | *Oui, je promets/nous promettons d'étudier.* |
| 4. *Remets-tu le travail à demain?* *Remettez-vous le travail à demain?* | *Oui, je remets/nous remettons le travail à demain.* |

### Key to *Activités*

**A**

BIJOUTERIE

montre en or
$125

broche
d'émeraude
$600

anneau en
argent
$50

collier de
perles
$500

bracelet en or
$300

bague de
diamants
$750

**B** (Sample responses)

1. *J'achète une montre pour mon ami Jean.*
2. *J'achète un bracelet en argent pour mon amie Annette.*
3. *J'achète un collier de perles pour ma mère.*
4. *J'achète des boucles d'oreilles pour ma sœur Jacqueline.*
5. *J'achète une chaîne en or pour mon frère Michel.*

### Key to Structures

**2** ...

| | | | |
|---|---|---|---|
| **je** *mets* | | **nous** *mettons* | |
| **tu** *mets* | | **vous** *mettez* | |
| **il** *met* | | **ils** *mettent* | |
| **elle** *met* | | **elles** *mettent* | |

### Key to *Activités*

**C** 1. *mettons des boucles d'oreilles.*
2. *met une broche.*

3. *mets une chaîne.*
4. *mettent un anneau.*
5. *mets un collier.*
6. *mettez une montre.*

**D**

| | | | |
|---|---|---|---|
| 1. *mets* | | 5. *mets* | |
| 2. *permet* | | 6. *permettent* | |
| 3. *promettent* | | 7. *promettez* | |
| 4. *remettons* | | 8. *remet* | |

### Key to Structures

**3** You already know that to make a sentence negative in French you simply put *ne* before the conjugated verb and *pas* after the conjugated verb.

### Key to *Activités*

**E** 1. *Faux. Le magicien est assis sur une chaise.*
2. *Faux. Le magicien ne peut plus voir les spectateurs.*

3. *Faux. Il ne voit rien.*
4. *Vrai.*
5. *Faux. L'assistant dit qu'il a quelque chose dans la main.*
6. *Faux. La chose n'est ni grande ni petite.*
7. *Faux. C'est une montre.*
8. *Faux. Le maître ne fait jamais d'erreurs.*
9. *Faux. Le maître ne dit que la vérité.*
10. *Faux. Cet homme n'est pas un magicien.*

**4**  . . . not any longer,    *ne . . . plus*
     no longer
     no one, nobody    *ne . . . personne*
     nothing    *ne . . . rien*
     nothing more    *ne . . . plus rien*
     neither . . . nor    *ne . . . ni . . . ni*
     not    *ne . . . pas*
     never    *ne . . . jamais*
     only    *ne . . . que*

**5**  . . . Which little French word is used in all the negative sentences? *ne* Which familiar French word is replaced by other negative words? *pas* Where is **ne?** *Before the verb.* Where is the other negative word? *After the verb.*

### Key to *Activités*

**F**  1. *Je ne mets pas cet anneau.*
    2. *Je ne joue pas au tennis.*
    3. *Je ne danse pas bien.*

**G**  1. *Je ne mange rien.*
    2. *Je ne vois rien.*
    3. *Je n'entends rien.*
    4. *Je ne prends rien.*
    5. *Je ne trouve rien.*

**H**  1. *Je n'entends personne.*
    2. *Je n'aime personne.*
    3. *Je ne regarde personne.*
    4. *Je n'adore personne.*
    5. *Je ne cherche personne.*

**I**  1. *Je ne danse plus.*
    2. *Je ne travaille plus.*
    3. *Je ne chante plus.*
    4. *Je ne regarde plus ce programme.*
    5. *Je ne joue plus au tennis.*

**J**  1. *Je n'aime ni les frites ni le maïs.*
    2. *Je n'aime ni les pommes ni les oranges.*
    3. *Je n'aime ni la viande ni le poisson.*
    4. *Je n'aime ni le bifteck ni le rosbif.*
    5. *Je n'aime ni le veau ni l'agneau.*

**K**  1. *Je ne mets jamais de collier.*
    2. *Je ne mets jamais de bague.*
    3. *Je ne mets jamais de chaîne.*
    4. *Je ne mets jamais de broche.*
    5. *Je ne mets jamais de montre.*

**L**  1. *Elle ne mange que du pain.*
    2. *Elle ne mange que du poulet.*
    3. *Elle ne mange que du riz.*
    4. *Elle ne mange que du maïs.*
    5. *Elle ne mange que du chocolat.*

**M**  1. *Il n'étudie que le soir.*
    2. *Nous ne voyons personne.*
    3. *Je ne travaille plus au bureau.*
    4. *Vous ne choisissez jamais les fruits.*
    5. *Ne mangez rien!*
    6. *Marie n'aime ni les fruits ni les légumes.*

**N**  1. *Personne ne regarde la télévision.*
    2. *Personne ne joue au football.*
    3. *Personne ne fait de promenade.*
    4. *Personne ne parle au téléphone.*
    5. *Personne ne va au cinéma.*

**O**  1. *Rien n'est formidable.*
    2. *Rien n'est intéressant.*
    3. *Rien n'est superbe.*
    4. *Rien n'est excellent.*
    5. *Rien n'est parfait.*

### Vous (Sample responses)

1. *Je ne déteste personne.*
2. *Je n'aime ni les fruits ni les légumes.*
3. *Je ne mange plus de chocolat.*
4. *Je ne joue jamais au tennis.*
5. *Je ne mange que du poisson.*
6. *Je ne déteste rien.*
7. *Je ne sors pas après l'école.*

**Questions personnelles** (Sample responses)

1. *Je mets une montre-bracelet.*
2. *Je mets une chaîne en or.*
3. *Je mets un manteau, un chapeau et des gants.*
4. *Je mets une montre quand je vais à l'école.*
5. *Je mets mes livres dans ma chambre.*

**Composition** (Sample response)

*Je ne dors pas tard. Je ne mange jamais de fruits. Je ne travaille ni le samedi ni le dimanche. Je n'arrive jamais en retard. Je ne demande rien.*

**Dialogue** (Sample responses)

Quand est la surprise-partie?
*C'est samedi soir.*
Où est la surprise-partie?
*Chez Marc.*
Qui va aller à la surprise-partie?
*Tous mes camarades de classe.*
Qu'est-ce que tu vas mettre?
*Je vais mettre ma robe rouge.*
Quels bijoux vas-tu porter?
*Mon collier de perles et mon bracelet en or.*

### Key to *Cahier* Exercises

**A**
1. *Je peux acheter des boucles d'oreilles.*
2. *Je peux acheter un anneau.*
3. *Je peux acheter une bague.*
4. *Je peux acheter une broche.*
5. *Je peux acheter un collier.*
6. *Je peux acheter une chaîne.*
7. *Je peux acheter un bracelet.*
8. *Je peux acheter une montre.*

**B** (Sample responses)

1. *Je mets un collier.*
2. *Nous mettons des boucles d'oreilles.*
3. *Georgette met un bracelet en or.*
4. *Luc et Paul mettent des bagues.*
5. *Vous mettez une chaîne.*
6. *Tu mets une montre.*

**C**
1. *remet*
2. *promettent*
3. *permets*
4. *mettez*
5. *permets*
6. *promettons*
7. *remettent*
8. *met*

**D** 4

**E**
1. *ne, plus*
2. *ne, ni, ni*
3. *ne, jamais*
4. *n', rien*
5. *ne, personne*
6. *n', que*
7. *ne, plus*
8. *n', rien*

**F**
1. *Personne ne sort.*
2. *Personne n'écoute de disques.*
3. *Personne ne joue au tennis.*
4. *Personne ne va au zoo.*
5. *Personne ne parle au téléphone.*

**G** (Sample response)

*Je ne veux pas aller chez grand-mère dimanche. Il n'y a rien à faire chez elle. J'ai des devoirs de maths à faire. Chez grand-mère, personne ne comprend les maths. Je ne peux jamais faire mes devoirs chez elle. Je préfère rester à la maison.*

**H** Variable.

NOM: _____ CLASSE: _____ DATE: _____

# *Quiz 2*

**A.** Answer the question you hear:

_____

**B.** Express what jewelry each person is putting on to go to school:

EXAMPLE:

Tu mets un anneau.

1. Nous _____.

2. Je _____.

3. Vous _____.

4. Brigitte _____.

5. Les garçons _____.

**C.** You are at a party and a new friend asks you many questions. Answer each one using the negative indicated:

1. Tu fumes? (never)

_____

2. Tu aimes le golf ou le tennis? (neither. . .nor)

_____

3. Tu veux encore manger? (nothing more)

_____

4. Tu danses bien? (not)

_____

5. Tu travailles le week-end? (only)

_____

6. Tu étudies l'espagnol? (not any longer)

_____

7. Tu sors avec quelqu'un? (nobody)

_____

8. Tu veux quelque chose? (nothing)

_____

---

### Key to Quiz 2

**A**  Teacher cue: Quels bijoux mets-tu pour
aller à une fête?
Sample response: *Je mets une bague, un
collier et un bracelet.*

**B**  1. *mettons des boucles d'oreilles*
2. *mets un bracelet*
3. *mettez un collier*
4. *met une chaîne*
5. *mettent une montre*

**C**  1. *Je ne fume jamais.*
2. *Je n'aime ni le golf ni le tennis.*
3. *Je ne veux plus rien manger.*
4. *Je ne danse pas bien.*
5. *Je ne travaille que le week-end.*
6. *Je n'étudie plus l'espagnol.*
7. *Je ne sors avec personne.*
8. *Je ne veux rien.*

## Leçon 3:  *À la plage*

**Notes:** Beach articles and other realia may supplement the vocabulary illustrations and the plural of nouns.

A "treasure hunt" might serve as a motivational device for this lesson, which deals with the finding of a buried treasure on the beach. Different items can be secreted throughout the classroom. The teacher can then provide a student (or the captain of a team of students) with a list of clues (in French, of course: **sous le bureau du professeur, près de la porte,** etc.) that students must follow and decipher in order to find **"le trésor caché."**

The verb techniques used in Lesson 1 may also be applied here. Individualized cue-response techniques should be encouraged wherever possible.

Teachers may wish to use a wall map of France and other French-speaking countries to point out where the sea resorts are located.

## Optional Oral Exercises

**A.** Express what can be seen at the beach: (Teacher uses props or pictures of items indicated in the key and fingers to indicate singular or plural.)

EXAMPLE: trous
Il y a des trous.

*KEY*

1. *Il y a des bateaux.*
2. *Il y a des oiseaux.*
3. *Il y a des vagues.*
4. *Il y a des pelles.*
5. *Il y a du sable.*
6. *Il y a des joujoux.*
7. *Il y a des cailloux.*
8. *Il y a des coquillages.*
9. *Il y a des seaux.*
10. *Il y a de l'eau.*

**B.** Express the form of the verb with the subject you hear:

1. ouvrir: vous
2. couvrir: Paul
3. découvrir: je
4. ouvrir: il (singular)
5. couvrir: elles (plural)
6. découvrir: nous
7. ouvrir: tu
8. couvrir: Anne et Henri
9. découvrir: elle (singular)

*KEY*

1. *vous ouvrez*
2. *Paul couvre*
3. *je découvre*
4. *il ouvre*
5. *elles couvrent*
6. *nous découvrons*
7. *tu ouvres*
8. *Anne et Henri couvrent*
9. *elle découvre*

**C.** Express what Gérard sees at the beach by changing the clues to the plural:

EXAMPLE: chapeau
Il voit des chapeaux.

1. bateau
2. caillou
3. clou
4. oiseau
5. animal
6. cheval
7. château
8. joujou
9. journal
10. pneu

*KEY*

1. *Il voit des bateaux.*
2. *Il voit des cailloux.*
3. *Il voit des clous.*
4. *Il voit des oiseaux.*
5. *Il voit des animaux.*
6. *Il voit des chevaux.*
7. *Il voit des châteaux.*
8. *Il voit des joujoux.*
9. *Il voit des journaux.*
10. *Il voit des pneus.*

**D.** Directed dialog. (See Lesson 1, Optional Oral Exercise F, for procedures.)

Demandez à un étudiant [une étudiante, des étudiants, des étudiantes] s'il [si elle, s'ils, si elles]

1. ouvre(nt) le cahier.
2. couvre(nt) les livres.
3. découvre(nt) les réponses correctes.

*KEY*

| | STUDENT #1 | STUDENT #2 |
|---|---|---|
| 1. | *Ouvres-tu le cahier? Ouvrez-vous le cahier?* | *Oui, j'ouvre/nous ouvrons le cahier.* |
| 2. | *Couvres-tu les livres? Couvrez-vous les livres?* | *Oui, je couvre/nous couvrons les livres.* |
| 3. | *Découvres-tu les réponses correctes? Découvrez-vous les réponses correctes?* | *Oui, je découvre/ nous découvrons les réponses correctes.* |

## Key to *Activité*

**A**
1. *Je vois un bateau.*
2. *Je vois un requin.*
3. *Je vois une mer.*
4. *Je vois un maître-nageur.*
5. *Je vois un panier.*
6. *Je vois des vagues.*
7. *Je vois du sable.*
8. *Je vois un château de sable.*
9. *Je vois une pelle.*
10. *Je vois un seau.*
11. *Je vois des coquillages.*
12. *Je vois des cailloux.*

## Key to Structures

2   . . .

| | |
|---|---|
| j'ouvre | nous ouvrons |
| tu ouvres | vous ouvrez |
| il ouvre | ils ouvrent |
| elle ouvre | elles ouvrent |

| | | |
|---|---|---|
| je couvre | | découvre |
| tu couvres | | découvres |
| il couvre | | découvre |
| elle couvre | | découvre |
| nous couvrons | | découvrons |
| vous couvrez | | découvrez |
| ils couvrent | | découvrent |

## Key to *Activités*

B  1. ouvre
   2. couvrez
   3. découvre
   4. ouvrent
   5. couvre
   6. découvrons
   7. Ouvrez
   8. couvres
   9. découvrent

C  1. ouvre un panier
   2. découvrent des coquillages
   3. couvre la tarte
   4. ouvrent le parasol
   5. couvre le bateau
   6. découvrent une bague

D  1. Il passe ses vacances chez sa grand-mère, sur une petite île des Antilles.
   2. Chaque matin, il fait une promenade sur la plage.
   3. Un matin, ils trouvent une bouteille.
   4. Il y a une carte dedans.
   5. Ils commencent à rire parce qu'ils regardent la carte.
   6. Ils arrivent au lieu indiqué sur la carte.
   7. Ils cherchent dans le sable.
   8. Ils découvrent une boîte.
   9. Il y a des bijoux dans la boîte.
   10. Ils vont mettre une annonce dans le journal.

## Key to Structures

4   . . . Do you remember how to make most French nouns plural?

| | |
|---|---|
| le trésor | les trésors |
| la promenade | les promenades |
| l'été | les étés |

In French, to make most nouns plural, simply add *s* to the *singular* of the noun. Change the singular definite article **le, la, l'** to the plural definite article *les*.

Do you remember how to make the noun plural if it already ends in **s**?

| | |
|---|---|
| **le fils** | *les fils* |

. . . To form the plural of most nouns ending in **-eau**, add *x*. To form the plural of most nouns ending in **-al**, change **-al** to *aux*.

## Key to *Activité*

E  1. les paniers
   2. les chevaux
   3. les bateaux
   4. les autobus
   5. les requins
   6. les généraux
   7. les bras
   8. les couteaux

## Key to Structures

5   . . . How do you make a noun plural if it ends in **-x** or **-z**? *Leave x or z.*

## Key to *Activité*

F  1. les amis
   2. les repas
   3. les choix
   4. les prix
   5. les corps
   6. les gâteaux
   7. les croix
   8. les nez

## Key to Structures

6   . . . Here's the simple rule: to make nouns ending in **-eu** plural, add *x* to the singular.

## Key to *Activités*

G  1. les fois
   2. les feux
   3. les palais
   4. les voix
   5. les jeux
   6. les pneus
   7. les oiseaux
   8. les hôpitaux
   9. les robes
   10. les prix

**H**
1. *les mois*
2. *les bijoux*
3. *les pommes*
4. *les voix*
5. *les neveux*
6. *les genoux*
7. *les gâteaux*
8. *les nez*
9. *les hiboux*
10. *les lieux*
11. *les eaux*
12. *les trous*

**I**
1. *Nous cherchons des bijoux.*
2. *Nous cherchons des pneus.*
3. *Nous cherchons des journaux.*
4. *Nous cherchons des chapeaux.*
5. *Nous cherchons des choux.*
6. *Nous cherchons des drapeaux.*
7. *Nous cherchons des clous.*
8. *Nous cherchons des prix.*

**J**
1. *Montrez-moi vos lunettes.*
2. *Montrez-moi vos seaux.*
3. *Montrez-moi vos cailloux.*
4. *Montrez-moi vos yeux.*
5. *Montrez-moi vos cheveux.*
6. *Montrez-moi vos chapeaux.*
7. *Montrez-moi vos bateaux.*
8. *Montrez-moi vos drapeaux.*

**K**
1. *Le cheval traverse la rue.*
2. *Le gâteau est délicieux.*
3. *Le drapeau est bleu, blanc et rouge.*
4. *Madame, regardez ce film.*
5. *Le palais est magnifique.*
6. *Le hibou est dans l'arbre.*
7. *Ce jeu est difficile.*
8. *Le repas est bon.*
9. *La voix est jolie.*
10. *Ce monsieur est élégant.*

**Vous** (Sample responses)

1. *des coquillages*
2. *des bijoux*
3. *des cailloux*
4. *des lunettes*
5. *des prix*

**Dialogue** (Sample responses)

Je veux aller à la plage dimanche.
*Quelle bonne idée!*
À quelle plage veux-tu aller?
*Je veux aller à la plage de Long Beach.*
Combien coûte l'autobus?
*Trois dollars.*
Quels sandwiches peux-tu préparer?
*Des sandwiches au rosbif et au jambon.*
Bon. À quelle heure veux-tu partir?
*À huit heures du matin.*

**Questions personnelles** (Sample responses)

1. *J'ai trois manteaux.*
2. *Mes cheveux sont bruns.*
3. *Mes yeux sont bruns aussi.*
4. *Je lis «Le Monde» et «Le Figaro».*
5. *Non, je ne porte pas de lunettes.*
6. *J'aime les chats et les chiens.*
7. *Je vais à la plage en été.*
8. *Je vais à la plage de Cape Cod.*

**Composition** (Sample response)

La Côte d'Azur
France

Cher Henri,

Nice est très jolie. Il fait très chaud. Je vais à la plage tous les jours.

Martin

M. Henri Pierre
24, rue des oiseaux
59000 Lille France

### Key to *Cahier* Exercises

**A**  1. *Il dessine une mer.*
2. *Il dessine des vagues.*
3. *Il dessine un requin.*
4. *Il dessine un parasol.*
5. *Il dessine un seau.*
6. *Il dessine une pelle.*
7. *Il dessine un château de sable.*
8. *Il dessine des coquillages.*
9. *Il dessine du sable.*
10. *Il dessine un maître-nageur.*

**B**  1. *découvrons des cailloux*
2. *découvres un panier*
3. *découvre un château de sable*
4. *découvrent des coquillages*
5. *découvre un trou*
6. *découvrez un parasol*

**C**  1. *ouvrons*        4. *ouvres*
2. *couvre*         5. *couvrez*
3. *découvrent*     6. *découvre*

**D**  (Sample responses)

*Nice, Biarritz, Cannes, Deauville*

**E**  1. *des chevaux*       9. *des cailloux*
2. *des nez*          10. *des feux*
3. *des gâteaux*      11. *des yeux*
4. *des bijoux*       12. *des couteaux*
5. *des ciseaux*      13. *des cheveux*
6. *des lunettes*     14. *des oiseaux*
7. *des pneus*        15. *des autobus*
8. *des bateaux*      16. *des hiboux*

**F**  (Sample response)

*Il y a une jolie plage près de chez moi. Elle s'appelle la plage Jones. Elle est très grande. Le matin, on peut trouver de beaux coquillages. Quelquefois les vagues sont fortes. En été, il y a beaucoup de personnes sur cette plage.*

**G**

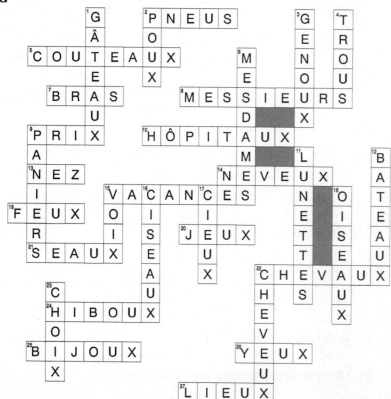

NOM: _____   CLASSE: _____   DATE: _____

# Quiz 3

**A.** Answer the question you hear:

_____

**B.** Express what Charles brought back from the beach:

1. _____   2. _____

3. _____   4. _____

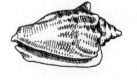

5. _____   6. _____

**C.** Use the verb **découvrir** to express what each person discovers on the beach:

1. Je _____.

2. Paul et Georgette _____.

3.    Tu _____.

4.    Vous _____.

5.    Nous _____.

6.    L'enfant _____.

---

### Key to Quiz 3

**A**  Teacher Cue: Qu'est-ce qu'on peut voir à la plage?
Sample response: *On peut voir du sable, des cailloux, des coquillages et la mer.*

**B**  1. *un seau*
    2. *une pelle*
    3. *un bateau*
    4. *un panier*
    5. *un parasol*
    6. *un coquillage*

**C**  1. *découvre des journaux*
    2. *découvrent des chapeaux*
    3. *découvres des châteaux de sable*
    4. *découvrez des cailloux*
    5. *découvrons des bijoux*
    6. *découvre des trous*

# Leçon 4:  Lettres au journal

**Notes:** French magazines, novels, short stories, and newspapers may be used to introduce and enrich the vocabulary and culture sections of this lesson. You may have students compose their own news items, classified ads, and so on, within their vocabulary and structural range.

Continue using the verb techniques described in Lesson 1. The verbs **lire, écrire,** and **dire** may be acted out with authentic French reading materials.

The agreement of adjectives may be practiced by having students describe family members, friends, literary characters, or people appearing in magazines and newspapers.

### Optional Oral Exercises

**A.** Express what you are reading: (Teacher uses props or pictures of items indicated in the key.)

> EXAMPLE:  carte postale
>           Je lis une carte postale.

*KEY*

1. *Je lis des bandes dessinées.*
2. *Je lis un journal.*
3. *Je lis un roman.*
4. *Je lis un article.*
5. *Je lis un poème.*
6. *Je lis un magazine.*
7. *Je lis une pièce.*
8. *Je lis un conte.*
9. *Je lis une histoire.*
10. *Je lis une lettre.*

**B.** Express the correct form of the verb with the subject you hear:

1. lire: Thomas
2. dire: nous
3. écrire: je
4. lire: elles (plural)
5. dire: je
6. écrire: Suzanne
7. lire: tu
8. dire: vous
9. écrire: Marc et André

*KEY*

1. *Thomas lit*
2. *nous disons*
3. *j'écris*
4. *elles lisent*
5. *je dis*
6. *Suzanne écrit*
7. *tu lis*
8. *vous dites*
9. *Marc et André écrivent*

**C.** Complete the second sentence with the correct form of the adjective you hear in the first:

1. Louis est curieux. Marie est _____.
2. Sylvie est furieuse. Bernard est _____.
3. Les garçons sont généreux. Les filles sont _____.
4. Les étudiantes sont heureuses. Les étudiants sont _____.
5. Evelyne est amoureuse. Paul est _____.
6. Henri et Luc sont courageux. Lucie et Anne sont _____.
7. Roger est chanceux. Suzanne est _____.
8. Les lettres sont précieuses. Les poèmes sont _____.

*KEY*

1. *curieuse*
2. *furieux*
3. *généreuses*
4. *heureux*
5. *amoureux*
6. *courageuses*
7. *chanceuse*
8. *précieux*

**D.** Complete the second sentence with the correct form of the adjective you hear in the first:

1. La fille est active. Le garçon est _____.
2. Les scooters sont neufs. Les autos sont _____.
3. Le lion est destructif. La lionne est _____.
4. Le père est attentif. La mère est _____.
5. Les couleurs sont vives. Les enfants sont _____.

*KEY*

1. *actif*
2. *neuves*
3. *destructive*
4. *attentive*
5. *vifs*

**E.** Complete the second sentence with the correct form of the adjective you hear in the first:

1. Ce jus est amer. Cette limonade est
   _____.
2. Cette robe est chère. Ce pantalon est
   _____.
3. Ce garçon est fier. Cette fille est
   _____.
4. Ce scooter est léger. Cette bicyclette
   est _____.
5. Cette femme est étrangère. Cet homme
   est _____.

*KEY*

1. *amère*          4. *légère*
2. *cher*           5. *étranger*
3. *fière*

**F.** Change the sentences to the plural:

EXAMPLE:  C'est un problème légal.
          Ce sont des problèmes légaux.

1. C'est un homme loyal.
2. C'est un exemple général.
3. C'est un hymne national.
4. C'est un bijou royal.
5. C'est un problème social.
6. C'est une question légale.
7. C'est une portion égale.
8. C'est une fête spéciale.
9. C'est une loi principale.
10. C'est une femme loyale.

*KEY*

1. *Ce sont des hommes loyaux.*
2. *Ce sont des exemples généraux.*
3. *Ce sont des hymnes nationaux.*
4. *Ce sont des bijoux royaux.*
5. *Ce sont des problèmes sociaux.*
6. *Ce sont des questions légales.*
7. *Ce sont des portions égales.*
8. *Ce sont des fêtes spéciales.*
9. *Ce sont des lois principales.*
10. *Ce sont des femmes loyales.*

**G.** Complete the second sentence with the correct form of the adjective you hear in the first:

1. Ce collier est ancien. Cette bague est
   _____.
2. Ces soupes sont épaisses. Ces ragoûts
   sont _____.
3. Cet homme est européen. Cette femme
   est _____.
4. Cette fille est cruelle. Ce garçon est
   _____.
5. Cette mousse est bonne. Ce fruit est
   _____.
6. Ce garçon est gentil. Cette fille est
   _____.
7. Ces lits sont bas. Ces tables sont _____.
8. Ce chien est gros. Cette vache est _____.

*KEY*

1. *ancienne*       5. *bon*
2. *épais*          6. *gentille*
3. *européenne*     7. *basses*
4. *cruel*          8. *grosse*

**H.** Everyone has a different opinion. Express how beautiful, new, and old each item is: (Teacher uses fingers to indicate singular or plural.)

EXAMPLE:  robe
          Quelle belle robe!
          Quelle nouvelle robe!
          Quelle vieille robe!

1. voiture          5. radio
2. chansons         6. films
3. disque           7. histoires
4. hôtel            8. avions

*KEY*

1. *Quelle belle voiture!*
   *Quelle nouvelle voiture!*
   *Quelle vieille voiture!*
2. *Quelles belles chansons!*
   *Quelles nouvelles chansons!*
   *Quelles vieilles chansons!*
3. *Quel beau disque!*
   *Quel nouveau disque!*
   *Quel vieux disque!*

4. *Quel bel hôtel!*
   *Quel nouvel hôtel!*
   *Quel vieil hôtel!*
5. *Quelle belle radio!*
   *Quelle nouvelle radio!*
   *Quelle vieille radio!*
6. *Quels beaux films!*
   *Quels nouveaux films!*
   *Quels vieux films!*
7. *Quelles belles histoires!*
   *Quelles nouvelles histoires!*
   *Quelles vieilles histoires!*
8. *Quels beaux avions!*
   *Quels nouveaux avions!*
   *Quels vieux avions!*

I.  Directed dialog. (See Lesson 1, Optional Oral Exercise F, for procedures.)

Demandez à un ami [une amie, des ami(e)s] s'il [si elle, s'ils, si elles]

1. lit/lisent des bandes dessinées.
2. écrit/écrivent des poèmes.
3. dit/disent toujours la vérité.

KEY

| STUDENT #1 | STUDENT #2 |
|---|---|
| 1. *Lis-tu des bandes dessinées?* *Lisez-vous des bandes dessinées?* | *Oui, je lis/nous lisons des bandes dessinées.* |
| 2. *Écris-tu des poèmes?* *Écrivez-vous des poèmes?* | *Oui, j'écris/nous écrivons des poèmes.* |
| 3. *Dis-tu toujours la vérité?* *Dites-vous toujours la vérité?* | *Oui, je dis/nous disons toujours la vérité.* |

### Key to *Activités*

A   (Sample response)

1. *Je mets la lettre dans l'enveloppe.*
2. *Je ferme l'enveloppe.*
3. *Je mets un timbre sur l'enveloppe.*
4. *Je vais à la poste.*
5. *Je mets la lettre dans la boîte aux lettres.*

B

**C**  1. *un roman*        4. *un conte*
   2. *une pièce*        5. *une histoire*
   3. *un poème*

### Key to Structures

**3**  . . .  **je** *lis*    **nous** *lisons*
     **tu** *lis*    **vous** *lisez*
     **il** *lit*    **ils** *lisent*
    **elle** *lit*    **elles** *lisent*

### Key to *Activité*

**D**  1. *lit un reportage sportif*
   2. *lisons des bandes dessinées*
   3. *lis un poème*
   4. *lisent un magazine*
   5. *lit une pièce*
   6. *lisez un roman*

### Key to Structures

**4**  . . .  **j'**écris    **nous** *écrivons*
     **tu** *écris*    **vous** *écrivez*
     **il** *écrit*    **ils** *écrivent*
    **elle** *écrit*    **elles** *écrivent*

### Key to *Activité*

**E**  1. *écrit un conte*
   2. *écrivent des lettres*
   3. *écris une petite annonce*
   4. *écrivons une pièce*
   5. *écrit un éditorial*
   6. *écrivez une histoire*

### Key to Structures

**5**  . . .  **je** *dis*    **nous** *disons*
     **tu** *dis*    **vous** *dites*
     **il** *dit*    **ils** *disent*
    **elle** *dit*    **elles** *disent*

### Key to *Activités*

**F**  1. *Je dis: «Salut!»*
   2. *Nous disons: «À bientôt.»*
   3. *Tu dis: «Tu es charmant(e).»*
   4. *Il/Elle dit: «Quelle est la date?»*
   5. *Ils disent: «Tu es sincère.»*

### Key to Structures

**6**  How are the verbs **lire** and **écrire** similar in their conjugations? *They add an extra consonant in the plural forms.* How is **dire** different? *The consonant changes to t for the vous form and -es is added instead of -ez.*

### Key to *Activités*

**G**  1. *disent*        9. *écrivons*
   2. *lisons*        10. *dis*
   3. *écrivent*        11. *lis*
   4. *dis*        12. *écrivez*
   5. *lisez*        13. *dit*
   6. *écrivent*        14. *lisent*
   7. *dites*        15. *écris*
   8. *lit*

**H**  1. *Des millions de personnes lisent le journal.*
   2. *Une rubrique importante s'appelle «la rubrique sentimentale».*
   3. *Désespéré est un garçon de quatorze ans.*
   4. *Il est amoureux pour la première fois.*
   5. *Elle est intelligente, charmante, élégante et très belle.*
   6. *Il est sérieux, studieux, généreux, loyal et sympathique.*
   7. *Madame Louise dit de téléphoner à la jeune fille.*
   8. *Oui, parce qu'il peut toujours sortir avec une autre jeune fille.*

### Key to Structures

**8**  . . . **Il est charmant.**    **Elle est** *charmante.*
    **Il est brun.**    **Elle est** *brune.*
    **Il est triste.**    **Elle est** *triste.*
    **Il est moderne.**    **Elle est** *moderne.*
    **Il est surpris.**    **Elle est** *surprise.*

   . . . **Ils sont charmants.**    **Elles sont** *charmantes.*
    **Ils sont bruns.**    **Elles sont** *brunes.*
    **Ils sont tristes.**    **Elles sont** *tristes.*
    **Ils sont modernes.**    **Elles sont** *modernes.*
    **Ils sont surpris.**    **Elles sont** *surprises.*

**9**  . . . If an adjective ends in **-eux** or **-oux**, what do you notice about the masculine singular and plural forms? *They are the same.* The feminine singular of an adjective ending in **-eux** or **-oux** changes **-eux** to *-euse* and **-oux** to *-ouse.* To form the feminine plural, simply add *s* to the feminine singular.

### Key to *Activités*

**I**
1. *paresseuses*
2. *amoureux*
3. *curieux*
4. *heureuse*
5. *jalouses*
6. *furieux*
7. *généreuse*
8. *sérieuses*
9. *ennuyeuse*
10. *dangereux*

**J**
1. *Marguerite est curieuse.*
2. *Agnès et Nicole sont sérieuses.*
3. *Jean-Louis est généreux.*
4. *Henri et Nicolas sont jaloux.*
5. *Chantal et Marie sont peureuses.*
6. *Georges et Olivier sont courageux.*
7. *Monique est amoureuse.*
8. *Antoine est paresseux.*

### Key to Structures

**10** . . . The feminine singular of an adjective ending in **-f** changes **-f** to *-ve*. Plurals are formed by adding *s* to the singular.

### Key to *Activité*

**K**
1. *vives*
2. *destructifs*
3. *attentive*
4. *actifs*
5. *neuve*

### Key to Structures

**11** . . .

| Ils sont | Elle est | Elles sont |
|---|---|---|
| *chers* | *chère* | *chères* |
| *derniers* | *dernière* | *dernières* |
| *entiers* | *entière* | *entières* |
| *étrangers* | *étrangère* | *étrangères* |
| *fiers* | *fière* | *fières* |
| *légers* | *légère* | *légères* |
| *premiers* | *première* | *premières* |

. . . The feminine singular of an adjective ending in **-er** changes **-er** to *-ère*. Plurals are formed by adding *s* to the singular.

### Key to *Activité*

**L**
1. *Mais cette montre est chère.*
2. *Mais le fils est fier.*
3. *Mais ces robes sont chères.*
4. *Mais ces femmes sont étrangères.*
5. *Mais la revue est légère.*

### Key to Structures

**12** . . .

| Ils sont | Elle est | Elles sont |
|---|---|---|
| *généraux* | *générale* | *générales* |
| *légaux* | *légale* | *légales* |
| *loyaux* | *loyale* | *loyales* |
| *nationaux* | *nationale* | *nationales* |
| *principaux* | *principale* | *principales* |
| *royaux* | *royale* | *royales* |
| *sociaux* | *sociale* | *sociales* |
| *spéciaux* | *spéciale* | *spéciales* |

The masculine plural of an adjective ending in **-al** changes **-al** to *-aux*. Feminine forms are regular in both the singular and plural.

### Key to *Activité*

**M**
1. *Cette histoire est générale aussi.*
2. *Ces journaux sont légaux aussi.*
3. *Mes sœurs sont loyales aussi.*
4. *L'équipe est nationale aussi.*
5. *Les fêtes sont spéciales aussi.*
6. *Les jardins sont royaux aussi.*

### Key to Structures

**13** . . .

| Ils sont | Elle est | Elles sont |
|---|---|---|
| *épais* | *épaisse* | *épaisses* |
| *européens* | *européenne* | *européennes* |
| *gentils* | *gentille* | *gentilles* |
| *gros* | *grosse* | *grosses* |
| *haïtiens* | *haïtienne* | *haïtiennes* |
| *italiens* | *italienne* | *italiennes* |
| *parisiens* | *parisienne* | *parisiennes* |

All of the adjectives above end in which letters in the masculine singular? *s* or *n* or *l*. For these adjectives, the final consonant is *doubled* in the feminine form.

## Key to *Activités*

**N**  1. *gentille*     5. *parisienne*
    2. *cruelles*     6. *européennes*
    3. *basse*     7. *gros*
    4. *épais*     8. *bon*

**O**  1. *beau*     4. *belle*
    2. *vieux*     5. *vieux*
    3. *nouveau*     6. *nouvelle*

**P**  1. *belle*      9. *vieil*
    2. *nouvel*     10. *belles*
    3. *vieilles*     11. *nouvelles*
    4. *bel*     12. *vieille*
    5. *nouvelle*     13. *beaux*
    6. *vieux*     14. *nouveaux*
    7. *beau*     15. *vieux*
    8. *nouveau*

**Q**  1. *C'est un vieux chapeau.*
    2. *Ce sont de vieilles chaises.*
    3. *Ce sont de vieux livres.*
    4. *C'est une vieille montre.*
    5. *C'est un vieux disque.*
    6. *C'est un vieil avion.*
    7. *Ce sont de vieilles lettres.*
    8. *C'est un vieil anneau.*
    9. *Ce sont de vieux paniers.*
    10. *C'est une vieille table.*

**R**  1. *Quelle belle boîte!*
    2. *Quel beau tableau!*
    3. *Quel bel anneau!*
    4. *Quelle belle table!*
    5. *Quels beaux bijoux!*
    6. *Quelles belles boucles d'oreilles!*

### Vous (Sample responses)

1. *«Le Petit Prince»*
2. *des cartes postales*
3. *bonjour*
4. *des bandes dessinées*
5. *des poèmes*

### Dialogue (Sample responses)

Pourquoi êtes-vous si triste? Quel est votre problème?
*J'ai des problèmes avec ma sœur.*

Avec qui pouvez-vous parler facilement de vos problèmes?
*Avec mes amis.*
Pourquoi voulez-vous parler avec moi?
*Parce que vous pouvez m'aider.*
J'ai du temps vendredi. À quelle heure pouvez-vous venir?
*À trois heures.*
Au revoir. Ne vous en faites pas!
*Merci. Vous êtes très gentille.*

### Composition (Sample response)

le 21 septembre

Chère Abby,

Je m'appelle Georgette et j'ai quinze ans. Je suis intelligente et sympathique. J'ai un problème en classe d'anglais. Le professeur n'aime pas mes compositions. J'ai des notes très basses en anglais. Mes parents ne sont pas contents. Qu'est-ce que je peux faire?

Cordialement,
Georgette

### Questions personnelles (Sample responses)

1. *Mon roman préféré est «L'Île au trésor».*
2. *Je lis «Bon Appétit» et «Elle».*
3. *J'écris des lettres à mon ami.*
4. *Je dis toujours la vérité à mes parents.*
5. *Je suis sincère et sympathique.*
6. *Il est sincère, généreux et gentil.*

## Key to *Cahier* Exercises

**A**  1. *Il voit une boîte aux lettres.*
    2. *Il voit un journal.*
    3. *Il voit un magazine.*
    4. *Il voit des bandes dessinées.*
    5. *Il voit des cartes postales.*
    6. *Il voit des timbres.*
    7. *Il voit des enveloppes.*
    8. *Il voit un code postal.*

**B**  1. *lit un poème*
    2. *lisons un roman*
    3. *lisent une pièce*
    4. *lis un conte*

5. *lisez des bandes dessinées*
6. *lis un éditorial*
7. *lit des petites annonces*
8. *lisent un reportage sportif*

**C**   1. *Nous disons «bonjour».*
2. *Lucie écrit une pièce.*
3. *Tu dis «à bientôt».*
4. *Vous écrivez un poème.*
5. *J'écris une carte postale.*
6. *Tu écris un roman.*
7. *Vous dites «au revoir».*

8. *Nous écrivons un conte.*
9. *Je dis «bonsoir».*
10. *Ils disent «bon voyage».*

**D**   1. *neuve*
2. *attentifs*
3. *active*
4. *destructif*
5. *vives*

**E**   1. *entier*
2. *fières*
3. *légère*
4. *dernière*
5. *étrangers*
6. *premier*
7. *chères*
8. *amers*

**F**

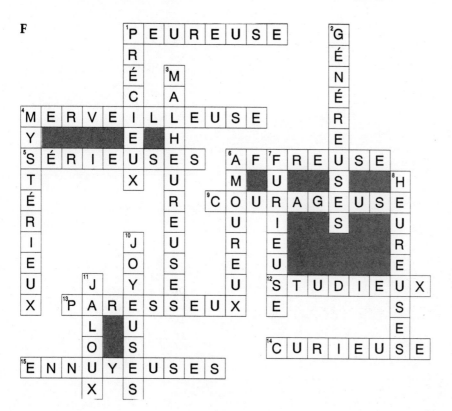

**G**   1. *royaux*
2. *sociales*
3. *égaux*
4. *principale*
5. *spéciales*
6. *nationales*
7. *légaux*
8. *loyal*

5. *épaisse*
6. *bons*
7. *grosse*
8. *anciens*

**I**   (Sample response)

*Je veux voir «Ghost». C'est une histoire d'amour. Ce film n'est pas nouveau. Les acteurs sont très bons. En plus, j'adore Patrick Swayze. C'est un film triste.*

**H**   1. *nouvelle*
2. *vieil*
3. *parisiens*
4. *basses*

**J** (Sample responses)

1. *Quelle nouvelle*
2. *Quel vieux*
3. *Quelles belles*
4. *Quel bel*
5. *Quelle belle*

6. *Quels vieux*
7. *Quelles vieilles*
8. *Quelles nouvelles*
9. *Quelles belles*
10. *Quel nouveau*

**K** (Sample responses)

*des romans*        *des poèmes*
*des journaux*      *des pièces de théâtre*
*des magazines*

**L** 1

**M** (Sample responses)

*Elle*              *Paris Match*
*L'Express*         *Tintin*

---

NOM: _____ CLASSE: _____ DATE: _____

# *Quiz 4*

**A.** Answer the question you hear:

_____

**B.** Express what Lucien is reading:

EXAMPLE:

Il lit un journal.

1. _____

2. _____

3. _____

4. _____

5. _____

**C.** Express what each person is doing, using the correct form of the verb:

1. (dire) Vous _____ «salut».

2. (lire) Nous _____ le roman.

3. (écrire) J'_____ un poème.

**D.** Complete the second sentence with the correct form of the adjective you hear in the first:

1. Ce garçon est amoureux. Cette fille est _____ aussi.

2. C'est une belle femme. C'est un _____ homme.

3. Janine est surprise. Luc et Henri sont _____ aussi.

4. Paul est attentif. Lucie et Marie sont _____ aussi.

5. Ces pièces sont nouvelles. Ces romans sont _____ aussi.

6. C'est une vieille maison. C'est un _____ appartement.

7. Les filles sont fières. Les garçons sont _____ aussi.

8. Quelles sont les villes principales? Quels sont les villages _____?

9. Cet homme est gentil. Cette femme est _____ aussi.

10. Les tartes sont bonnes. Les gâteaux sont _____ aussi.

### Key to Quiz 4

**A**  Teacher cue: Qu'est-ce que tu aimes lire?
Sample response: *J'aime lire des bandes dessinées.*

**B**  1. *Il lit un magazine.*
2. *Il lit des bandes dessinées.*
3. *Il lit des petites annonces.*
4. *Il lit une carte postale.*
5. *Il lit un reportage sportif.*

**C**  1. *dites*
2. *lisons*
3. *écris*

**D**  1. *amoureuse*
2. *bel*
3. *surpris*
4. *attentives*
5. *nouveaux*
6. *vieil*
7. *fiers*
8. *principaux*
9. *gentille*
10. *bons*

# Leçon 5:  Les instruments de musique

**Notes:** As a motivational device for this lesson, you may wish to introduce the vocabulary with the pictures of an orchestra, musical instruments, or a rock group.

Continue using cue-response drills and general questions to practice the verb **savoir.**

Adverbs may be practiced by having students express their opinions about how musicians in popular groups play, act, sing, dance, write, and so on.

The playing of French records and cassettes and the reading of popular French music magazines may supplement and enrich the cultural section of this chapter.

### Optional Oral Exercises

**A.**  Say that you play the following instruments: (Teacher uses pictures of items indicated in the key.)

> EXAMPLE:  clarinette
> Je joue de la clarinette.

*KEY*

1. *Je joue de la batterie.*
2. *Je joue du piano.*
3. *Je joue de la flûte.*
4. *Je joue de l'accordéon.*
5. *Je joue du tambour.*
6. *Je joue du violon.*
7. *Je joue de la trompette.*
8. *Je joue du trombone.*

**B.**  Express the form of the verb **savoir** with the subject you hear:

1. elle (singular)
2. vous
3. je
4. François
5. tu
6. Jeanne et Lucie
7. ils (plural)
8. nous

*KEY*

1. *elle sait*
2. *vous savez*
3. *je sais*
4. *François sait*
5. *tu sais*
6. *Jeanne et Lucie savent*
7. *ils savent*
8. *nous savons*

**C.**  Express how Gisèle plays the piano:

> EXAMPLE:  lent
> Elle joue lentement.

1. *parfait*
2. *sérieux*
3. *doux*
4. *rapide*
5. *naturel*
6. *facile*

*KEY*

1. *Elle joue parfaitement.*
2. *Elle joue sérieusement.*

3. *Elle joue doucement.*
4. *Elle joue rapidement.*
5. *Elle joue naturellement.*
6. *Elle joue facilement.*

**D.** Complete the sentence with the correct form of **bien** or **bon**:

1. Alice joue _____.
2. Le dessert est _____.
3. Je vais _____.
4. Elle chante _____.
5. Les saucisses sont _____.
6. La musique est _____.

*KEY*

1. *bien*          4. *bien*
2. *bon*           5. *bonnes*
3. *bien*          6. *bonne*

**E.** Complete the sentence with the correct form of **mal** or **mauvais**:

1. Ils travaillent _____.
2. Vous dormez _____.
3. Le riz est _____.
4. Les salades sont _____.
5. Tu parles _____.
6. La pièce est _____.

*KEY*

1. *mal*           4. *mauvaises*
2. *mal*           5. *mal*
3. *mauvais*       6. *mauvaise*

**F.** Directed dialog. (See Lesson 1, Optional Oral Exercise F, for procedures.)

Demandez à un ami [une amie, des ami(e)s] s'il [si elle, s'ils, si elles]

1. sait/savent jouer de la guitare.
2. sait/savent cuisiner.
3. sait/savent jouer au tennis.

*KEY*

|  | STUDENT #1 | STUDENT #2 |
|---|---|---|
| 1. | *Sais-tu jouer de la guitare?* *Savez-vous jouer de la guitare?* | *Oui, je sais/nous savons jouer de la guitare.* |

2. *Sais-tu cuisiner?* *Savez-vous cuisiner?* — *Oui, je sais/nous savons cuisiner.*
3. *Sais-tu jouer au tennis?* *Savez-vous jouer au tennis?* — *Oui, je sais/nous savons jouer au tennis.*

### Key to *Activités*

**A**  1. *la batterie*      6. *la flûte*
    2. *le tambour*      7. *la clarinette*
    3. *le trombone*     8. *l'accordéon*
    4. *la trompette*    9. *le violon*
    5. *la guitare*     10. *le piano*

**B**  1. *jouent du piano*
    2. *joue du violon*
    3. *jouons au base-ball*
    4. *jouent de l'accordéon*
    5. *joue au basket-ball*
    6. *jouez au football*
    7. *joues de la guitare*
    8. *jouons au hockey*
    9. *joue au golf*
    10. *joue de la clarinette*
    11. *jouez au football américain*
    12. *joue de la flûte*

### Key to Structures

3  . . .  **je** *sais*       **nous** *savons*
    **tu** *sais*        **vous** *savez*
    **il** *sait*        **ils** *savent*
    **elle** *sait*      **elles** *savent*

### Key to *Activités*

**C**  1. *sait*         5. *savez*
    2. *savons*       6. *savent*
    3. *sais*         7. *sais*
    4. *savent*       8. *sait*

**D**  1. *savons jouer de la clarinette*
    2. *sait jouer de la trompette*
    3. *sais jouer du tambour*
    4. *savent jouer de la guitare*
    5. *savez jouer du violon*
    6. *sais jouer de la batterie*

**E**  1. *Guillaume est un garçon timide de quinze ans.*

2. *Parce qu'ils ont très peu en commun avec ce garçon si studieux.*
3. *Il annonce une grande compétition musicale.*
4. *On peut gagner le titre de «Musicien par excellence du lycée Alexandre».*
5. *Ils désirent participer pour impressionner leurs amis.*
6. *Il ne joue pas bien parce qu'il ne s'exerce jamais.*
7. *Pierre joue assez bien.*
8. *On pense que Guillaume va perdre la compétition et faire beaucoup d'erreurs.*
9. *Il joue du piano.*
10. *Il joue beaucoup mieux que tous les autres.*
11. *Il apprend à ses amis à bien jouer de la musique.*
12. *Il peut remercier son père d'avoir organisé cette compétition.*

### Key to Structures

5   . . . Look at the adjectives. What kind of letter do they end in? *A vowel.* Here's the simple rule: If the adjective ends in a vowel, simply add -*ment* to form the adverb (-**ment** is usually equivalent to English -*ly*).

. . . If the masculine singular adjective ends in a consonant, add -**ment** to the *feminine* of the adjective to form the adverb.

### Key to *Activités*

F
1. *facilement*
2. *attentivement*
3. *seulement*
4. *tristement*
5. *probablement*
6. *heureusement*
7. *certainement*
8. *rapidement*
9. *cruellement*
10. *légèrement*

G
1. *Et il parle sérieusement.*
2. *Et il parle naturellement.*
3. *Et il parle franchement.*
4. *Et il parle poliment.*
5. *Et il parle fièrement.*

H
1. *parfaitement*
2. *sérieusement*
3. *facilement*
4. *vraiment*
5. *attentivement*

I
1. *Mais non, papa arrive tôt.*
2. *Mais non, Raymond mange peu de gâteau.*
3. *Mais non, Anne chante souvent.*
4. *Mais non, l'école est près.*
5. *Mais non, Nicole écrit plus.*
6. *Mais non, il va partir demain.*

J
1. *demain*
2. *aujourd'hui*
3. *bientôt*
4. *Maintenant*
5. *tôt*

K
1. *J'ai peu de devoirs.*
2. *J'ai tant de devoirs.*
3. *J'ai assez de devoirs.*
4. *J'ai trop de devoirs.*

L
1. *bons*
2. *bon*
3. *bien*
4. *bien*
5. *bien*
6. *bonnes*
7. *bien*
8. *bonne*

M
1. *mauvais*
2. *mauvais*
3. *mal*
4. *mal*
5. *mal*
6. *mauvaises*
7. *mal*
8. *mauvaise*

### Key to Structures

9   Adverbs usually *follow* the verb and usually *precede* the adjective they modify.

**Questions personnelles**  (Sample responses)

1. *Je sais jouer de la guitare.*
2. *Je veux apprendre à jouer du piano.*
3. *Mon instrument préféré est la guitare.*
4. *Je sais préparer du poulet.*
5. *Je parle bien le français.*
6. *Je danse très bien.*
7. *Je chante assez mal.*
8. *Je travaille sérieusement.*

**Dialogue** (Sample responses)

De quel instrument joues-tu?
*Je joue du piano.*

Pourquoi aimes-tu le piano?
*Parce que le piano est facile à jouer.*
Quand pratiques-tu?
*Je pratique le piano tous les jours après l'école.*
Tu joues longtemps?
*Pendant trois heures chaque jour.*
Quel est ton musicien préféré?
*J'adore Chopin.*

### Vous (Sample responses)

1. *Je sais bien jouer du piano.*
2. *Je chante souvent.*
3. *J'apprends sérieusement la musique.*
4. *Je sais aussi jouer de la guitare.*
5. *Je joue assez bien de la guitare.*

### Composition (Sample responses)

1. *Je joue de la batterie.*
2. *Je sais jouer du rock.*
3. *J'aime beaucoup jouer de la batterie.*

4. *Je joue bien.*
5. *J'aime beaucoup les New Kids on the Block.*

### Key to *Cahier* Exercises

**A**
1. *un piano*
2. *une guitare*
3. *un violon*
4. *un accordéon*
5. *une trompette*
6. *un trombone*
7. *une flûte*
8. *une clarinette*
9. *une batterie*
10. *un tambour*

**B**
1. *savent jouer au football*
2. *savez jouer du piano*
3. *sait jouer au golf*
4. *sais jouer au basket-ball*
5. *savons jouer de la clarinette*
6. *savent jouer au tennis*
7. *sait jouer de la flûte*
8. *sais jouer de la batterie*

**C**
1. *attentivement*
2. *sincèrement*
3. *doucement*
4. *parfaitement*
5. *fièrement*
6. *généreusement*

**D**

**E** (Sample responses)

1. *d'amis*
2. *d'argent*
3. *de problèmes*
4. *de devoirs*
5. *de livres*

**F**
1. *bien*
2. *bonne*
3. *bons*
4. *bien*
5. *bon*
6. *bonnes*

**G**
1. *mal*
2. *mauvaise*
3. *mauvais*
4. *mal*
5. *mauvais*
6. *mauvaises*

**H** (Sample response)

*Je m'appelle André Dumas. J'ai presque seize ans. Je parle bien le français. Je travaille sérieusement. Je réponds poliment au téléphone. Je suis toujours à l'heure. J'ai beaucoup d'expérience comme secrétaire.*

**I** (Sample response)

*Gilbert Bécaud*
*Francis Cabrel*
*Charles Aznavour*

---

NOM: _____ CLASSE: _____ DATE: _____

# *Quiz 5*

**A.** Answer the question you hear:

_____

**B.** Express the instruments these people know how to play:

EXAMPLE:

Tu sais jouer de l'accordéon.

1. Vous _____.

2. Liliane _____.

3. Je _____.

4. Marie et moi, nous _____.

5. Patrick et Éric _____.

**C.** Complete each sentence with the most appropriate adverb:

| | |
|---|---|
| attentivement | mal |
| beaucoup | presque |
| bien | sincèrement |
| ensemble | vraiment |

1. Sylvie fait toujours attention. Elle écoute _____.

2. Anne est très populaire. Elle a _____ d'amis.

3. Armand dit toujours la vérité. Il parle _____.

4. Comme sa mère est française, il parle très _____ le français.

5. Laurent ne s'exerce jamais. Il joue _____ du trombone.

6. Vos lunettes sont _____ jolies.

7. J'ai _____ assez d'argent pour acheter cette bicyclette.

8. Marc travaille avec Antoine. Ils travaillent _____.

---

### Key to Quiz 5

**A** Teacher cue: De quel instrument jouez-vous?
Sample response: *Je joue du piano.*

**B**  1. *savez jouer de la guitare*
2. *sait jouer du piano*
3. *sais jouer de la flûte*
4. *savons jouer de la batterie*
5. *savent jouer du violon*

**C**  1. *attentivement*    5. *mal*
2. *beaucoup*    6. *vraiment*
3. *sincèrement*    7. *presque*
4. *bien*    8. *ensemble*

# Révision I (Leçons 1-5)

## Key to *Activités*

**A**

**B**  U N   A R T I C L E

1.  J O U R N A L
2.  C O N T E

3.  M A G A Z I N E
4.  R O M A N
5.  É D I T O R I A L
6.  H I S T O I R E
7.  P I È C E
8.  L E T T R E
9.  P O È M E

**C**  1. vont
2. écrivez
3. mettez
4. ouvre
5. regardons, faisons
6. Mangez
7. répondent
8. choisit

**D**

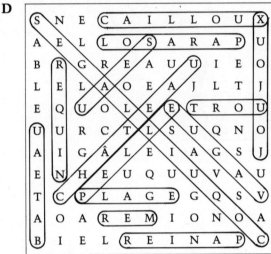

**E**

B A G U E

M O N T R E

C O L L I E R

D I A M A N T

B R O C H E

Pour son anniversaire, Georgette reçoit un *BRACELET.*

**F**  (Sample responses)

1. *Quels jolis coquillages!*
2. *Quelle belle actrice!*
3. *Quels grands garçons!*
4. *Quel château énorme!*
5. *Quel bel arbre!*

G

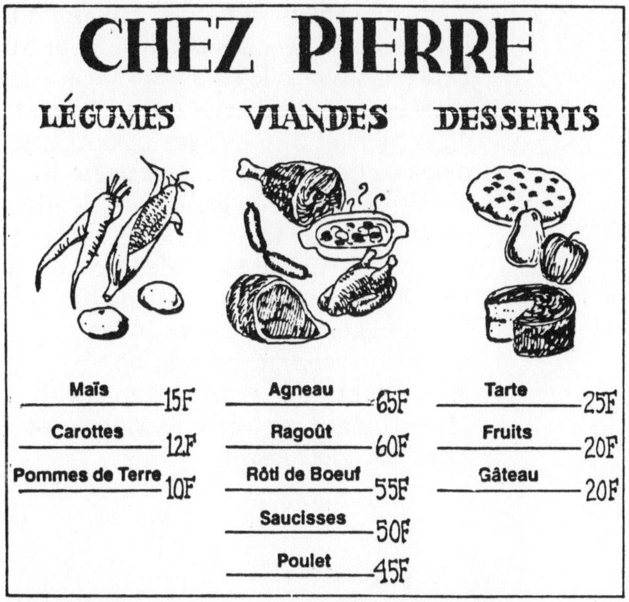
CHEZ PIERRE
LÉGUMES
VIANDES
DESSERTS
Maïs 15F
Carottes 12F
Pommes de Terre 10F
Agneau 65F
Ragoût 60F
Rôti de Boeuf 55F
Saucisses 50F
Poulet 45F
Tarte 25F
Fruits 20F
Gâteau 20F

H

| | | | | | | | | | | | | | | | | | | | |
|---|---|---|---|---|---|---|---|---|---|---|---|---|---|---|---|---|---|---|---|
| 1 É | C | R | 2 I | T | | 3 S | A | V | 4 E | N | 5 T | | | 6 L | I | 7 S | E | N | 8 T |
| C | | | L | | | E | | | N | | E | | | I | | O | | | R |
| R | | 9 M | | 10 S | O | R | T | | | | 11 S | O | R | T | 12 O | N | S | | È |
| I | | E | | A | | T | | 13 M | E | 14 S | | | | | N | | | | S |
| V | | T | | 15 I | 16 L | | | O | | A | | 17 P | | | | | 18 D | 19 U | |
| 20 O | N | T | | 21 S | A | V | 22 O | I | R | | | E | | 23 D | I | S | O | N | 24 S |
| N | | O | | | | | U | | | 25 P | | R | | I | | | R | | E |
| 26 S | E | N | 27 S | | 28 E | | V | | | 29 R | E | M | E | T | 30 S | | M | | R |
| | 31 S | O | R | T | I | R | | | | O | | E | | | O | | E | | S |
| | | | R | | | | 32 I | 33 L | | 34 M | 35 E | T | S | | R | | N | | |
| | 36 A | S | | | 37 É | C | R | I | V | E | N | T | | | 38 T | Ô | T | | |
| | 39 P | | | | C | | | S | | T | | 40 E | L | L | E | | | | 41 S |
| 42 S | A | | 43 É | C | R | I | 44 S | | | T | | Z | | | 45 N | 46 O | T | R | E |
| | R | | | | | I | 47 E | L | L | E | S | | 48 S | | 49 T | U | | | N |
| 50 E | S | | 51 D | 52 I | T | 53 E | S | | | N | | | 54 A | 55 S | | | 56 M | E | T |
| N | | | 57 I | L | | N | | 58 L | I | T | | | 59 V | O | T | R | E | | E |
| 60 D | 61 O | R | S | | | | 62 A | I | | | 63 A | | 64 O | N | | | 65 T | O | N |
| 66 O | N | | 67 E | T | | 68 D | | 69 S | E | R | V | E | N | T | | | T | | T |
| R | | 70 A | N | | 71 D | I | R | E | | | E | | S | | | | 72 E | S | |
| 73 S | A | I | T | | | S | | Z | | | C | | | 74 A | V | E | Z | | |

**I**

1. <u>T R O M B O N E</u>
   1      2      3

2. <u>C L A R I N E T T E</u>
   4           5  6

3. <u>P I A N O</u>
   7 8

4. <u>G U I T A R E</u>
          9 10

5. <u>A C C O R D É O N</u>
  11       12

**Solution:** <u>D E  L A  B A T T E R I E</u>
             12 10  4 8  2 11 1 5 3 9 7 6

**J** Jean-Luc Leblanc a *dix* ans. Aujourd'hui il est à la *plage* avec ses *parents*. M. et Mme Leblanc ouvrent le *parasol* parce que le *soleil* est très fort. Jean-Luc ouvre le *panier* de sa mère et il trouve ses *joujoux: trois bateaux, deux pelles* et *deux seaux*. Il décide de faire deux grands *trous* dans le *sable* pour faire un *château de sable*. Une petite *fille* arrive et elle aide Jean-Luc. Elle met de *l'eau* autour du *château de sable*. Elle met aussi des *cailloux* et des *coquillages* comme décoration. Finalement, c'est terminé. Quand M. et Mme Leblanc regardent le *château de sable*, ils *applaudissent*.

NOM: _____ CLASSE: _____ DATE: _____

# *Unit Test 1 (Lessons 1-5)*

## I. Listening Comprehension

**A.** Select the best answer to the question or statement you hear and circle its letter: [10 points]

1. a. Donne-moi du sable, s'il te plaît.
   b. J'aime ce conte.
   c. J'adore la cuisine haïtienne.
   d. Allons à la fête ensemble.

2. a. Je fais un château de sable.
   b. Je prépare un plat spécial.
   c. Je les mets pour aller à une surprise-partie.
   d. Je m'exerce au piano.

3. a. Oui, elle a besoin de leçons.
   b. Oui, elle ne s'exerce plus.
   c. Oui, c'est très triste.
   d. Oui, elle a une belle voix.

4. a. Parce que je suis paresseux.
   b. Parce que je vais à la plage aujourd'hui.
   c. Parce qu'on dit que je suis très gentil.
   d. Parce que mes parents sont très fâchés.

5. a. Mes devoirs.
   b. Salut.
   c. Un roman d'amour.
   d. Un film de science-fiction.

**B.** 1. Multiple Choice (English) [2 points]

Listen to your teacher read twice a short passage in French. Then the teacher will read a question in English and pause while you write the letter of the best suggested answer to the question in the space provided. Base your answer on the context of the passage only.

What is special about this store? _____

a. The owner can make jewelry while you wait.
b. The owner feeds you while you shop.
c. The prices are a real bargain.
d. It has the best selection of jewelry in the city.

2. Multiple Choice (French) [2 points]

Listen to your teacher read twice a short passage in French, followed by a question in French. After you have heard the question, read the question and the four suggested answers. Choose the best answer and write its letter in the space provided.

Qu'est-ce qu'il faut faire pour participer à ce concours? _____

a. Chanter.             c. Faire partie d'un orchestre.
b. Jouer seul.            d. Composer sa propre musique.

3. Multiple Choice (Visual) [2 points]

Listen to your teacher read another passage in French twice, followed by a question in English. After you have heard the question, read the question and look at the four pictures. Choose the picture that best answers the question and write its letter in the space provided:

What is this girl's problem? _____

a.

b.

c.

d.

## II. Reading

**A.** For each question, select the best answer based on what you read and write its letter in the space provided: [4 points]

> Venez au FESTIVAL CULINAIRE de notre hôtel ce soir.
> C'est une occasion unique de goûter à une grande
> variété de plats traditionnels préparés par les cuisiniers
> de l'île. Le festival se déroule en plein air et tous les plats
> sont cuisinés sur place.

1. Why should you go to this festival? _____

a. You can stay at the hotel.      c. You can see traditional dances.
b. You can meet many important people.    d. You can taste native dishes.

> L'excellente réputation de SAINT-MARTIN vient de ses plages magnifiques. La température de l'eau est idéale du 1er janvier au 31 décembre. Chaque plage a ses propres caractéristiques et donne l'impression de changer d'île à chaque fois. Vous ne vous fatiguerez pas de les découvrir!

2. Qu'est-ce que vous savez de Saint-Martin?   _____

   a. La meilleure saison touristique est l'hiver.
   b. Elle se compose de beaucoup d'îles différentes.
   c. Chaque plage est différente.
   d. La température de l'eau est basse.

**B.** Read the passage and then check the appropriate box to indicate whether the statement you read is true or false: [10 points]

À travers les âges, la beauté, les formes et les couleurs des coquillages ont attiré les gens. En 1681, Philippe Nuonanni a publié le premier livre illustré sur les coquillages. On sait aujourd'hui que faire une collection de coquillages aide à calmer les personnes stressées.

Les coquillages ont joué un grand rôle dans l'histoire. On les a utilisés comme argent, objets de décoration et bijoux. De grands artistes comme de Vinci, Botticelli, Rembrandt et O'Keefe ont représenté des coquillages dans leurs tableaux. Le plus beau coquillage qu'on trouve dans les Caraïbes est la conque. Les habitants des îles l'utilisent parfois comme instrument de musique.

|  | VRAI | FAUX |
|---|---|---|
| 1. Philippe Nuonanni a publié un livre de contes sur les coquillages. | ☐ | ☐ |
| 2. Les coquillages aident les personnes stressées. | ☐ | ☐ |
| 3. Les coquillages n'ont joué aucun rôle dans l'histoire. | ☐ | ☐ |
| 4. La conque est une île Caraïbe où on peut trouver beaucoup de coquillages. | ☐ | ☐ |
| 5. Les habitants des îles utilisent les coquillages pour jouer de la musique. | ☐ | ☐ |

**C.** Many people take the time to write to the advice column of the newspaper. Read the following problems, then write in the space provided the letter of the best advice for each problem from the list below: [10 points]

1. Ma vie est ennuyeuse. C'est l'été et je reste chez moi tous les jours.   _____

2. Je vais aller à la fête de ma meilleure amie et je ne sais pas quoi donner comme cadeau.   _____

3. J'ai besoin de gagner de l'argent pour payer mon voyage en Europe.   _____

4. J'adore aller à la plage, mais ma peau est très sensible. Je risque d'attraper des coups de soleil.   _____

5. Des amis vont venir dîner chez moi, mais je ne sais pas quoi préparer
   à manger.                                                    _____

   a. N'oubliez pas d'apporter un parasol avec vous.
   b. Achetez des lunettes de soleil.
   c. Téléphonez à des amis et sortez avec eux.
   d. Ce n'est pas grave. Demandez à vos amis d'apporter leurs plats préférés.
   e. Offrez-lui quelque chose à boire.
   f. Si vous savez jouer d'un instrument, donnez des leçons de musique.
   g. Allez chez le bijoutier et demandez ce qu'il recommande.
   h. Rentrez et regardez un film vidéo.

## III.  Writing

**A.** This year you celebrated your birthday with your Canadian relatives. Write a short note to
each person mentioning the gift you got and how you feel about it: [20 points]

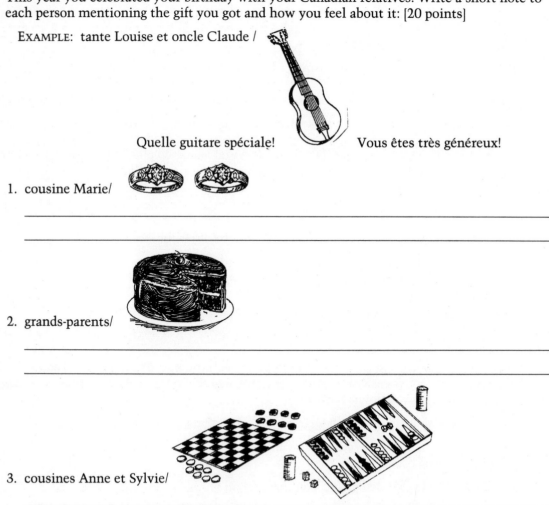

EXAMPLE:  tante Louise et oncle Claude /

Quelle guitare spéciale!          Vous êtes très généreux!

1. cousine Marie/

_____

_____

2. grands-parents/

_____

_____

3. cousines Anne et Sylvie/

_____

_____

4. oncle Jules/

_____

_____

5. neveux Patrick et Luc/

_____

_____

**B.** Fill in the correct form of the verb in the present tense: [10 points]

C'est samedi soir. Julien _____ pour aller à une fête chez Jeanne.
                                    1 (sortir)

Son ami Paul l'accompagne. Ils _____ que cette fête va être
                                        2 (savoir)

formidable. Quand ils arrivent devant la maison de Jeanne, ils _____
                                                                        3 (sentir)

les arômes délicieux des plats qu'ils vont pouvoir goûter. Ils sonnent et les parents de

Jeanne _____ la porte. Les deux garçons _____
            4 (ouvrir)                                              5 (mettre)

leurs cadeaux sur une table et _____ bonjour à Jeanne et à leurs
                                        6 (dire)

amis. Jeanne dit: «Nous _____ des plats français. Allez manger!»
                                7 (servir)

Tout le monde passe la soirée à manger, danser, parler et jouer. À minuit, tous les invités

_____ . Cette nuit-là, Jeanne _____ très
        8 (partir)                                          9 (dormir)

bien. Le jour suivant elle est très occupée parce qu'elle _____ à ses
                                                                10 (écrire)

invités pour les remercier de leurs beaux cadeaux.

**C.** Express what these people are doing: [10 points]

1.                          Le garçon _____.

2.           Nous _____ .

3.           J' _____ .

4.           Elles _____ .

5.           Il _____ .

**D.** Write a story in French of at least ten clauses about the situation depicted in the picture: [10 points]

_____

_____

_____

_____

_____

_____

## IV.  Culture Quiz

Select the best completion for each statement and write its letter in the space provided: [10 points]

1. Un plat typiquement suisse est                                        _____

   a.  le pâté de foie gras.          c.  la soupe à la conque.
   b.  la fondue au fromage.          d.  la tajine.

2. Un dollar U.S. est à peu près égal à                                  _____

   a.  5 FF.                          c.  100 FF.
   b.  10 FF.                         d.  1000 FF.

3. Si vous voulez visiter une belle plage en France, allez à             _____

   a.  la Martinique.                 c.  Paris.
   b.  Bordeaux.                      d.  Nice.

4. Une bande dessinée française s'appelle                                 _____

   a.  Okay.                          c.  Tintin.
   b.  Confidences.                   d.  Salut les Copains.

5. Un célèbre compositeur français de musique classique s'appelle        _____

   a.  Charles Aznavour.              c.  Niagara.
   b.  Francis Cabrel.                d.  Claude Debussy.

---

## Key to Unit Test 1

### I.  Listening Comprehension

**A**  Teacher cues:

1. Voici un plat typique de mon pays: grillot et bananes pesées. Goûte-le!
2. Que fais-tu avec tes pelles et tes seaux?
3. Lise chante bien.
4. Pourquoi n'écris-tu jamais de lettres à ta famille?
5. Qu'est-ce que tu dis?

1. c   2. a   3. d   4. a   5. b

**B**  1. Multiple Choice (English)

Procedure: Instruct students to read the directions. Then say: "I will now read a passage in French. Before the passage, I will give you some background information in English. Then I will read the French passage twice. Listen carefully. After the passage, I will read a question in English. This question is also printed on your sheet. Look at the question and the four suggested answers on your sheet. Choose the best answer and write its letter in the space provided. Do not read the question and answers while listening to the passage. I will now begin.''

Your French pen pal recommends a jewelry store where you can buy original gifts for your family. He says:

La bijouterie de Roger Leroy est originale. Roger offre une tasse de café à ses clients avant de montrer sa collection exceptionnelle de bijoux. Chaque bijou est unique. Roger dessine le bijou que vous voulez et le fabrique devant vous pendant que vous attendez. Il peut aussi transformer de vieux bijoux en des créations modernes sur demande.

What is special about this store? (Key: a)

2. Multiple Choice (French)

Procedure: Instruct students to read the directions. Then say: ''I will now read a passage in French. Before the passage, I will give you some background information in English. Then I will read the French passage twice. Listen carefully. After the passage, I will read a question in French. This question is also printed on your sheet. Look at the question and the four suggested answers on your sheet. Choose the best answer and write its letter in the space provided. Do not read the question and answers while listening to the passage. I will now begin.''

You are listening to the radio. The announcer says:

Nous sommes très heureux d'annoncer le concours international du Prix d'Interprétation Classique. Ce concours musical très difficile permet aux jeunes musiciens qui veulent faire une carrière de soliste de montrer leur talent. Le gagnant doit jouer le mieux une sélection de musique choisie par le jury.

Qu'est-ce qu'il faut faire pour participer à ce concours? (Key: b)

3. Multiple Choice (Visual)

Procedure: Instruct students to read directions. Then say: ''I will now read twice a short passage in French. Before the passage, I will give you some background information in English. After the passage, I will read a question in English. For this question, the answers are pictures. Choose the picture that best answers the question and write its letter in the space provided. I will now begin.''

Your friend is reading to you from the advice column of the newspaper. She says:

Chère Martine,
J'ai un problème: je pense que je suis trop grosse. Mes amies disent qu'en réalité je suis très mince. J'étudie beaucoup, je suis un régime et je fais énormément d'exercice. Qu'est-ce que je peux faire?
                          Une fille au régime

What is this girl's problem? (Key: d)

## II. Reading

**A**  1. d  2. c

**B**  1. faux  2. vrai  3. faux  4. faux  5. vrai

**C**  1. c  2. g  3. f  4. a  5. d

## III. Writing

**A**  (Sample responses)

1. *Quelles jolies bagues! Tu es très gentille.*
2. *Quel gâteau délicieux! Vous êtes formidables.*
3. *Quels jeux intéressants! Vous êtes très généreuses.*
4. *Quel roman passionnant! Tu es vraiment sympathique.*
5. *Quelle belle batterie! Vous êtes extraordinaires!*

**B**  1. *sort*          3. *sentent*
     2. *savent*        4. *ouvrent*

5. *mettent*  
6. *disent*  
7. *servons*  
8. *partent*  
9. *dort*  
10. *écrit*

**C** 1. *sert le repas*  
2. *mettons une montre*  
3. *ouvre un cadeau*  
4. *écrivent des lettres*  
5. *joue mal du violon*

**D** (Sample response)

NOTE TO TEACHERS: You may wish to explain to students that a clause contains a stated or implied subject, a verb, and additional words necessary to convey meaning. The ten clauses may be contained in fewer than ten sentences if some of the sentences have more than one clause.

*C'est Noël./1 Julien cherche un cadeau pour sa petite amie./2 Il a cent dollars./3 Il désire acheter un collier ou un bracelet./4 Julien demande l'aide d'un vendeur./5 Il regarde tous les bijoux dans le magasin./6 Finalement, il choisit un joli bracelet en or./7 Il coûte soixante dollars./8 Julien est très content./9 Sa petite amie va beaucoup aimer ce cadeau./10*

**IV. Culture Quiz**  
1. *b*  2. *a*  3. *d*  4. *c*  5. *d*

# Deuxième Partie

## *Leçon 6:  Le matin/le soir*

**Notes:** Teachers may wish to have students act out various verbs in this lesson. Have students practice them in meaningful series: **je me réveille, je me lève, je me lave,** and so on. Students should use verbs in complete sentences to describe the actions.

Teachers may also cue students (or have students cue one another) to ask questions and to answer affirmatively or negatively. Students may command one another to perform certain acts. Example: a student says **"Lève-toi!"** and another student answers: **"Je me lève (je ne me lève pas)."**

#### Optional Oral Exercises

**A.** Tell at what time you do the following activities in the morning:

EXAMPLE: se réveiller  
Je me réveille à six heures.

1. se lever  
2. se laver  
3. s'habiller  
4. se brosser les dents  
5. se brosser les cheveux  
6. se peigner

KEY (Sample responses)

1. *Je me lève à six heures et quart.*  
2. *Je me lave à six heures vingt.*  
3. *Je m'habille à sept heures.*  
4. *Je me brosse les dents à sept heures et quart.*  
5. *Je me brosse les cheveux à sept heures et demie.*  
6. *Je me peigne à sept heures et demie.*

**B.** Express that you do not engage in these activities at these times on the weekend:

EXAMPLE: se réveiller à six heures  
Je ne me réveille pas à six heures.

1. se lever à six heures et quart  
2. se laver à six heures vingt  
3. s'habiller à sept heures

4. se brosser les dents à sept heures et quart
5. se brosser les cheveux à sept heures et demie
6. se peigner à sept heures et demie

KEY

1. *Je ne me lève pas à six heures et quart.*
2. *Je ne me lave pas à six heures vingt.*
3. *Je ne m'habille pas à sept heures.*
4. *Je ne me brosse pas les dents à sept heures et quart.*
5. *Je ne me brosse pas les cheveux à sept heures et demie.*
6. *Je ne me peigne pas à sept heures et demie.*

C. Express what you are going to do this evening:

EXAMPLE:  se brosser les dents
          Je vais me brosser les dents.

1. s'amuser
2. se reposer
3. se laver
4. se déshabiller
5. se coucher
6. s'endormir

KEY

1. *Je vais m'amuser.*
2. *Je vais me reposer.*
3. *Je vais me laver.*
4. *Je vais me déshabiller.*
5. *Je vais me coucher.*
6. *Je vais m'endormir.*

D. Your little brother is in a bad mood and refuses to do anything. Express what he says:

EXAMPLE:  se brosser les dents
          Je ne vais pas me brosser les dents.

1. s'amuser
2. se reposer
3. se laver
4. se déshabiller
5. se coucher
6. s'endormir

KEY

1. *Je ne vais pas m'amuser.*
2. *Je ne vais pas me reposer.*
3. *Je ne vais pas me laver.*

4. *Je ne vais pas me déshabiller.*
5. *Je ne vais pas me coucher.*
6. *Je ne vais pas m'endormir.*

E. Ask a friend when he/she does the following:

EXAMPLE:  se réveiller
          Quand te réveilles-tu?

1. se brosser les dents
2. se brosser les cheveux
3. se reposer
4. se peigner
5. s'endormir
6. s'amuser

KEY

1. *Quand te brosses-tu les dents?*
2. *Quand te brosses-tu les cheveux?*
3. *Quand te reposes-tu?*
4. *Quand te peignes-tu?*
5. *Quand t'endors-tu?*
6. *Quand t'amuses-tu?*

F. Ask a friend the following negative questions:

EXAMPLE:  se lever
          Ne te lèves-tu pas?

1. se raser
2. se peigner
3. se laver
4. se brosser les dents
5. se maquiller
6. s'endormir

KEY

1. *Ne te rases-tu pas?*
2. *Ne te peignes-tu pas?*
3. *Ne te laves-tu pas?*
4. *Ne te brosses-tu pas les dents?*
5. *Ne te maquilles-tu pas?*
6. *Ne t'endors-tu pas?*

G. Make the following suggestions:

EXAMPLE:  se coucher
          Couchons-nous tôt.

1. s'endormir
2. se réveiller
3. se lever
4. se laver
5. s'habiller

KEY

1. *Endormons-nous tôt.*
2. *Réveillons-nous tôt.*
3. *Levons-nous tôt.*
4. *Lavons-nous tôt.*
5. *Habillons-nous tôt.*

### Key to *Activités*

**A**  1. *Elles s'habillent.*
2. *Il se lève.*
3. *Il se peigne.*
4. *Tu te réveilles.*
5. *Marie se couche.*
6. *Vous vous brossez les dents.*
7. *Je me lave.*
8. *Nous nous reposons.*

**B**  1. *Elle se lave avec de l'eau froide.*
2. *La petite fille se regarde dans le miroir.*
3. *Ma mère s'habille.*
4. *Vous vous réveillez tôt.*
5. *Jean se brosse les cheveux.*

**C**  1. *Elle s'appelle le «Tour de France».*
2. *En général le gagnant reçoit beaucoup d'argent et beaucoup de cadeaux.*
3. *Il veut savoir comment vit un champion.*
4. *Il se lève à cinq heures du matin.*
5. *Il se lève, il se lave la figure et les mains, il se rase et il se brosse les dents.*
6. *Il prend un petit déjeuner léger.*
7. *Après le déjeuner, il se repose un peu.*
8. *Il se couche avant dix heures.*
9. *Tous les jeunes gens ont autant de chances que Victor de devenir champion.*
10. *Elle coûte six mille dollars.*

### Key to Structures

**4**  Now you can answer the following questions. In the sentence **Je me lave,** whom am I washing? *Myself.* Is the action being performed on the subject or on someone else? *On the subject.* Do the subject (**je**) and the reflexive pronoun (**me**) refer to the same person or to two different people? *To the same person.* What do we mean by a reflexive verb? *A verb where the subject and object refer to the same person.* What is the position of the reflexive pronoun with respect to the subject? *It follows the subject.* What is the position of the reflexive pronoun with respect to the verb? *It comes before the verb.*

### Key to *Activités*

**D**  1. *Je me lève.*     4. *Je me lave.*
2. *Je me brosse les*    5. *Je me peigne.*
   *dents.*              6. *Je m'habille.*
3. *Je me rase.*

**E**  1. *Gérard se lève à sept heures moins vingt-cinq.*
2. *Gérard se lave à sept heures moins dix.*
3. *Gérard s'habille à sept heures cinq.*
4. *Gérard se peigne à sept heures et quart.*
5. *Gérard se brosse les dents à sept heures et demie.*

**F**  1. *me*       5. *s'*
2. *se*       6. *t'*
3. *vous*     7. *se*
4. *nous*     8. *nous*

**G**  1. *me couche*       6. *nous habillons*
2. *se lave*        7. *se rasent*
3. *te maquilles*   8. *se repose*
4. *se couchent*    9. *m'endors*
5. *vous brossez*   10. *vous appelez*

**H**  1. *Je me lave la figure.*
2. *Je me brosse les dents.*
3. *Je me brosse les cheveux.*
4. *Je m'habille.*

### Key to Structures

**7**  . . . Where do we put **ne**? *Before the reflexive pronoun.* Where do we put **pas**? *After the verb.* The reflexive pronoun remains *before* the verb in a negative sentence.

**Key to *Activité***

**I**   (Sample responses)

1. Charles ne se déshabille pas à trois heures du matin.
2. Je ne me peigne pas à midi.
3. Mes parents ne se réveillent pas à minuit.
4. Tu ne te couches pas à six heures du matin.
5. Nous ne nous endormons pas à deux heures de l'après-midi.
6. Vous ne vous levez pas à onze heures du soir.
7. Ma mère ne se brosse pas les dents à quatre heures de l'après-midi.

**Key to Structures**

**8**   . . . Where is the reflexive pronoun? *Before the infinitive.* With what does the reflexive pronoun agree? *With the subject of the conjugated verb.*

**Key to *Activité***

**J**
1. se laver
2. nous amuser
3. te coucher
4. s'endormir
5. me reposer
6. vous lever
7. se maquiller
8. me réveiller
9. te peigner
10. vous reposer

**Key to Structures**

**9**   . . . Where does the reflexive pronoun remain? *Before the verb.* Which pronoun is inverted with the verb? *The subject pronoun.* How is the subject pronoun joined to the verb? *With a hyphen.*

**Key to *Activité***

**K**
1. S'amuse-t-il beaucoup?
2. Nous peignons-nous?
3. S'endorment-ils?
4. Te brosses-tu les dents?
5. Vous reposez-vous?
6. Marie se couche-t-elle à minuit?
7. Jean se réveille-t-il à 8 heures?
8. Les garçons s'habillent-ils?

**Key to Structures**

**10**   . . . Where is **ne?** *Before the reflexive pronoun.* Where is **pas?** *After the subject pronoun.*

**Key to *Activité***

**L**
1. Ne s'amuse-t-il pas beaucoup?
2. Ne nous peignons-nous pas?
3. Ne s'endorment-ils pas?
4. Ne te brosses-tu pas les dents?
5. Ne vous reposez-vous pas?
6. Marie ne se couche-t-elle pas à minuit?
7. Jean ne se réveille-t-il pas à 8 heures?
8. Les garçons ne s'habillent-ils pas?

**Key to Structures**

**11**   . . . Which pronoun, the subject pronoun or the reflexive pronoun, is missing from a command form? *The subject pronoun.* Where is the reflexive pronoun in relationship to the verb? In the affirmative command, the reflexive pronoun is *after the verb and attached to it by a hyphen.*

The reflexive pronoun **te** becomes *toi* in an affirmative command.
In a negative command, the reflexive pronoun is *before the verb;* **ne** is *before the reflexive pronoun and* **pas** *after the verb.*

**Key to *Activités***

**M**
1. Réveille-toi.
2. Lave-toi.
3. Brosse-toi les dents.
4. Amuse-toi.
5. Couche-toi.
6. Habille-toi.

**N**
1. Levons-nous.
2. Peignons-nous.
3. Amusons-nous.
4. Ne nous endormons pas.
5. Ne nous maquillons pas.
6. Ne nous couchons pas.

**Composition**

1. Je me réveille tard tous les jours.
2. Je ne me lève pas avant midi.

3. *Je me repose fréquemment.*
4. *Je me couche après minuit.*
5. *Je m'amuse bien.*

**Dialogue** (Sample responses)

À quelle heure vous levez-vous le matin?
*Je me lève à six heures.*
Que faites-vous le matin avant de sortir?
*Je me lave, je m'habille et je prends mon petit déjeuner.*
Que faites-vous pour vous amuser?
*Je vais au cinéma.*
À quelle heure vous couchez-vous?
*Je me couche à dix heures.*
Quels conseils pouvez-vous donner aux jeunes gens?
*Couchez-vous tôt et mangez bien!*

**Questions personnelles** (Sample responses)

1. *Le matin, je me lève à six heures et quart.*
2. *Je m'appelle . . .*
3. *Le samedi soir, je me couche à minuit.*
4. *Je me brosse les dents trois fois par jour.*
5. *Je me lave le matin et le soir.*

**Vous** (Sample response)

1. *Je me lève tôt.*
2. *Je me lave.*
3. *Je m'habille avant le petit déjeuner.*
4. *Je me brosse les cheveux.*
5. *Je me brosse les dents après le petit déjeuner.*

## Key to *Cahier* Exercises

**A**  1. *me couche*
   2. *se repose*
   3. *nous brossons les dents*
   4. *s'habillent*
   5. *vous réveillez*
   6. *se lève*
   7. *me déshabille*
   8. *t'endors*
   9. *se maquille*
   10. *vous brossez les cheveux*
   11. *se peigne*
   12. *s'amusent*

**B**  1. *Je ne me couche pas.*
   2. *Il ne se repose pas.*
   3. *Nous ne nous brossons pas les dents.*
   4. *Elles ne s'habillent pas.*
   5. *Vous ne vous réveillez pas.*
   6. *Ils ne se lèvent pas.*
   7. *Je ne me déshabille pas.*
   8. *Tu ne t'endors pas.*
   9. *Elle ne se maquille pas.*
   10. *Vous ne vous brossez pas les cheveux.*
   11. *Paul ne se peigne pas.*
   12. *Les filles ne s'amusent pas.*

**C**  1. *Je peux me reposer.*
   2. *Elle veut se maquiller.*
   3. *Tu vas te coucher.*
   4. *Vous savez vous raser.*
   5. *Nous aimons nous amuser.*

**D**  1. *Je ne peux pas me reposer.*
   2. *Elle ne veut pas se maquiller.*
   3. *Tu ne vas pas te coucher.*
   4. *Vous ne savez pas vous raser.*
   5. *Nous n'aimons pas nous amuser.*

**E**  (Sample responses)

   1. *T'amuses-tu en classe?*
   2. *Vous endormez-vous tout de suite?*
   3. *Est-ce que je me brosse souvent les cheveux?*
   4. *Lucienne et Mireille se réveillent-elles tard?*
   5. *Nous couchons-nous tôt?*
   6. *Raoul se peigne-t-il le matin?*

**F**  (Sample responses)

   1. *Ne t'amuses-tu pas en classe?*
   2. *Ne vous endormez-vous pas tout de suite?*
   3. *Est-ce que je ne me brosse pas souvent les cheveux?*
   4. *Lucienne et Mireille ne se réveillent-elles pas tard?*
   5. *Ne nous couchons-nous pas tôt?*
   6. *Raoul ne se peigne-t-il pas le matin?*

**G**  1. *Brosse-toi les dents!*
   2. *Lave-toi!*

3. *Repose-toi!*
4. *Peigne-toi!*
5. *Lève-toi!*

**H** 1. *Ne vous brossez pas les cheveux!*
2. *Ne vous couchez pas!*
3. *Ne vous déshabillez pas!*
4. *Ne vous endormez pas!*
5. *Ne vous maquillez pas!*

**I** *2*

**J** (Sample response)

PETIT DÉJEUNER

*des croissants, du café au lait*

DÉJEUNER

*des hors-d'œuvre, du rosbif, des frites, une salade, du gâteau, de l'eau minérale*

DÎNER

*une omelette, du fromage, de l'eau minérale*

---

NOM: _____ CLASSE: _____ DATE: _____

# Quiz 6

**A.** Answer the question you hear:

_____

**B.** Express what each person is doing by using the correct French form of the verb in parentheses:

1. (brush teeth) Je _____.
2. (comb hair) _____-toi!
3. (go to bed) Je ne veux pas _____.
4. (fall asleep) Nous ne _____ pas.
5. (be called) Ne _____-tu pas Henri?
6. (put on make up) Elles vont _____.

---

### Key to Quiz 6

**A** Teacher cue: À quelle heure te réveilles-tu?
Sample response: *Je me réveille à six heures et demie.*

**B** 1. *me brosse les dents*
2. *Peigne*
3. *me coucher*
4. *nous endormons*
5. *t'appelles*
6. *se maquiller*

# Leçon 7:  Les vacances

**Notes:** The vocabulary in this lesson deals with different types of leisure activities usually engaged in on vacations. Have students name their favorite pastimes and compare them with those of their classmates. In this way, students can discuss what they do during their vacations and find out what others do on theirs.

The verb techniques used in Lesson 1 may also be applied here. Individualized cue-response techniques should be encouraged wherever possible.

The past tense may serve as a point of departure for a simple, personalized conversation of what happened during the weekend. Students should be encouraged to ask each other questions about their activities.

A comparison of the United States and France would serve to foster awareness of multiculturalism.

## Optional Oral Exercises

**A.** Express what you like to do on vacation: (Teacher uses pictures of items indicated in the key.)

> EXAMPLE:  nager dans la mer
> J'aime nager dans la mer.

KEY

1. J'aime faire une croisière.
2. J'aime faire de la planche à voile.
3. J'aime pêcher dans la rivière.
4. J'aime prendre des photos.
5. J'aime faire une randonnée en montagne.
6. J'aime faire du ski alpin.
7. J'aime faire du ski nautique.
8. J'aime jouer au golf.

**B.** Express to a new student what is necessary to succeed:

> EXAMPLE:  travailler
> Il faut travailler.

1. *étudier*
2. *écouter le professeur*
3. *faire attention*
4. *parler français*
5. *prendre des notes*
6. *être studieux*

KEY

1. Il faut étudier
2. Il faut écouter le professeur
3. Il faut faire attention
4. Il faut parler français
5. Il faut prendre des notes
6. Il faut être studieux.

**C.** Express what you did when you got separated from your group:

> EXAMPLE:  parler à un agent
> J'ai parlé à un agent.

1. attendre mes amis
2. téléphoner à la police
3. finir la visite guidée
4. perdre patience
5. chercher mes amis
6. réussir à retrouver mes amis

KEY

1. J'ai attendu mes amis.
2. J'ai téléphoné à la police.
3. J'ai fini la visite guidée.
4. J'ai perdu patience.
5. J'ai cherché mes amis.
6. J'ai réussi à retrouver mes amis.

**D.** Make the sentences negative:

> EXAMPLE:  J'ai parlé à un agent.
> Je n'ai pas parlé à un agent.

1. J'ai attendu mes amis.

2. J'ai téléphoné à la police.
3. J'ai fini la visite guidée.
4. J'ai perdu patience.
5. J'ai cherché mes amis.
6. J'ai réussi à retrouver mes amis.

*KEY*

1. *Je n'ai pas attendu mes amis.*
2. *Je n'ai pas téléphoné à la police.*
3. *Je n'ai pas fini la visite guidée.*
4. *Je n'ai pas perdu patience.*
5. *Je n'ai pas cherché mes amis.*
6. *Je n'ai pas réussi à retrouver mes amis.*

**E.** Ask your friend the following questions:

EXAMPLE: parler à un agent
As-tu parlé à un agent?

1. défendre ton ami
2. écouter cette cassette
3. obéir à tes parents
4. jouer au tennis
5. vendre ta voiture
6. choisir ce vidéo horrible

*KEY*

1. *As-tu défendu ton ami?*
2. *As-tu écouté cette cassette?*
3. *As-tu obéi à tes parents?*
4. *As-tu joué au tennis?*
5. *As-tu vendu ta voiture?*
6. *As-tu choisi ce vidéo horrible?*

**F.** Change the questions to the negative:

EXAMPLE: As-tu parlé à un agent?
N'as-tu pas parlé à un agent?

1. As-tu défendu ton ami?
2. As-tu écouté cette cassette?
3. As-tu obéi à tes parents?
4. As-tu joué au tennis?
5. As-tu vendu ta voiture?
6. As-tu choisi ce vidéo horrible?

*KEY*

1. *N'as-tu pas défendu ton ami?*
2. *N'as-tu pas écouté cette cassette?*
3. *N'as-tu pas obéi à tes parents?*

4. *N'as-tu pas joué au tennis?*
5. *N'as-tu pas vendu ta voiture?*
6. *N'as-tu pas choisi ce vidéo horrible?*

**G.** Express the verbs in the **passé composé** with the subjects you hear:

1. bien dormir: Jean
2. ouvrir les fenêtres: les filles
3. faire la lessive: je
4. mettre le couvert: vous
5. recevoir une carte: tu
6. pouvoir téléphoner au bureau: Marie
7. lire le journal: nous
8. avoir des difficultés: Raoul et Luc
9. voir le docteur: nos grands-parents
10. prendre des vitamines: les enfants
11. dire la vérité: je
12. écrire des lettres: Sylvie et Chantal

*KEY*

1. *Jean a bien dormi.*
2. *Les filles ont ouvert les fenêtres.*
3. *J'ai fait la lessive.*
4. *Vous avez mis le couvert.*
5. *Tu as reçu une carte.*
6. *Marie a pu téléphoner au bureau.*
7. *Nous avons lu le journal.*
8. *Raoul et Luc ont eu des difficultés.*
9. *Nos grands-parents ont vu le docteur.*
10. *Les enfants ont pris des vitamines.*
11. *J'ai dit la vérité.*
12. *Sylvie et Chantal ont écrit des lettres.*

### Key to *Activité*

**A** *Des hommes jouent au golf. Des enfants jouent au tennis. Une fille prend des photos. Un homme pêche. Des enfants font une randonnée. Un garçon fait de la planche à voile.*

### Key to Structures

**2** . . . As you can see in the dialog, the verb **falloir** has only one form in the present tense: *il faut.* What does it mean? *It is necessary.* What is the form of the verb that follows **il faut?** *The infinitive.*

## Key to *Activité*

**B** 1. *Il faut faire attention aux calories.*
2. *Il faut aller à pied partout.*
3. *Il faut manger beaucoup de légumes.*
4. *Il faut éliminer les gâteaux.*
5. *Il faut faire du sport.*
6. *Il faut aller danser tous les soirs.*

## Key to Structures

**3** . . . Since the **passé composé** expresses what "happened" or "has happened," you must use a helping verb. Most French verbs use the helping verb *avoir (to have)* in the **passé composé.**

|  |  |
|---|---|
| **j'***ai* | **nous** *avons* |
| **tu** *as* | **vous** *avez* |
| **il** *a* | **ils** *ont* |
| **elle** *a* | **elles** *ont* |

. . . To form the past participle of an **-er** verb, drop *-er* from the infinitive and add *é.*
. . . To form the past participle of an **-ir** verb, drop *-r* from the infinitive.
. . . To form the past participle of a **-re** verb, drop *-re* from the infinitive and add *u.* . . .

| | | |
|---|---|---|
| **j'***ai parlé* | *ai choisi* | *ai répondu* |
| **tu** *as parlé* | *as choisi* | *as répondu* |
| **il** *a parlé* | *a choisi* | *a répondu* |
| **elle** *a parlé* | *a choisi* | *a répondu* |
| **nous** *avons parlé* | *avons choisi* | *avons répondu* |
| **vous** *avez parlé* | *avez choisi* | *avez répondu* |
| **ils** *ont parlé* | *ont choisi* | *ont répondu* |
| **elles** *ont parlé* | *ont choisi* | *ont répondu* |

## Key to *Activité*

**C** 1. *Vous avez cherché du bois.*
2. *Denis et moi, nous avons allumé le barbecue.*
3. *Jules et Jim ont préparé la salade.*
4. *Tu as lavé les fruits.*
5. *Agnès a choisi où faire le pique-nique.*
6. *J'ai servi les hamburgers.*

7. *Pierre et toi, vous avez rempli les verres de soda.*
8. *Nous avons attendu tous nos amis.*
9. *Les garçons ont perdu la balle.*
10. *Luc a vendu de la glace.*

## Key to Structures

**4** . . . In the negative sentence, where are **ne** and **pas?** *Around the conjugated helping verb avoir.* In a question, where is the subject pronoun? *After the conjugated form of avoir.* In a negative question, where are **ne** and **pas?** *Ne is before and pas is after the helping verb avoir and subject pronoun.*

## Key to *Activités*

**D** 1. *Joseph a fini ses leçons de planche à voile.*
2. *Élise a nagé dans la mer.*
3. *Raoul a vendu de la glace.*

**E** 1. *Joseph n'a pas fini ses leçons de planche à voile.*
2. *Élise n'a pas nagé dans la mer.*
3. *Raoul n'a pas vendu de glace.*

**F** 1. *Joseph a-t-il fini ses leçons de planche à voile?*
2. *Élise a-t-elle nagé dans la mer?*
3. *Raoul a-t-il vendu de la glace?*

**G** 1. *Joseph n'a-t-il pas fini ses leçons de planche à voile?*
2. *Élise n'a-t-elle pas nagé dans la mer?*
3. *Raoul n'a-t-il pas vendu de glace?*

**H** 1. *As-tu visité la Maison Blanche?*
2. *As-tu voyagé en avion?*
3. *As-tu vendu des souvenirs?*
4. *As-tu pêché dans la rivière?*
5. *As-tu dormi très tard?*
6. *As-tu joué au tennis de temps en temps?*

**I** 1. *Non, je n'ai pas visité la Maison Blanche.*
2. *Non, je n'ai pas voyagé en avion.*
3. *Oui, j'ai vendu des souvenirs.*
4. *Non, je n'ai pas pêché dans la rivière.*

5. *Oui, j'ai dormi très tard.*
6. *Oui, j'ai joué au tennis de temps en temps.*

**J**  1. *N'avez-vous pas marché le long des Champs-Élysées?*
2. *N'avez-vous pas goûté les crêpes au chocolat?*
3. *N'avez-vous pas attendu le guide?*
4. *N'avez-vous pas mangé à la terrasse d'un café?*
5. *N'avez-vous pas acheté de souvenirs?*

**K**  1. *Marie a écrit cette lettre.*
2. *Non, Jeanne n'a pas encore répondu aux lettres de Marie.*
3. *Marie n'a eu que C en français.*
4. *Non, elle n'a pas bien compris la leçon.*
5. *Elle n'a pas su répondre à toutes les questions.*
6. *Maurice a été absent hier.*
7. *Marie a voulu savoir pourquoi.*
8. *Maurice a pris un jour de vacances.*
9. *L'été dernier Maurice a fait de la planche à voile tous les jours.*
10. *Elle a bien appris sa leçon et elle a lu une histoire en français.*

### Key to Structures

**6**  . . . To form the **passé composé** of irregular verbs, which helping verb is used? *avoir.* What must be done to the helping verb? *It must be conjugated.* Does the past participle change if the subject changes? *No.*

| . . . | | |
|---|---|---|
| **avoir** | *eu* | |
| **lire** | *lu* | |
| **pouvoir** | *pu* | |
| **recevoir** | *reçu* | |
| **savoir** | *su* | |
| **voir** | *vu* | |
| **vouloir** | *voulu* | |
| **dire** | *dit* | |
| **écrire** | *écrit* | |
| **décrire** | *décrit* | |
| **mettre** | *mis* | |
| **prendre** | *pris* | |

| | |
|---|---|
| **apprendre** | *appris* |
| **comprendre** | *compris* |
| **dormir** | *dormi* |
| **sentir** | *senti* |
| **servir** | *servi* |
| **ouvrir** | *ouvert* |
| **être** | *été* |
| **faire** | *fait* |

### Key to *Activités*

**L**  1. *J'ai vu un film.*
2. *Robert a reçu des lettres.*
3. *Nous avons écrit des cartes postales.*
4. *Elles ont appris une chanson.*
5. *Tu as lu un roman.*
6. *Vous avez ouvert un paquet.*
7. *Anne a dormi tard.*
8. *Jacqueline et Hubert ont été malades.*
9. *J'ai mis un maillot de bain.*
10. *Vous avez dit «bonjour» à tout le monde.*

**M**  1. *Vous avez pu aller au cinéma.*
2. *Ils ont fait de la planche à voile.*
3. *Mon père a mis les provisions dans la cuisine.*
4. *Les touristes ont vu des sites historiques.*
5. *Nous avons fait une longue promenade.*
6. *Tu as pris de très belles photos.*
7. *Mon frère a dormi toute la journée.*
8. *J'ai été très malade.*
9. *Vous avez eu une bonne note à l'examen.*
10. *Marie et François ont écrit un tas de cartes postales.*

**Dialogue** (Sample responses)

Qu'est-ce qu'ils ont servi à dîner dans l'avion?
*Ils ont servi du poulet et des pâtes.*
Qu'est-ce que tu as fait pour t'amuser pendant le vol?
*J'ai regardé le film.*
Qu'est-ce que tu as vu de la fenêtre de l'avion?
*J'ai vu l'océan.*
Quel film est-ce qu'ils ont montré?
*Ils ont montré «Batman».*

Pourquoi as-tu aimé le vol?
*Parce que j'ai pu parler français.*

**Vous**  (Sample response)

*Il faut beaucoup travailler. Il faut faire ses*

*devoirs. Il faut apprendre ses leçons. Il faut écouter le professeur. Il ne faut pas s'amuser en classe.*

**Composition**  (Sample response)

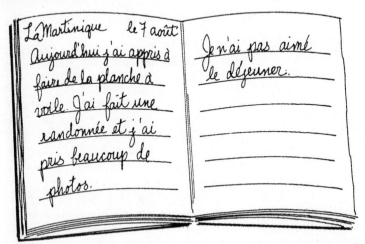

**Questions personnelles**  (Sample responses)

1. *Non, je n'ai pas fait de ski cet hiver.*
2. *Oui, j'ai nagé dans la mer l'été dernier.*
3. *J'ai lu «Un été pas comme les autres».*
4. *Parce que j'ai beaucoup étudié.*
5. *Il faut faire beaucoup de devoirs pour la classe d'histoire.*
6. *J'ai fait une promenade avec mes amis.*

**Intervalle culturel**

1. *Belgium, Luxembourg, Germany, Switzerland, Italy, and Spain border on France.*
2. *The main rivers in France are: the Seine, the Meuse, the Rhône, the Garonne, the Saône, and the Loire.*
3. *The Pyrénées separate France from Spain. The Alps separate France from Italy and Switzerland. The Vosges separate France from Germany. The Jura separates France from Switzerland.*
4. *The North Sea, the English Channel, the Atlantic Ocean, and the Mediterranean Sea border on France.*

**Key to *Cahier* Exercises**

**A**  1. *nage dans la mer*
2. *fais une croisière*
3. *font du ski alpin*
4. *pêche dans la rivière*
5. *faites une randonnée en montagne*
6. *prend des photos*
7. *jouent au golf*
8. *fais du ski nautique*
9. *faisons de la planche à voile*

**B**  (Sample responses)

1. *Il faut manger.*
2. *Il faut étudier.*
3. *Il faut boire de l'eau.*
4. *Il faut arriver à l'heure.*
5. *Il faut dormir.*

**C**  (Sample responses)

1. *J'ai obéi au maître-nageur.*
2. *Nous avons pêché.*
3. *Lise a nagé dans la mer.*

4. Charles et Guillaume ont choisi d'apprendre le ski nautique.
5. Vous avez joué au tennis.
6. Renée et Danielle ont correspondu avec des amis.
7. Tu as vendu des disques.
8. Bernard a dormi tard tous les jours.

**D**
1. Hervé n'a pas fini ses devoirs.
2. Liliane n'a pas entendu l'explication.
3. Georges n'a pas participé au cours de gymnastique.

**E**
1. Hervé a-t-il fini ses devoirs?
2. Liliane a-t-elle entendu l'explication?
3. Georges a-t-il participé au cours de gymnastique?

**F**
1. Hervé n'a-t-il pas fini ses devoirs?
2. Liliane n'a-t-elle pas entendu l'explication?

3. Georges n'a-t-il pas participé au cours de gymnastique?

**G**
1. a écrit
2. ont pris
3. avons fait
4. avez lu
5. ai reçu
6. a mis
7. ont dormi
8. a ouvert
9. ont vu
10. avons été

**H** (Sample responses)

1. a servi
2. ont appris
3. ai eu
4. ont voulu
5. avez pu
6. avons dit
7. a été
8. a senti
9. as compris
10. avez su

**I** (Sample responses)

1. Je n'ai pas fini mes devoirs.
2. Je n'ai pas lu le journal.
3. Je n'ai pas lavé la voiture.

**J** (Sample response)

La Côte d'Azur
France

Chère Claire,

Aujourd'hui, j'ai nagé dans la mer, j'ai fait du ski nautique et j'ai joué au tennis. Hier, je suis allé(e) au musée.

Mlle. Claire Moulin
12, rue du chat bleu
62000 Arras

K

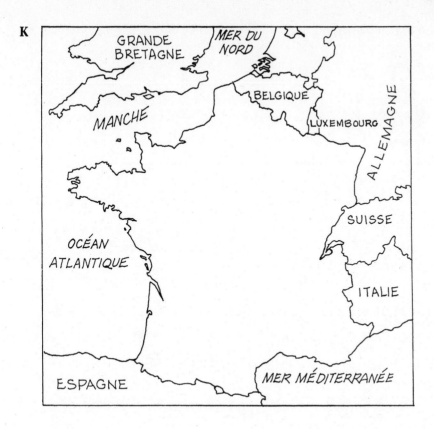

NOM: _____  CLASSE: _____  DATE: _____

# Quiz 7

**A.** Answer the question you hear:

_____

**B.** Your friend is planning to visit a resort from which you have just returned. Using **il faut,** suggest four activities in which he/she should participate:

1. _____

2. _____

3. _____

4. _____

**C.** Express what each person did on vacation:

1. Nous _____.

2. M. Henri _____.

3. Les Rodier _____.

4. Il _____.

**D.** Express what these people didn't do:

1. Tu _____.

2. Vous _____.

3. Je _____.

4. Claude _____.

**E.** Express the question you would ask about the person in the picture:

EXAMPLE:

A-t-il fait du ski nautique?

1. _____

2. _____

3. _____

**F.** Change the questions in Exercise E to the negative:

1. _____

2. _____

3. _____

---

### Key to Quiz 7

**A**   Teacher cue: Qu'est-ce que tu as fait pendant tes vacances?
Sample response: *J'ai fait des randonnées en montagne.*

**B**   (Sample responses)

1. *Il faut apprendre à faire du ski nautique.*
2. *Il faut nager dans la mer.*
3. *Il faut prendre des photos.*
4. *Il faut faire des randonnées.*

**C**   1. *avons lu des livres*
2. *a nagé dans la mer*

3. *ont fait une croisière*
4. *a joué au golf*

**D**   1. *n'as pas pris de photos*
2. *n'avez pas pêché dans la rivière*
3. *n'ai pas écrit de cartes postales*
4. *n'a pas fait de ski (alpin)*

**E**   1. *A-t-elle dormi?*
2. *Ont-elles joué au tennis?*
3. *Ont-ils vu un film?*

**F**   1. *N'a-t-elle pas dormi?*
2. *N'ont-ils pas vu de film?*
3. *N'ont-elles pas joué au tennis?*

---

## Leçon 8:  Un roman policier

**Notes:** People in general and young people in particular seem fascinated by "cops and robbers." If possible, bring to your class a French newspaper article of a current "case." Make a list of words and expressions taken from the article. Students might put on their own mock trial, complete with **le juge, les jurés, l'accusé, les avocats.** At the end, they would, of course, reach a verdict and find the **accusé coupable** or **innocent.**

The verb **venir** should be used as a point of departure for the other verbs in the chapter.

Continue using pattern drills, cue-response drills, and general questions to practice the verbs.

Continue using the techniques described in Lesson 7 when teaching the past tense of verbs conjugated with **être.**

The cultural material in this lesson may be reinforced by having the students pretend to call the police or a friend from a public phone booth and by engaging in a suitable conversation.

**Optional Oral Exercises**

**A.** You were a witness to a crime. Express what you saw: (Teacher uses pictures of items indicated in key.)

EXAMPLE: voleur
J'ai vu un voleur.

1. empreintes digitales
2. complice
3. caissière
4. policier
5. inspecteur
6. pistolet

*KEY*

1. *J'ai vu des empreintes digitales.*
2. *J'ai vu un complice.*
3. *J'ai vu une caissière.*
4. *J'ai vu un policier.*
5. *J'ai vu un inspecteur.*
6. *J'ai vu un pistolet.*

**B.** Express the form of the verb with the subject you hear:

1. venir: elle (singular)
2. devenir: nous
3. revenir: Paul
4. se souvenir: je
5. venir: tu
6. devenir: elles (plural)
7. revenir: André et Georges
8. se souvenir: vous

*KEY*

1. *elle vient*
2. *nous devenons*
3. *Paul revient*
4. *je me souviens*
5. *tu viens*
6. *elles deviennent*
7. *André et Georges reviennent*
8. *vous vous souvenez*

**C.** Express what the following persons just did:

EXAMPLE: faire une promenade: nous
Nous venons de faire une promenade.

1. aller au magasin: vous
2. rendre visite à des amis: Alice
3. voir un film: mes grands-parents
4. promener le chien: je
5. faire des courses: nous
6. jouer au base-ball: tu

*KEY*

1. *Vous venez d'aller au magasin.*
2. *Alice vient de rendre visite à des amis.*
3. *Mes grands-parents viennent de voir un film.*
4. *Je viens de promener le chien.*
5. *Nous venons de faire des courses.*
6. *Tu viens de jouer au base-ball.*

**D.** Ask if the following things happened to your friends at 3 o'clock:

EXAMPLE: naître
Es-tu né(e) à trois heures?

1. arriver
2. entrer
3. revenir
4. partir
5. rentrer
6. sortir
7. venir
8. tomber

*KEY*

1. *Es-tu arrivé(e) à trois heures?*
2. *Es-tu entré(e) à trois heures?*
3. *Es-tu revenu(e) à trois heures?*
4. *Es-tu parti(e) à trois heures?*
5. *Es-tu rentré(e) à trois heures?*
6. *Es-tu sorti(e) à trois heures?*
7. *Es-tu venu(e) à trois heures?*
8. *Es-tu tombé(e) à trois heures?*

**E.** Answer the questions affirmatively:

EXAMPLE: Es-tu né(e) à trois heures?
Oui, je suis né(e) à trois heures.

1. Es-tu arrivé(e) à trois heures?
2. Es-tu entré(e) à trois heures?
3. Es-tu revenu(e) à trois heures?
4. Es-tu parti(e) à trois heures?
5. Es-tu rentré(e) à trois heures?
6. Es-tu sorti(e) à trois heures?
7. Es-tu venu(e) à trois heures?
8. Es-tu tombé(e) à trois heures?

*KEY*

1. *Oui, je suis arrivé(e) à trois heures.*
2. *Oui, je suis entré(e) à trois heures.*
3. *Oui, je suis revenu(e) à trois heures.*
4. *Oui, je suis parti(e) à trois heures.*
5. *Oui, je suis rentré(e) à trois heures.*
6. *Oui, je suis sorti(e) à trois heures.*
7. *Oui, je suis venu(e) à trois heures.*
8. *Oui, je suis tombé(e) à trois heures.*

**F.** Answer the questions negatively:

EXAMPLE: Es-tu né(e) à trois heures?
Non, je ne suis pas né(e) à trois heures.

1. Es-tu arrivé(e) à trois heures?
2. Es-tu entré(e) à trois heures?
3. Es-tu revenu(e) à trois heures?
4. Es-tu parti(e) à trois heures?
5. Es-tu rentré(e) à trois heures?
6. Es-tu sorti(e) à trois heures?
7. Es-tu venu(e) à trois heures?
8. Es-tu tombé(e) à trois heures?

*KEY*

1. *Non, je ne suis pas arrivé(e) à trois heures.*
2. *Non, je ne suis pas entré(e) à trois heures.*
3. *Non, je ne suis pas revenu(e) à trois heures.*
4. *Non, je ne suis pas parti(e) à trois heures.*
5. *Non, je ne suis pas rentré(e) à trois heures.*
6. *Non, je ne suis pas sorti(e) à trois heures.*
7. *Non, je ne suis pas venu(e) à trois heures.*
8. *Non, je ne suis pas tombé(e) à trois heures.*

**G.** Directed dialog. (See Lesson 1, Optional Oral Exercise F, for procedures.)

Demandez à un étudiant [une étudiante, des étudiants, des étudiantes] s'il [si elle, s'ils, si elles]

1. vient/viennent de Paris.
2. devient/deviennent célèbre(s).
3. revient/reviennent de vacances.
4. se souvient/souviennent de la date.

*KEY*

| | STUDENT #1 | STUDENT #2 |
|---|---|---|
| 1. | *Viens-tu de Paris?* *Venez-vous de Paris?* | *Oui, je viens/nous venons de Paris.* |
| 2. | *Deviens-tu célèbre?* *Devenez-vous célèbres?* | *Oui, je deviens/nous devenons célèbre(s).* |
| 3. | *Reviens-tu de vacances?* *Revenez-vous de vacances?* | *Oui, je reviens/nous revenons de vacances.* |
| 4. | *Te souviens-tu de la date?* *Vous souvenez-vous de la date?* | *Oui, je me souviens/ nous nous souvenons de la date.* |

### Key to *Activités*

**A** (Sample responses)

1. *Les voleurs ont des pistolets.*
2. *Un voleur demande de l'argent à la caissière.*
3. *Il y a deux témoins.*
4. *Les témoins ont peur du complice.*
5. *Il est onze heures.*

**B** 1. empreintes digitales
2. *Le juge*
3. *L'avocat de la défense*
4. *Le procureur*
5. *La victime*

### Key to Structures

3 ...

| **je** *viens* | **nous** *venons* |
|---|---|
| **tu** *viens* | **vous** *venez* |
| **il** *vient* | **ils** *viennent* |
| **elle** *vient* | **elles** *viennent* |

### Key to *Activités*

**C** 1. *Tu viens à huit heures moins le quart.*
2. *Bruno et Gaston viennent à sept heures moins dix.*
3. *Nous venons à cinq heures et demie.*
4. *Je viens à cinq heures et quart.*

5. *Delphine vient à sept heures moins vingt-cinq.*
6. *Vous venez à sept heures vingt.*

**D** 1. *Le criminel va en prison.*
2. *L'inspecteur de police cherche des empreintes digitales.*
3. *La victime va au commissariat de police.*
4. *Le policier arrête le criminel.*

**E** 1. *vient*
2. *devient*
3. *reviennent*
4. *se souvient*
5. *Viens*
6. *deviens*
7. *revenons*
8. *se souviennent*
9. *venez*
10. *devient*

**F** 1. *Nous venons de jouer au tennis.*
2. *Elle vient de rencontrer le juge.*
3. *Je viens d'écrire une lettre.*
4. *Il vient d'acheter une voiture.*
5. *Ils viennent de se raser.*
6. *Tu viens de te lever.*
7. *Elles viennent d'aller au commissariat.*
8. *Vous venez de vous laver.*

**G** 1. *Elle a téléphoné pour demander à l'inspecteur de venir chez elle tout de suite.*
2. *Il s'est passé quelque chose de terrible.*
3. *Elle est revenue chez elle il y a une demi-heure.*
4. *Elle a trouvé la porte ouverte.*
5. *Elle a vu un homme dans le bureau de son mari.*
6. *Elle a suivi cet homme dans le jardin.*
7. *Le voleur a pris tous ses bijoux.*
8. *Le suspect est Jean.*
9. *Il a trouvé les empreintes de pas d'un homme.*
10. *Il n'y avait que les empreintes de pas d'un homme. Il n'y avait pas d'empreintes de pas d'une femme.*

### Key to Structures

**8** . . . Which other helping verb occurred in the **passé composé?** *être.*

. . .

| **je** *suis* | **nous** *sommes* |
| **tu** *es* | **vous** *êtes* |

| **il** *est* | **ils** *sont* |
| **elle** *est* | **elles** *sont* |

. . . 
| 1. **naître** | *né* |
| 2. **mourir** | *mort* |
| 3. **arriver** | *arrivé* |
| 4. **entrer** | *entré* |
| 5. **rentrer** | *rentré* |
| 6. **tomber** | *tombé* |
| 7. **monter** | *monté* |
| 8. **aller** | *allé* |
| 9. **retourner** | *retourné* |
| 10. **rester** | *resté* |
| 11. **descendre** | *descendu* |
| 12. **sortir** | *sorti* |
| 13. **partir** | *parti* |
| 14. **venir** | *venu* |
| 15. **devenir** | *devenu* |
| 16. **revenir** | *revenu* |

**9** . . . When **être** is the helping verb, what happens to the past participle? *It agrees with the subject. If the subject is feminine, you add e to the end of the past participle. If the subject is masculine plural, you add s; if it is feminine plural, you add es.*

. . . If the subject is both masculine and feminine, which form of the past participle do you use? *The masculine plural.*

**10** . . . **Je suis** *partie.* Is the **je** of this sentence masculine or feminine? *Feminine.* **Nous sommes** *arrivées.* Is the **nous** two boys, two girls, or a boy and a girl? *Two girls.*

. . . When the subject is **vous,** why is it possible to have different endings? *Because vous can refer to masculine singular or plural and to feminine singular or plural.*

### Key to *Activités*

**H** 1. *parti*
2. *entrée*
3. *retourné(e)s*
4. *sorties*
5. *rentrés*

**I**  1. *La fille*
    2. *Les filles*
    3. *Le garçon*
    4. *Les garçons*
    5. *Les filles*
    6. *La fille*
    7. *Le garçon*
    8. *Les garçons*

**J**  1. *est partie*
    2. *est arrivé*
    3. *sont rentrés*
    4. *sont retournées*
    5. *sont rentrés*
    6. *sont retournées*
    7. *est partie*
    8. *est arrivé*
    9. *sont rentrés*
   10. *est arrivé*

**K**  1. *es allé(e) à la plage*
    2. *sont allées au cinéma*
    3. *est allé au musée*
    4. *êtes allé(e)(s) au restaurant*
    5. *sont allés à la bijouterie*
    6. *suis allé(e) au parc*
    7. *est allée au théâtre*
    8. *sommes allé(e)s à la poste*

**L**  1. *sont arrivés*
    2. *sont venus*
    3. *est arrivé*
    4. *sont venus*
    5. *sommes allé(e)s*
    6. *sont restés*
    7. *suis sorti(e)*
    8. *sommes allé(e)s, sommes rentré(e)s*
    9. *sont retournés*
   10. *sont rentrés*

**M**  1. *Je suis descendu(e) de l'avion.*
    2. *Je suis arrivé(e) chez Jean.*
    3. *Je suis monté(e) à la tour Eiffel.*
    4. *Je suis allé(e) au Louvre.*
    5. *Je suis parti(e) sur la Côte d'Azur.*
    6. *Je suis resté(e) sur la plage.*
    7. *Je suis sorti(e) avec le cousin de Jean.*
    8. *Je suis revenu(e) à Paris.*
    9. *Je suis allé(e) à Versailles.*
   10. *Je suis resté(e) à l'hôtel.*
   11. *Je suis monté(e) dans l'avion.*
   12. *Je suis rentré(e) à New York.*
   13. *Je suis sorti(e) de l'aéroport.*
   14. *Je suis retourné(e) à l'école.*

**N**  1. *sommes arrivé(e)s*
    2. *est partie, suis allé(e)*

    3. *suis arrivé(e)*
    4. *sont entrés*
    5. *ont poussé, est tombée*
    6. *ai crié, ont eu*
    7. *ont montré, ont crié*
    8. *est devenu, sommes restés*
    9. *sont allés, ont dit*
   10. *n'a pas eu*
   11. *sont entrés, n'ont pas eu*
   12. *a arrêté, est mort*
   13. *sont partis*
   14. *ont eu, sont sortis*
   15. *a été*

**O**  1. *Il n'est pas arrivé au tribunal.*
    2. *Ne sont-elles pas devenues nerveuses?*
    3. *Marianne n'est pas partie en retard.*
    4. *N'es-tu pas entré avec l'avocat?*
    5. *Marc et Pierre ne sont pas nés en France.*
    6. *Le juge n'est-il pas sorti du tribunal?*

**Vous**  (Sample responses)

  1. *Je suis allé(e) au cinéma.*
  2. *Je suis allé(e) au restaurant.*
  3. *Je suis allé(e) au lycée.*
  4. *Je suis allé(e) au magasin.*
  5. *Je suis allé(e) à la bibliothèque.*

**Dialogue**  (Sample responses)

Qu'est-ce que tu as fait quand tu as vu le crime?
*J'ai téléphoné à la police.*
Quand est-ce que les policiers sont arrivés?
*Ils sont arrivés tout de suite.*
Qu'est-ce que les policiers ont dit?
*Ils ont dit: «Qu'est-ce qui s'est passé?»*
Qu'est-ce que tu as répondu?
*J'ai répondu que j'ai vu un homme voler le sac d'une dame.*
Où est le criminel maintenant?
*Il est au commissariat de police.*

**Questions personnelles**  (Sample responses)

  1. *Je suis né(e) le onze juillet 1979.*
  2. *Samedi soir, je suis allé(e) à une surprise-partie.*

3. *Je suis sorti(e) avec mes amis.*
4. *Aujourd'hui je suis arrivé(e) à l'école à huit heures.*
5. *Hier soir je suis rentré(e) chez moi à neuf heures.*

## Composition (Sample responses)

*Cher Jean,*

   *Dimanche, Richard et moi, nous sommes allés au cinéma. Nous avons vu un bon film. Ensuite, nous sommes allés au restaurant. J'ai mangé un sandwich au rosbif. Nous sommes rentrés à cinq heures de l'après-midi et j'ai préparé mes cahiers pour l'école.*

*Ton ami,*
*Georges*

### Key to *Cahier* Exercises

**A**   1. *un juge*
      2. *un témoin*
      3. *un voleur*

4. *une caissière*
5. *un pistolet*
6. *une victime*
7. *des empreintes digitales*
8. *un procureur*
9. *un avocat*
10. *un accusé*
11. *un complice*
12. *un policier*

**B**  1. *L'accusé devient nerveux.*
     2. *Les témoins se souviennent de tout.*
     3. *Vous revenez du commissariat de police.*
     4. *Je viens raconter ce que j'ai vu.*
     5. *L'avocate se souvient de tous les détails.*
     6. *Nous revenons pour écouter le juge.*
     7. *Le procureur devient rouge de colère.*
     8. *Tu viens au tribunal.*

**C**  1. *viens de nager*
     2. *venons de voir un film*
     3. *viennent de se réveiller*
     4. *viens de jouer au tennis*
     5. *venez d'écrire une lettre*

**D**

**E**  (Sample responses)

1. *Je suis parti(e) pour l'Europe.*
2. *Marie et elles sont arrivées en France.*
3. *Tu es revenu(e) aux États-Unis.*
4. *Vous êtes resté(e)(s) à la maison.*
5. *Georgette et Paul sont tombés amoureux.*
6. *Il est allé à la plage.*
7. *Nous avons fait une randonnée.*
8. *Les filles sont sorties avec des copains.*
9. *Les hommes sont descendus en ville.*
10. *Lisette a ouvert un cadeau.*
11. *Fabienne et Renée ont pris des photos.*
12. *Elle a lu un livre.*

**F**  (Sample response)

1. *Je suis allé(e) à la piscine.*
2. *J'ai vu un film.*
3. *J'ai fini mes devoirs.*
4. *Je suis sorti(e) avec des amis.*
5. *J'ai écouté mes cassettes.*

**G**  3

**H**
1. *police secours*
2. *numéros verts*
3. *18*
4. *police municipale*
5. *gendarmerie*
6. *garde à vue*

---

NOM: _____  CLASSE: _____  DATE: _____

# *Quiz  8*

**A.**  Answer the question you hear:

_____

**B.**  Express what each person remembers about the crime:

EXAMPLE:

Tu te souviens de la banque.

1.                Nous _____.

2. La fille _____.

3. Je _____.

4. Les garçons _____.

5. Vous _____.

**C.** Express what happened over the weekend:

1. Lise et Anne/arriver en France

   _____

2. Paul et Romain/venir aux États-Unis

   _____

3. les Lebrun/descendre en ville

   _____

4. Sylvie/sortir avec Jean-Luc

   _____

5. les étudiants/partir à la campagne

   _____

6. Claude et Henri/tomber

   _____

7. Mme Legrand/rentrer de vacances

_____

8. Annick Herriot/naître

_____

---

### Key to Quiz 8

**A**  Teacher cue: Où es-tu allé(e) ce week-end?
Sample response: *Je suis allé(e) au cinéma.*

**B**  1. *nous souvenons du voleur*
2. *se souvient du policier*
3. *me souviens du pistolet*
4. *se souviennent de la victime*
5. *vous souvenez de la caissière*

**C**  1. *Lise et Anne sont arrivées en France.*
2. *Paul et Romain sont venus aux États-Unis.*
3. *Les Lebrun sont descendus en ville.*
4. *Sylvie est sortie avec Jean-Luc.*
5. *Les étudiants sont partis à la campagne.*
6. *Claude et Henri sont tombés.*
7. *Mme Legrand est rentrée de vacances.*
8. *Annick Herriot est née.*

# Leçon 9:  Qu'est-ce qui se passe?

**Notes:** Teachers may wish to have students act out various verbs in this lesson. Students must say in French what they are doing or have others guess what they are doing. Students should use verbs in complete sentences to describe the actions.

Teachers may also cue students (or have students cue one another) to ask questions and to answer affirmatively or negatively in the **passé composé.**

The cultural material may be reinforced by showing pictures or slides of the **Centre Pompidou** and by encouraging students to discuss why they would or would not like to visit this center.

### Optional Oral Exercises

**A.**  Tell what this criminal did:

EXAMPLE:  se promener
Il s'est promené.

1. se dépêcher
2. se fâcher
3. se sauver
4. se blesser
5. se casser la jambe
6. se cacher

*KEY*

1. *Il s'est dépêché.*
2. *Il s'est fâché.*
3. *Il s'est sauvé.*
4. *Il s'est blessé.*
5. *Il s'est cassé la jambe.*
6. *Il s'est caché.*

**B.**  Ask your friend if he/she did the following:

EXAMPLE:  se cacher
T'es-tu caché(e)?

1. se fâcher
2. se blesser
3. se tromper
4. se reposer
5. se dépêcher

*KEY*
1. *T'es-tu fâché(e)?*
2. *T'es-tu blessé(e)?*
3. *T'es-tu trompé(e)?*

4. *T'es-tu reposé(e)?*
5. *T'es-tu dépêché(e)?*

**C.** Give affirmative answers to the questions:

1. T'es-tu fâché(e)?
2. T'es-tu blessé(e)?
3. T'es-tu trompé(e)?
4. T'es-tu reposé(e)?
5. T'es-tu dépêché(e)?

*KEY*

1. *Oui, je me suis fâché(e).*
2. *Oui, je me suis blessé(e).*
3. *Oui, je me suis trompé(e).*
4. *Oui, je me suis reposé(e).*
5. *Oui, je me suis dépêché(e).*

**D.** Give negative answers to the questions:

1. T'es-tu fâché(e)?
2. T'es-tu blessé(e)?
3. T'es-tu trompé(e)?
4. T'es-tu reposé(e)?
5. T'es-tu dépêché(e)?

*KEY*

1. *Non, je ne me suis pas fâché(e).*
2. *Non, je ne me suis pas blessé(e).*
3. *Non, je ne me suis pas trompé(e).*
4. *Non, je ne me suis pas reposé(e).*
5. *Non, je ne me suis pas dépêché(e).*

### Key to *Activités*

**A**   1. *M. Lambert se dépêche.*
2. *La voiture s'arrête devant le lycée.*
3. *Georgette se casse le bras.*
4. *Les enfants se cachent sous la table.*
5. *Le voleur se sauve.*
6. *Elle se souvient du numéro.*
7. *Jean se moque de Marie.*
8. *Le professeur se fâche.*
9. *L'élève se blesse.*
10. *Brigitte se trompe.*

**B**   1. *L'homme s'arrête parce qu'il voit un accident.*
2. *Mme Guérin se fâche parce qu'elle a perdu ses gants.*

3. *Les Dupont se dépêchent parce qu'ils sont en retard.*
4. *Jean et Paul se sauvent parce qu'ils jouent aux voleurs.*
5. *L'enfant se blesse parce qu'il ne fait pas attention.*
6. *Marie se repose parce qu'elle est fatiguée.*

**C**   1. *s'est dépêché*
2. *d'être en retard*
3. *s'est présenté*
4. *s'est pas trompé*
5. *s'est même souvenu*
6. *s'est arrêté*
7. *s'est moquée, eu le temps de répondre*
8. *ingénieur*
9. *s'est trompé*
10. *bon*
11. *s'est cassé*
12. *accepter, apprendre*

### Key to Structures

**3**   . . . The helping verb used with reflexive verbs in the **passé composé** is *être*. In the **passé composé,** the reflexive pronoun (**me, te, se, nous, vous**) comes *before the helping verb.*

### Key to *Activités*

**D**   1. *Il*   3. *Tu*   5. *Je*   7. *Elle*
2. *Nous*   4. *Vous*   6. *Elles*   8. *Ils*

**E**   1. *Le criminel s'est sauvé.*
2. *La police s'est trompée.*
3. *La voiture s'est arrêtée.*
4. *Il s'est passé quelque chose de suspect.*
5. *Elle s'est blessée.*
6. *Les garçons se sont moqués des filles.*
7. *Les filles se sont fâchées.*
8. *Elles se sont décidées à partir.*

**F**   1. *Je me suis moqué(e) de mon frère.*
2. *Je me suis sauvé(e) pour jouer.*
3. *Je me suis trouvé(e) dans le parc.*
4. *Je me suis arrêté(e) de courir.*
5. *Je me suis caché(e) derrière un arbre.*

6. *Je me suis souvenu(e) de l'heure.*
7. *Je me suis décidé(e) à rentrer chez moi.*
8. *Je me suis dépêché(e).*
9. *Je me suis trompé(e) de chemin.*
10. *Je suis tombé(e) et je me suis blessé(e) au genou.*

### Key to Structures

**4** . . . In Group I, what is the direct object of each sentence? *The reflexive pronoun.* When the reflexive pronoun is the direct object of the verb, the past participle of the reflexive verb *agrees* with the subject.

Now look at Group II, what is the direct object of each sentence? *le visage, les cheveux,* and *les pieds.*

### Key to *Activité*

**G**
1. *s'est acheté*
2. *se sont rasés*
3. *se sont brossé*
4. *s'est reposée*
5. *se sont peignées*
6. *s'est regardée*
7. *se sont brossé*
8. *s'est lavé*

### Key to Structures

**5** . . . To make a sentence negative, use **ne** *before* the reflexive pronoun and **pas** *after* the helping verb.

### Key to *Activité*

**H**
1. *Vous ne vous êtes pas peigné les cheveux.*
2. *Ils ne se sont pas brossé les dents.*
3. *Tu ne t'es pas habillé(e).*
4. *Nous ne nous sommes pas reposé(e)s.*
5. *Je ne me suis pas réveillé(e) à l'heure.*

### Key to Structures

**6** . . . If you wanted to make a sentence into a question using inversion, what would you invert, the subject pronoun or the reflexive pronoun? *The subject pronoun.*

. . . Can the reflexive pronoun be separated from the helping verb? *No.* In an inverted question, what is between the helping verb and the subject pronoun? *A hyphen.*

### Key to *Activités*

**I**
1. *S'est-il rasé ce matin?*
2. *T'es-tu trompé(e) de classe?*
3. *Se sont-elles moquées des garçons?*
4. *T'es-tu fâché(e)?*
5. *Se sont-ils souvenus de l'adresse?*
6. *Vous êtes-vous cassé la jambe?*
7. *S'est-elle arrêtée de parler?*
8. *Vous êtes-vous couché(e) tard?*

**J**
1. *Non, je ne me suis pas levé(e) très tôt samedi et dimanche matin.*
2. *Oui, je me suis dépêché(e) de faire mes devoirs.*
3. *Oui, je me suis reposé(e) toute la journée.*
4. *Non, je ne me suis pas endormi(e) devant la télévision.*
5. *Non, je ne me suis pas fâché(e) contre quelqu'un.*
6. *Non, je ne me suis pas blessé(e).*
7. *Oui, je me suis couché(e) très tôt.*
8. *Oui, je me suis amusé(e) avec des amis.*

### Key to Structures

**7** Finally, how would you ask a negative question when using a reflexive verb in the **passé composé?** Where are **ne** and **pas** in a negative question? *Ne is before the reflexive pronoun and pas is after the subject pronoun.* Are the reflexive pronoun and the helping verb separated? *No.*

In a negative question, where is the subject pronoun? *After the helping verb.* Where is the reflexive pronoun? *Before the helping verb.*

### Key to *Activités*

**K**
1. *Ne s'est-il pas levé tôt ce matin?*
2. *Ne nous sommes-nous pas trompés d'adresse?*
3. *Ne se sont-elles pas fâchées?*

4. *Ne t'es-tu pas moqué de lui?*
5. *Ne vous êtes-vous pas blessé à la main?*
6. *Ne se sont-ils pas arrêtés de chanter?*
7. *Ne t'es-tu pas souvenu de son anniversaire?*
8. *Ne s'est-elle pas couchée tard?*

**L**
1. *Je ne me suis pas reposé(e).*
2. *Ne s'est-il pas dépêché?*
3. *Personne ne s'est souvenu de la date.*
4. *Tu ne t'es pas sauvé.*
5. *Vous ne vous êtes pas couché(e)(s) de bonne heure.*
6. *Ne se sont-elles pas lavées?*
7. *Ne s'est-il pas trompé de numéro?*
8. *Vous êtes-vous réveillé(e)(s) à six heures?*
9. *T'es-tu rasé?*
10. *Se sont-elles habillées?*

**Questions personnelles**  (Sample responses)

1. *Ce matin je me suis levé(e) à huit heures.*
2. *Hier soir je me suis couché(e) à onze heures.*
3. *Non, je ne me suis pas amusé(e) à l'école hier.*
4. *Non, je ne me suis pas fâché(e) hier.*
5. *Rien ne s'est passé en classe hier.*

**Composition**

1. *Je me suis beaucoup amusé(e).*
2. *Je ne me suis pas fâché(e).*
3. *Je ne me suis pas beaucoup reposé(e).*
4. *Je me suis levé(e) tard.*
5. *Je ne me suis pas dépêché(e).*

**Dialogue** (Sample responses)

Contre qui est-ce que tu te fâches?
*Je me fâche contre ma sœur.*
De qui est-ce que tu te moques?
*Je me moque de mon ami.*
Quand est-ce que tu te reposes?
*Je me repose le week-end.*
Quand est-ce que tu te dépêches?
*Je me dépêche quand je suis en retard.*
Qu'est-ce que tu dis quand tu te trompes?
*Je dis: «Excusez-moi.»*

**Vous**  (Sample responses)

1. *Je me suis amusé(e) en France.*
2. *Je me suis cassé la jambe quand j'ai fait du ski.*
3. *Je me suis promené(e) sur la plage en été.*
4. *Je me suis levé(e) tard pendant les vacances.*
5. *Je me suis trompé(e) de classe hier.*

### Key to *Cahier* Exercises

**A**
1. *nous sommes trompés*
2. *vous êtes cachés*
3. *me suis cassée*
4. *t'es souvenue*
5. *s'est arrêtée*
6. *se sont sauvés*
7. *me suis fâchée*
8. *se sont moquées*
9. *nous sommes dépêchés*
10. *s'est blessé*

**B**  (Sample responses)
1. *Je me suis fâché(e).*
2. *Berthe s'est trompée.*
3. *Nous nous sommes blessé(e)(s).*
4. *Georges et Grégoire se sont sauvés.*
5. *Tu t'es moqué(e) de ton frère.*
6. *Charline et Yvette se sont arrêtées chez Jacques.*
7. *Vous vous êtes caché(e)(s).*
8. *Yves s'est dépêché.*

**C**
1. *s'est brossé*
2. *se sont fâchées*
3. *se sont rasés*
4. *s'est acheté*
5. *se sont brossé*
6. *s'est peigné*

**D**
1. *Les filles ne se sont pas levées de bonne heure.*
2. *Je ne me suis pas dépêché(e).*
3. *Nous ne nous sommes pas fâché(e)s.*
4. *Ronald ne s'est pas peigné ce matin.*
5. *Vous ne vous êtes pas amusé(e)(s) hier soir.*
6. *Tu ne t'es pas couché(e) tard.*

**E**  1. *Nous sommes-nous levé(e)(s) à l'heure?*
   2. *S'est-il cassé la jambe?*
   3. *T'es-tu moqué(e) d'elle?*
   4. *Vous êtes-vous brossé les cheveux ce matin?*
   5. *Se sont-ils sauvés?*
   6. *Se sont-elles souvenues du numéro de téléphone?*

**F**  1. *Ne nous sommes-nous pas levé(e)s à l'heure?*
   2. *Ne s'est-il pas cassé la jambe?*
   3. *Ne t'es-tu pas moqué(e) d'elle?*
   4. *Ne vous êtes-vous pas brossé les cheveux ce matin?*
   5. *Ne se sont-ils pas sauvés?*
   6. *Ne se sont-elles pas souvenues du numéro de téléphone?*

**G**  (Sample responses)

Question: *À quelle heure t'es-tu réveillé(e)?*
Réponse: *Je me suis réveillé(e) à six heures et quart.*

Question: *T'es-tu levé(e) tout de suite?*
Réponse: *Oui, je me suis levé(e) tout de suite.*
Question: *T'es-tu brossé les cheveux?*
Réponse: *Oui, je me suis brossé les cheveux.*
Question: *T'es-tu lavé(e) avant le petit déjeuner?*
Réponse: *Oui, je me suis lavé(e) avant le petit déjeuner.*
Question: *Qu'est-ce que tu as mangé au petit déjeuner?*
Réponse: *J'ai mangé des céréales.*

**H**  (Sample response)

*Ce matin, je me suis levé(e) tard. Je me suis dépêché(e) de m'habiller. Je n'ai pas pris mon petit déjeuner. Mes amis sont partis en voiture sans moi. J'ai pris l'autobus.*

**I**  1. *b*  2. *d*  3. *a*  4. *d*  5. *d*

---

NOM: _____    CLASSE: _____    DATE: _____

# *Quiz 9*

**A.**  Answer the question you hear:

_____

**B.**  Express what these people did:

1.                                Nous _____.

2. Il _____ .

3. Je _____ .

4. Elle _____ .

5. Vous _____ .

**C.** Change the answers in Exercise B to the negative:

1. _____

2. _____

3. _____

4. _____

5. _____

**D.** Ask if these people did the following things:

EXAMPLE: tu/

T'es-tu peigné(e)?

1. nous/

_____

2. elle/

_____

3. ils/

_____

4. il/

_____

**E.** Change the questions in Exercise D to the negative:

1. _____
2. _____
3. _____
4. _____

---

### Key to Quiz 9

**A** Teacher cue: À quelle heure t'es-tu couché(e) hier soir?
Sample response: *Hier soir, je me suis couché(e) à dix heures.*

**B** 1. *nous sommes cachés*
2. *s'est sauvé*
3. *me suis cassé le bras*
4. *s'est brossé les cheveux*
5. *vous êtes dépêché*

**C** 1. *Nous ne nous sommes pas cachés.*
2. *Il ne s'est pas sauvé.*

3. *Je ne me suis pas cassé le bras.*
4. *Elle ne s'est pas brossé les cheveux.*
5. *Vous ne vous êtes pas dépêché.*

**D** 1. *Nous sommes-nous arrêtés?*
2. *S'est-elle brossé les dents?*
3. *Se sont-ils cachés?*
4. *S'est-il trompé?*

**E** 1. *Ne nous sommes-nous pas arrêtés?*
2. *Ne s'est-elle pas brossé les dents?*
3. *Ne se sont-ils pas cachés?*
4. *Ne s'est-il pas trompé?*

## *Leçon 10:  Le temps passe*

**Notes:** Review numbers and expressions of time to the point of control. Use the calendar extensively for this purpose. Students should be able to express dates and points in time (**après-demain, avant-hier,** and so on) to show relationships of one date to another.

In this context, dates that have some significance to students (**le 4 juillet, le 25 décembre, 1492,** and the like) are especially appropriate.

The verb techniques used in previous lessons may also be applied here to practice the verb **connaître** and the difference between **savoir** and **connaître.**

The imperfect may serve as a point of departure for a simple, personalized

conversation on what used to happen in the past. Students should be encouraged to ask each other questions about the activities in which they engaged on a regular basis.

### Optional Oral Exercises

**A.** If today is July 11, what is:

| | |
|---|---|
| 1. June 11? | 6. July 13? |
| 2. July 9? | 7. July 18? |
| 3. July 12? | 8. August 11? |
| 4. July 11? | 9. July 10? |
| 5. July 25? | 10. July 4? |

*KEY*

| | |
|---|---|
| 1. *le mois passé* | 3. *demain* |
| 2. *avant-hier* | 4. *aujourd'hui* |

5. *d'aujourd'hui en quinze*
6. *après-demain*
7. *d'aujourd'hui en huit*
8. *le mois prochain*
9. *hier*
10. *la semaine passée*

**B.** Express the form of the verb **connaître** with the subject you hear:

1. tu
2. il (singular)
3. Béatrice et Janine
4. vous
5. elle (singular)
6. nous
7. je
8. Martin

*KEY*

1. *tu connais*
2. *il connaît*
3. *Béatrice et Janine connaissent*
4. *vous connaissez*
5. *elle connaît*
6. *nous connaissons*
7. *je connais*
8. *Martin connaît*

**C.** Ask your friend a question using **savoir** or **connaître**:

EXAMPLES: chanter
Sais-tu chanter?

le professeur Dupin
Connais-tu le professeur Dupin?

1. danser
2. où Laurent habite
3. cette ville
4. qui parle
5. les chansons de Charles Aznavour
6. les Dupont
7. la leçon par cœur
8. ce restaurant

*KEY*

1. *Sais-tu danser?*
2. *Sais-tu où Laurent habite?*
3. *Connais-tu cette ville?*
4. *Sais-tu qui parle?*
5. *Connais-tu les chansons de Charles Aznavour?*
6. *Connais-tu les Dupont?*
7. *Sais-tu la leçon par cœur?*
8. *Connais-tu ce restaurant?*

**D.** Express what the subjects used to do:

EXAMPLE: parler longtemps au téléphone: Anne
Anne parlait longtemps au téléphone.

1. dormir jusqu'à midi: je
2. faire du ski: nous
3. jouer au volley-ball: les filles
4. lire beaucoup: Éric
5. sortir avec des amis: vous
6. aller souvent en ville: tu
7. être très drôles: Jean et Paul
8. prendre le métro: Mme Dupont

*KEY*

1. *Je dormais jusqu'à midi.*
2. *Nous faisions du ski.*
3. *Les filles jouaient au volley-ball.*
4. *Éric lisait beaucoup.*
5. *Vous sortiez avec des amis.*
6. *Tu allais souvent en ville.*
7. *Jean et Paul étaient très drôles.*
8. *Mme Dupont prenait le métro.*

**E.** Directed dialog. (See Lesson 1, Optional Oral Exercise F, for procedures.)

Demandez à un ami [une amie, des ami(e)s] s'il [si elle, s'ils, si elles]

1. savait/savaient faire du ski.
2. allait/allaient à l'école en vélo.
3. était/étaient fort(e)(s) en maths.
4. voyait/voyaient Julie tous les jours.
5. habitait/habitaient un appartement.

*KEY*

| STUDENT #1 | STUDENT #2 |
| --- | --- |
| 1. *Savais-tu faire du ski? Saviez-vous faire du ski?* | *Oui, je savais/nous savions faire du ski.* |

2. *Allais-tu à l'école en vélo?*
   *Alliez-vous à l'école en vélo?*

   *Oui, j'allais/nous allions à l'école en vélo.*

3. *Étais-tu fort(e) en maths?*
   *Étiez-vous fort(e)s en maths?*

   *Oui, j'étais/nous étions fort(e)(s) en maths.*

4. *Voyais-tu Julie tous les jours?*
   *Voyiez-vous Julie tous les jours?*

   *Oui, je voyais/nous voyions Julie tous les jours.*

5. *Habitais-tu un appartement?*
   *Habitiez-vous un appartement?*

   *Oui, j'habitais/nous habitions un appartement.*

## Key to *Activités*

**A**
1. *hier*
2. *demain*
3. *avant-hier*
4. *après-demain*
5. *d'aujourd'hui en huit*
6. *d'aujourd'hui en quinze*

**B**
1. *d*
2. *a*
3. *j*
4. *c*
5. *g*
6. *h*
7. *i*
8. *b*
9. *e*
10. *f*
11. *l*
12. *k*

## Key to Structures

**2** . . .
| | |
|---|---|
| **je** *connais* | **nous** *connaissons* |
| **tu** *connais* | **vous** *connaissez* |
| **il** *connaît* | **ils** *connaissent* |
| **elle** *connaît* | **elles** *connaissent* |

## Key to *Activités*

**C**
1. *connais*
2. *connaissons*
3. *connaissent*
4. *connaît*
5. *connaissent*
6. *connais*
7. *connaissez*
8. *connaît*

**D**
1. *connais*
2. *connais*
3. *connaissent*
4. *connaissons*
5. *connaissez*
6. *connaît*

**E**
1. *sais*
2. *savons*
3. *connais*
4. *savent*

5. *Connaissez*
6. *Sais*
7. *connaissent*
8. *sais*
9. *connaissons*
10. *savons*
11. *connaît*
12. *connaît*

**F**
1. *Ils sont allés chez la vieille voyante Berthe.*
2. *Elle comptait sur les doigts des mains et des pieds.*
3. *Elle disait toujours des mensonges sur elle.*
4. *Elle écrivait des billets doux anonymes.*
5. *Elle prédit qu'il n'y a pas de mariage dans son avenir.*
6. *Parce qu'elle pense que Berthe ne sait pas ce qu'elle dit.*
7. *Il jetait les œufs par la fenêtre.*
8. *Il écrivait des messages méchants.*
9. *Elle prédit qu'il va gagner un million de dollars à la loterie.*
10. *Parce qu'elle prédit de bonnes choses pour son avenir.*
11. *Parce que la sœur de Georges a consulté Berthe la semaine dernière et elle est bavarde.*

## Key to Structures

**5** . . . Which present-tense form provides the stem for the **imparfait?** *The nous form.*

**6** . . . For both regular and irregular verbs in the present, from which present-tense form do we get the imperfect stem? *From the nous form.*

## Key to *Activités*

**G**
1. *parlons* — *parlais*
2. *finissons* — *finissiez*
3. *répondons* — *répondait*
4. *allons* — *allions*
5. *avons* — *avais*
6. *connaissons* — *connaissaient*
7. *croyons* — *croyiez*
8. *disons* — *disais*
9. *dormons* — *dormaient*
10. *écrivons* — *écrivions*
11. *étudions* — *étudiais*

| | | |
|---|---|---|
| 12. | *faisons* | *faisait* |
| 13. | *lisons* | *lisiez* |
| 14. | *mettons* | *mettaient* |
| 15. | *ouvrons* | *ouvrais* |
| 16. | *partons* | *partait* |
| 17. | *pouvons* | *pouvais* |
| 18. | *prenons* | *prenions* |
| 19. | *recevons* | *recevais* |
| 20. | *savons* | *savait* |
| 21. | *sentons* | *sentais* |
| 22. | *servons* | *serviez* |
| 23. | *sortons* | *sortaient* |
| 24. | *venons* | *venions* |
| 25. | *voyons* | *voyiez* |
| 26. | *voulons* | *voulais* |

**H**

| | | | |
|---|---|---|---|
| 1. | *passait* | 9. | *venions* |
| 2. | *punissaient* | 10. | *voulais* |
| 3. | *vendais* | 11. | *recevais* |
| 4. | *était* | 12. | *se fâchaient* |
| 5. | *partait* | 13. | *allions* |
| 6. | *disaient* | 14. | *sortiez* |
| 7. | *étaient* | 15. | *étais* |
| 8. | *prenais* | | |

**I**

1. *Nous allions chaque samedi chez notre grand-mère.*
2. *Il dormait tard le week-end.*
3. *Elles écrivaient des billets doux à Raymond.*
4. *Vous lisiez des livres de science-fiction.*
5. *Tu faisais de longues promenades.*
6. *Je prenais le train pour aller à l'école.*
7. *Paul et Georgette sortaient tous les soirs.*
8. *Douglas jouait au golf.*

**J**

| | | | |
|---|---|---|---|
| 1. | *allaient* | 6. | *avez rencontré* |
| 2. | *a préparé* | 7. | *je jouais* |
| 3. | *étudiait* | 8. | *a visité* |
| 4. | *est partie* | 9. | *arrivaient* |
| 5. | *prenions* | 10. | *sont rentrés* |

**K**

1. *Je suis allé(e) au cinéma samedi.*
2. *Nous avons passé une semaine à New York.*
3. *Je faisais une promenade tous les soirs.*
4. *Michel a lu deux romans l'été dernier.*
5. *Nous jouions souvent au tennis ensemble.*

6. *Mes parents partaient en Europe chaque année.*
7. *Vous alliez au bord de la mer tous les étés.*
8. *D'habitude ta sœur travaillait cinq heures par jour.*
9. *Mon oncle est revenu de France le mois dernier.*
10. *Tu arrivais toujours en retard à l'école.*

## Key to Structures

**8**   . . . How many actions occur in each sentence? *Two.* How many verb tenses are used in each sentence? *Two.* Which tenses are they? *The passé composé and the imperfect.*

. . . Imagine two cameras—an instant and a video camera. Which one would represent the **imparfait?** *The video camera,* the **passé composé?** *The instant camera.*

## Key to *Activités*

**L**

1. *Je lisais quand elles sont entrées.*
2. *Je travaillais quand Paul est venu.*
3. *Je dormais quand Hélène a téléphoné.*
4. *Je chantais quand le téléphone a sonné.*
5. *Je partais quand les enfants sont arrivés.*

**M**

1. *es rentré(e)*
2. *a joué*
3. *me couchais*
4. *a écrit, était*
5. *étudiais, es arrivé(e)*
6. *Faisait, es parti*
7. *recevaient*
8. *est né, habitions*
9. *dormaient, suis entré(e)*
10. *lisais, suis rentré(e)*

## Key to Structures

**9**   . . . Which tense did the narrator use? *The imperfect.*

. . . Which tense is used to describe the narrator's actions that occurred at a specific moment? *The passé composé.*

## Key to *Activités*

**N**  1. *étais, habitait*
    2. *travaillait*
    3. *rentrait, sortions*
    4. *préparait, écoutais*
    5. *étions*

**O**  1. *étions, étais*
    2. *avais*
    3. *suis réveillé, j'allais*
    4. *Je voulais*
    5. *ai ouvert, brillait*
    6. *allions, me suis habillé*
    7. *était, parlait*
    8. *sommes arrivés*
    9. *a raconté*
    10. *était, me suis beaucoup amusé*

**P**  1. *était*
    2. *faisait, me suis réveillé(e)*
    3. *me suis retourné(e), ai regardé*
    4. *était*
    5. *pouvais*
    6. *fermait, sonnait*
    7. *allait*
    8. *suis levé(e), suis dépêché(e)*

## Questions personnelles (Sample responses)

1. *Quand je me suis réveillé(e) ce matin, il faisait beau.*
2. *Quand je suis rentré(e) de l'école, ma mère était au bureau.*
3. *À sept heures, je regardais la télévision.*
4. *Il y a deux ans, mon meilleur ami était Paul.*
5. *Il y a six mois, «Les Simpson» était un programme populaire.*

## Dialogue (Sample responses)

Où habitais-tu?
*J'habitais New York.*
Qui était ton meilleur ami?
*Simon était mon meilleur ami.*
Quel était ton passe-temps préféré?
*C'était le volley-ball.*
À quelle école allais-tu?
*J'allais à l'école «Rhodes».*
Où te promenais-tu avec tes amis?
*Je me promenais souvent à Central Park.*

## Vous (Sample response)

*Quand j'étais très jeune,* j'étais très petit(e) et très maigre. Je n'aimais pas les sports. Je voulais regarder la télévision toute la journée.

## Composition (Sample responses)

1. *J'allais souvent à la campagne.*
2. *Il faisait toujours très beau.*
3. *Nous allions à la campagne en voiture.*
4. *Je faisais du sport avec mes amis tous les jours.*
5. *J'aimais les vacances parce que je m'amusais beaucoup avec mes amis.*

## Key to *Cahier* Exercises

**A**  1. *un an*
    2. *aujourd'hui*
    3. *une minute*
    4. *un siècle*
    5. *demain*
    6. *une semaine*
    7. *hier*
    8. *une heure*
    9. *la semaine prochaine*
    10. *un mois*
    11. *un jour*
    12. *la semaine dernière*

**B**  1. *connais*
    2. *connaît*
    3. *connais*
    4. *connaissons*
    5. *connaissent*
    6. *connaissez*

**C**  1. *connais*
    2. *connais*
    3. *sais*
    4. *sait*
    5. *connaît*
    6. *savez*
    7. *savoir*
    8. *connaissons*
    9. *connaissent*
    10. *savent*

**D**  1. *Jean-Claude marchait à l'école.*
    2. *Vous étudiiez très peu.*
    3. *Nathalie faisait de son mieux.*
    4. *Tu vendais tes vieux livres.*
    5. *Thierry et Roger savaient toujours leurs leçons.*
    6. *Je suivais des cours difficiles.*
    7. *Claudine et Janine allaient à l'université en métro.*
    8. *Nous finissions souvent nos devoirs en avance.*
    9. *M. Gaston connaissait tous les profs.*
    10. *Elle était la première de la classe.*

**E**  1. *Marise est allée en ville samedi dernier.*

2. *Ils visitaient leurs grands-parents chaque jour.*
3. *Vous vous réveilliez vers six heures tous les jours.*
4. *Nous sommes arrivés aux États-Unis avant-hier.*
5. *Elles choisissaient de rester chez elles les week-ends.*
6. *Gisèle s'est levée tard ce matin.*
7. *J'étais en retard tous les lundis.*
8. *Tu recevais un cadeau de ta tante chaque année.*
9. *André a lu trois livres la semaine dernière.*
10. *Les Dupont ont fait un voyage en France l'été passé.*

**F**   (Sample responses)

1. a. *Je faisais mes devoirs.*
   b. *Je lisais un livre.*
   c. *Je regardais la télévision.*
2. a. *Je préparais le dîner.*
   b. *J'écoutais la radio.*
   c. *Je travaillais.*
3. a. *Je lisais mon livre de français.*
   b. *Je parlais à mon ami(e).*
   c. *J'écrivais au tableau.*

**G**
1. *avais*
2. *ai décidé*
3. *a dit*
4. *était*
5. *ai choisi*
6. *faisait*
7. *marchait*
8. *avait*
9. *roulais*
10. *a fait*
11. *s'est arrêtée*
12. *ai téléphoné*
13. *est venu*
14. *a emmené*
15. *ai pris*
16. *me suis dépêché(e)*
17. *suis arrivé(e)*
18. *étais*
19. *voulais*
20. *était*

**H**   (Sample response)

*Qui était ton (ta) meilleur(e) ami(e)? Quel était ton programme de télévision préféré? Où habitais-tu? Quels sports faisais-tu? Que faisais-tu pendant les vacances d'été?*

**I**   *4*

**J**   1. *d*   2. *e*   3. *a*   4. *b*   5. *c*

NOM: _____ CLASSE: _____ DATE: _____

# *Quiz 10*

**A.** Answer the question you hear:

_____

**B.** Complete the dialog with the correct forms of **savoir** or **connaître**:

CÉCILE: Je vais aller en France cet été. Est-ce que vous _____ bien ce pays?
<br>1

LUC ET JEAN: Pas tellement, mais nous _____ qu'il y a beaucoup à visiter à
<br>2

Paris. Tu _____ notre cousin, Yves Latour? Tu peux aller lui rendre
<br>3

visite si tu veux.

CÉCILE: Oui, j'ai fait sa connaissance il y a longtemps. Vous _____ son
<br>4

adresse?

_____-il parler anglais? Peut-être acceptera-t-il de me faire visiter la ville.
<br>5

**C.** Complete with the correct forms of the **passé composé** or the **imparfait**:

Hier soir je (j') _____ un livre quand le téléphone _____. Ma
<br>1 (lire)                                                      2 (sonner)

voisine, Barbara, _____ savoir si j'_____ envie de l'accompagner chez sa
<br>3 (vouloir)                      4 (avoir)

fille, Lisette, qui _____ de téléphoner. Lisette _____ dans l'escalier.
<br>5 (venir)                                          6 (tomber)

J'_____ et nous _____ tout de suite. Heureusement,
<br>7 (accepter)                  8 (partir)

l'accident n'_____ pas grave et Lisette ne _____ rien _____.
<br>9 (être)                                    10 (se casser)

---

### Key to Quiz 10

**A** Teacher cue: Qu'est-ce que tu sais bien faire?
Sample response: *Je sais bien jouer du piano.*

**B** 1. *connaissez*
2. *savons*
3. *connais*
4. *connaissez*
5. *Sait*

**C** 1. *lisais*
2. *a sonné*
3. *voulait*
4. *avais*
5. *venait*
6. *est tombée*
7. *ai accepté*
8. *sommes parti(e)s*
9. *était*
10. *s'est . . . cassé*

# *Révision II (Leçons 6-10)*

### Key to *Activités*

**A**
1. *Hier Pierre s'est réveillé à six heures.*
2. *Il s'est levé immédiatement.*
3. *Dans la salle de bains, il s'est lavé,*
4. *il s'est rasé,*
5. *il s'est peigné,*
6. *et il s'est brossé les dents.*

7. *Ensuite, il s'est habillé et il est parti déjeuner.*
8. *Après le déjeuner il s'est lavé les mains.*

**B**
1. *Peigne-toi!*
2. *Lave-toi!*
3. *Rase-toi!*
4. *Repose-toi!*
5. *Réveille-toi!*
6. *Habille-toi!*

**C**

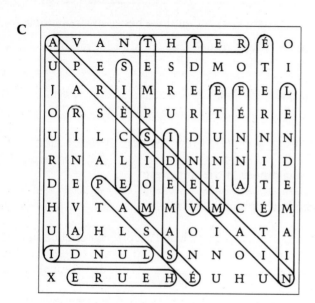

**D**
1. <u>B A N Q U E</u>
    1  2    3

2. <u>I N S P E C T E U R   D E   P O L I C E</u>
  4  5  6   7   8   9       10 11

3. <u>P I S T O L E T</u>
 12        13

4. <u>E M P R E I N T E S   D I G I T A L E S</u>
 14      15  16  17  18     19    20   21

5. <u>V O L E U R</u>
 22     23 24

**Solution:** <u>L' I N D I V I D U   Q U I   E S T   L E   S U S P E C T</u>
          13 10 1  18 15 22 4 9 24   2 8 19   6 17 7   20 14   5 3 21 12 23 11 16

**E** 1. *prenait des photos*
2. *faisaient une croisière*
3. *pêchait dans la rivière*
4. *faisait du ski nautique*
5. *faisiez de la planche à voile*
6. *jouait au golf*
7. *faisaient une randonnée en montagne*
8. *nageait dans la mer*

**F** 1. *me suis reposée*
2. *nous sommes dépêché(e)s*
3. *s'est fâchée*
4. *vous êtes trompé(e)*
5. *t'est blessé*

**G** (I in hardbound text)
1. *Il était cinq heures.*
2. *La voiture était blanche.*
3. *Le numéro de la plaque était XL-459*
4. *Non, le voleur n'avait pas le visage couvert.*
5. *Il avait une barbe et une moustache.*
6. *Oui, il portait un chapeau.*
7. *Il a volé une bijouterie.*
8. *Il y avait une personne dans la voiture.*
9. *Oui, le voleur avait un pistolet.*
10. *Il y avait six personnes dans la rue.*

**H** 1. T U  T'E S  C A S S É  L E  B R A S  L'A N N É E
20 21  20 5 19  3 1 19 19 27  12 5  2 18 1 19  12 1 14 14 27 5

d e r n i è r e.

2. Tu  V A S  N A G E R  D A N S  l a  m e r  C E T  É T É.
22 1 19  14 1 7 5 18  4 1 14 19              3 5 20  27 20 27

3. T A  V I E  v a  C H A N G E R  l e  M O I S  p r o c h a i n.
20 1  22 9 5      3 8 1 14 7 5 18      13 15 9 19

4. T U  A S  F A I T  d u  s k i  L'H I V E R  P A S S É.
20 21  1 19  6 1 9 20              12 8 9 22 5 18  16 1 19 19 5

5. Tu  t'e s  B L E S S É  H I E R.
              2 12 5 19 19 27  8 9 5 18

6. T U  V A S  t e  F Â C H E R  L A  s e m a i n e
20 21  22 1 19      6 29 3 8 5 18  12 1

P R O C H A I N E.
16 18 15 3 8 1 9 14 5

**I** (**G** in hardbound text)

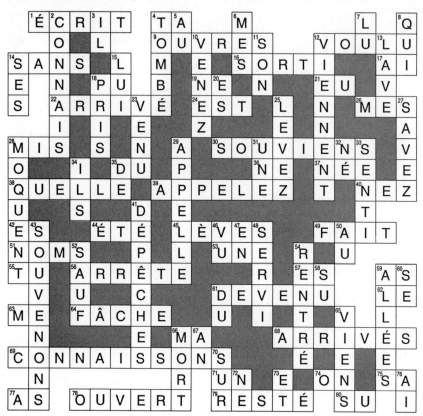

**J** Henri Laporte *se réveille* très tôt. Il *se lève,* il *se lave* et il *s'habille.* Il mange un bon *petit déjeuner* et *se brosse les dents.* Aujourd'hui, il va faire de la *planche à voile.* Il *se dépêche* d'arriver à la *plage.* Il demande au *maître-nageur:* «Êtes-vous le *professeur* de planche à voile?» «Oui, c'est moi. Est-ce que tu sais *nager?*» «Bien sûr!» répond Henri. «Eh bien, tu peux aller *nager* dans *la mer* ou *pêcher* parce qu'un *voleur* a volé toutes les planches à voile. Nous n'avons que des petits *bateaux.*» «Qu'est-ce que je vais faire?» demande Henri. «Tu peux aller *jouer au tennis* ou *jouer au golf.*» «Non!» dit Henri, «je veux rester sur *la plage.*» «Alors fais un *château de sable* ou *prends des photos*», dit le *maître-nageur.* Moi, je vais *dormir!*»

NOM: _____ CLASSE: _____ DATE: _____

# Unit Test 2 (Lessons 6-10)

## I. Listening Comprehension

**A.** Select the best answer to the question or statement you hear and circle its letter: [10 points]

1. a. Rien de spécial.
   b. Jean.
   c. L'autobus N° 7.
   d. Robert passe un examen.

2. a. Je m'endors.
   b. Je me repose.
   c. Je me brosse les dents.
   d. Je me blesse.

3. a. Je peux aller au cinéma avec vous?
   b. C'était bien?
   c. Qui va vous accompagner?
   d. C'est une mauvaise idée.

4. a. Après-demain.
   b. La semaine prochaine.
   c. D'aujourd'hui en huit.
   d. Il y a une semaine.

5. a. Je joue dans le parc.
   b. Je suis allé(e) en ville.
   c. Je vais faire une randonnée en montagne.
   d. Je suis né(e).

**B.** 1. Multiple Choice (English) [2 points]

   Listen to your teacher read twice a short passage in French. Then the teacher
   will read a question in English and pause while you write the letter of the best
   suggested answer to the question in the space provided. Base your answer on
   the context of the passage only.

   What is your friend doing?                                              _____

   a. Going to sleep.              c. Waking up.
   b. Going to a party.            d. Going to school.

   2. Multiple Choice (French) [2 points]

   Listen to your teacher read twice a short passage in French, followed by a
   question in French. After you have heard the question, read the question and
   the four suggested answers. Choose the best answer and write its letter in the
   space provided.

Qu'est-ce que les voleurs ont pris?

a.  Des vêtements.                           c.  Des souvenirs.
b.  De l'argent.                             d.  Des bijoux.

3.  Multiple Choice (Visual) [2 points]

Listen to your teacher read another passage in French twice, followed by a question in English. After you have heard the question, read the question and look at the four pictures. Choose the picture that best answers the question and write its letter in the space provided:

What can't you do because of weather conditions?

a.

b.

c.

d.

## II.  Reading

**A.**  For each question, select the best answer based on what you read and write its letter in the space provided: [4 points]

> Chère Jacqueline,
>
> Je suis désolée, mais je ne peux-pas aller à ta fête ce soir. J'ai eu un accident hier après-midi. Je me dépêchais pour aller rencontrer ma soeur en ville quand je suis tombée devant chez moi. Je me suis blessée. Je suis allée à l'hôpital où le docteur m'a dit que je ne devais pas beaucoup marcher. Amuses-toi bien et dis-moi comment la fête s'est passée.
>
> Gisèle

1.  Why can't Gisèle go to the party?

a.  She has to visit someone in the hospital.    c.  She is sick in bed.
b.  She hurt herself.                            d.  She had a car accident.

| | |
|---|---|
| **CHEZ LOUIS**<br><br>Vous êtes installé sur le balcon d'une maison au bord de la plage. Vous entendez les vagues et de la musique douce.Vous voilà prêt pour une soirée gastronomique de premier ordre! | **CHÂTEAUBRIAND**<br><br>Des pâtes, des pâtes, oui, mais chez Châteaubriand! Deux chefs italiens préparent sur place de vraies pâtes fraîches et les présentent avec une carte très méditerranéenne. |
| a | b |
| **LE PONT NEUF**<br><br>L'accueil est charmant. La cuisine comprend des spécialités créoles et on peut même pêcher soi-même son poisson du jour!<br>Le Pont-Neuf, c'est aussi des soirées couscous et paëlla. | **LES GOURMETS**<br><br>Aux Gourmets, nous sommes fiers de notre menu à la carte. Nous offrons escargots de Bourgogne, champignons farcis, canard à l'orange, crêpes au caviar . . . Ceci n'est qu'un exemple des délices qui vous attendent! |
| c | d |

2. Dans quel restaurant pouvez-vous commander des plats français? _____

    a. Chez Louis.                   c. Au Pont-Neuf.
    b. Au Châteaubriand.          d. Aux Gourmets

**B.** Read the passage and then check the appropriate box to indicate whether the statement you read is true or false: [10 points]

Un automobiliste a été arrêté pour excès de vitesse. Toutefois, le tribunal ne l'a pas condamné parce que les gendarmes n'avaient pas assez d'éléments pour identifier cet homme avec certitude. Gérard Botard, l'automobiliste, devait payer 2500 F d'amende et son permis de conduire allait être retiré pendant six mois. La police l'avait chronométré à 207 km/h. M. Botard a affirmé qu'il était innocent et que la police se trompait. Ce n'était pas sa voiture qu'ils avaient chronométrée, mais une autre qui lui ressemblait.

|  | VRAI | FAUX |
|---|:---:|:---:|
| 1. La police a dit que l'automobiliste roulait trop vite. | ☐ | ☐ |
| 2. Les policiers ont identifié l'automobiliste avec certitude. | ☐ | ☐ |
| 3. Les victimes ont identifié Gérard Botard. | ☐ | ☐ |
| 4. L'automobiliste devait payer 2500 F. | ☐ | ☐ |
| 5. M. Botard dit que la police a fait une erreur. | ☐ | ☐ |

**C.** Complete the story with expressions chosen from the following list: [10 points]

| | | |
|---|---|---|
| alpin | dîner | se perd |
| année | nager | se reposer |
| après-demain | nautique | se trompe |
| avant-hier | se lève | veut |

C'est le dernier jour de l'année scolaire. La famille Delon va partir en vacances

_____. Chaque _____ ils vont à la mer parce qu'ils
          1                                               2

aiment tous faire du ski _____. Le jour du départ arrive et toute la famille
                                    3

_____ de bonne heure. Papa _____ éviter le trafic sur l'autoroute.
          4                                    5

Malheureusement, en fin de matinée, il _____ de route et il
                                          6

_____. Ils arrivent enfin à l'hôtel vers quatre heures de l'après-midi. Les
         7

enfants vont tout de suite _____ dans la mer tandis que papa va
                                 8

_____ dans sa chambre. À sept heures, ils vont tous _____.
         9                                                 10

## III. Writing

**A.** You are away on vacation at camp and are writing a letter to your parents. Express what you did by filling in the correct form of the **passé composé** of the verb indicated: [20 points]

Chers parents,

Bonjour! Depuis que je suis au camp, je (j') _____ à beaucoup
                                          1 (participer)

d'activités. Je (J') _____ à pêcher. Je (J') _____
                   2 (apprendre)                             3 (faire)

aussi de la planche à voile et je (j') _____ à cheval. Ne vous
                                        4 (monter)

inquiétez pas! Je (j') _____ et je (j') _____
                   5 (ne jamais tomber)                         6 (ne pas avoir)

d'accident. Hier, mon amie et moi, nous _____ en ville où nous
                                          7 (aller)

_____ un film formidable. Nous _____
         8 (voir)                                       9 (rentrer)

tard, mais nous _____.
                   10 (amuser)

                                                  À très bientôt,
                                                  Suzanne

**B.** Express what these people did yesterday: [10 points]

1. J'_____.

2. Nous _____.

3. Elle _____.

4. Tu _____.

5. Il _____.

**C.** Complete the story with the correct forms of the **passé composé** or **imparfait:** [10 points]

Hier soir, il y _____ un vol dans la rue. La victime
<br>1 (avoir)

_____ un vieil homme d'environ 75 ans. Il
<br>2 (être)

_____ du supermarché quand un jeune garçon
<br>3 (revenir)

l'_____ . Ce garçon _____ un jean et un
<br>4 (attaquer)         5 (porter)

T-shirt rouge. Il _____ un pistolet et il en _____
<br>6 (avoir)         7 (menacer)

le pauvre homme. Il _____ tout l'argent du vieil homme,
<br>8 (prendre)

le (l') _____ sur la tête et il _____ à toute
<br>9 (frapper)         10 (se sauver)

vitesse.

**D.** Write a story in French of at least ten clauses about the situation in the picture: [10 points]

_____

_____

_____

_____

_____

_____

_____

_____

_____

_____

## IV. Culture Quiz

Select the best completion to each statement and write its letter in the space provided: [10 points]

1. Un croque-monsieur est un sandwich             _____

    a. au thon et à la laitue.            c. au poulet.
    b. au fromage et au jambon.       d. aux œufs.

2. Paris est situé sur un fleuve qui s'appelle        _____

    a. la Seine.                      c. le Rhin.
    b. la Loire                     d. La Garonne.

3. L'équivalent français de 911 est              _____

    a. 91.                          c. 18.
    b. 48.                          d. 17.

4. Une des attractions du Centre Pompidou est      _____

    a. Versailles.                  c. la boulangerie.
    b. la cinémathèque.        d. le cirque.

5. Le Mont-Saint-Michel est                 _____

    a. une île.                     c. un palais.
    b. un musée.                 d. une chaîne de montagnes.

---

## Key to Unit Test 2

### I. Listening Comprehension

**A** Teacher cues:

1. Qu'est-ce qui se passe?
2. Que fais-tu avant de te coucher?
3. Nous venons de voir le nouveau film de Gérard Depardieu.
4. Quand se sont-ils mariés?
5. Qu'est-ce que tu as fait hier?

    1. *a*   2. *c*   3. *b*   4. *d*   5. *b*

**B** 1. Multiple Choice (English)

Procedure: Instruct students to read the directions. Then say: "I will now read a passage in French. Before the passage, I will give you some background information in English. Then I will read the French passage twice. Listen carefully. After the passage, I will read a question in English. This question is also printed on your sheet. Look at the question and the four suggested answers on your sheet. Choose the best answer and write its letter in the space provided. Do not read the question and answers while listening to the passage. I will now begin."

You call your friend and ask him what he is doing. He says:

Je suis en train de m'habiller parce que je vais à une fête chez ma cousine. Je sais que je vais rentrer tard ce soir. Téléphone-moi demain matin après onze heures. J'ai l'intention de dormir tard.

What is your friend doing? (Key: *b*)

2. Multiple Choice (French)

Procedure: Instruct students to read the directions. Then say: "I will now read a passage in French. Before the passage, I will give you some background information in English. Then I will read the French passage twice. Listen carefully. After the passage, I will read a question in French. This question is also printed on your sheet. Look at the question and the four suggested answers on your sheet. Choose the best answer and write its letter in the space provided. Do not read the question and answers while listening to the passage. I will now begin."

You are watching the news. The broadcaster says:

Un vol important a eu lieu dimanche après-midi dans l'appartement de M. Jean-Claude Nalet, au 5, avenue Mirabeau. À son retour en fin de journée, M. Nalet a constaté la disparition d'un collier, d'une bague et d'une chaîne en or, d'un répondeur téléphonique, d'un appareil-photo et de sa chaîne stéréo.

Qu'est-ce que les voleurs ont pris? (Key: d)

3.  Multiple Choice (Visual)

Procedure: Instruct students to read the directions. Then say: "I will now read twice a short passage in French. Before the passage, I will give you some background information in English. After the passage, I will read a question in English. For this question, the answers are pictures. Choose the picture that best answers the question and write its letter in the space provided. I will now begin."

You are listening to the weather report. The announcer says:

Il y a une vive inquiétude dans les stations de sports d'hiver où l'absence de neige crée des problèmes. Pour la troisième année de suite, la saison est très mauvaise et la météo est peu optimiste pour le reste de l'hiver. Le gouvernement va décider cette semaine d'aider les stations en difficulté.

What can't you do because of weather conditions? (Key: c)

## II.  Reading

**A**   1. *b*   2. *d*

**B**   1. *vrai*   2. *faux*   3. *faux*   4. *vrai*   5. *vrai*

**C**   1. *après-demain*      6. *se trompe*
        2. *année*            7. *se perd*
        3. *nautique*         8. *nager*
        4. *se lève*          9. *se reposer*
        5. *veut*            10. *dîner*

## III.  Writing

**A**   1. *ai participé*
        2. *ai appris*
        3. *ai fait*
        4. *suis montée*
        5. *ne suis jamais tombée*
        6. *n'ai pas eu*
        7. *sommes allées*
        8. *avons vu*
        9. *sommes rentrées*
       10. *nous sommes amusées*

**B**   1. *ai ouvert la porte*
        2. *nous sommes brossé les dents*
        3. *s'est souvenue du numéro*
        4. *t'es levée à six heures*
        5. *a reçu une carte postale*

**C**   1. *a eu*            6. *avait*
        2. *était*          7. *a menacé*
        3. *revenait*       8. *a pris*
        4. *a attaqué*      9. *a frappé*
        5. *portait*       10. *s'est sauvé*

**D**   (Sample response)

*Tous les garçons jouaient au football./1 Richard a lancé le ballon./2 Jacques a couru pour l'attraper,/3 mais il est tombé./4 Il avait mal à la jambe./5 Il a dit qu'il s'est cassé la jambe./6 Ses amis ont téléphoné à sa mère./7 Elle est venue tout de suite./8 Tout le monde s'est arrêté de jouer./9 Ils n'ont pas fini le match./10*

## IV.  Culture Quiz

  1. *b*   2. *a*   3. *d*   4. *b*   5. *a*

# *Achievement Test 1 (Lessons 1-10)*

**1**  Vocabulary [10 points]

1. _____

2. _____

3. _____

4. _____

5. _____

6. _____

7. _____

8. _____

9. _____

10. _____

**2**  Interrogative **quel** [5 points]

Complete the following sentences with the appropriate form of **quel**:

1. _____ langues étrangères parlez-vous?

2. _____ plats français aimes-tu?

3. _____ roman ont-ils lu cette année?

4. _____ matière préférez-vous?

5. _____ sports faites-vous en été?

**3**  Negatives [5 points]

Answer the questions using each of the following negative expressions once:

ne . . . jamais        ne . . . personne
ne . . . ni . . . ni    ne . . . rien
ne . . . pas

1. Est-ce que Mireille est grande et laide?

_____

2. Est-ce que Mme Junot cherche quelqu'un?

_____

3. Est-ce que tes frères sortent toujours ensemble?

_____

4. Est-ce qu'elle parle anglais?

_____

5. Est-ce que tu comprends tout en classe?

_____

**4**  Irregular noun plurals [5 points]

Give the plural of the following nouns:

1. le drapeau  _____

2. le chou  _____

3. l'animal  _____

4. l'œil  _____

5. le pneu  _____

**5**  Irregular adjectives [5 points]

Complete the sentences with the correct forms of the French adjectives:

1. (light) Cette tarte est vraiment _____.

   2. (Italian) Elles sont _____.

   3. (big) C'est un _____ livre.

   4. (legal) Ce sont des problèmes _____.

   5. (happy) Marianne et Véronique sont très _____.

**6**  Adverbs [5 points]

Supply the adverb that best completes the sentence:

   1. Ils ne dansent pas mal. Au contraire, ils dansent _____.

   2. Elle ne mange pas beaucoup, elle mange _____.

   3. Il ne marche pas rapidement, il marche _____.

   4. Elles n'arrivent pas tard, elles arrivent _____.

   5. Les Hubert n'habitent pas loin, ils habitent _____.

**7**  **Savoir** and **connaître** [5 points]

Listen to the cue, then check whether to use **Je connais** or **Je sais** to start the sentence:

| | **Je sais** | **Je connais** |
|---|---|---|
| 1. | _____ | _____ |
| 2. | _____ | _____ |
| 3. | _____ | _____ |
| 4. | _____ | _____ |
| 5. | _____ | _____ |

**8**  Irregular verbs [10 points]

Complete the following sentences with the correct present-tense forms of the verbs in parentheses:

   1. (dormir) Je _____ bien.

   2. (mettre) Il _____ son chapeau.

   3. (ouvrir) Elles _____ leurs cadeaux.

   4. (écrire) Nous _____ des cartes postales.

   5. (dire) _____ la vérité, vous deux!

   6. (lire) Tu _____ toujours des romans.

   7. (falloir) Il _____ bien travailler.

   8. (venir) Ils _____ chez moi.

   9. (partir) Je _____ bientôt pour la France.

   10. (sortir) _____ avec tes amis!

**9** Reflexive verbs [10 points]

Describe what you did yesterday:

1. _____

2. _____

3. _____

4. _____

5. _____

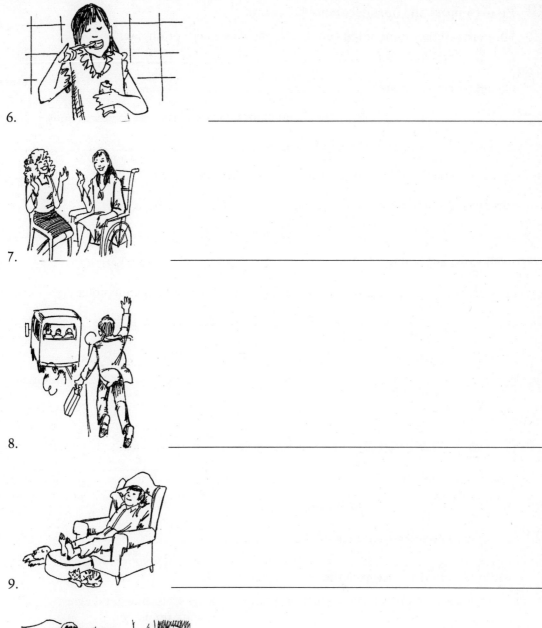

6. _____

7. _____

8. _____

9. _____

10. _____

**10** **Passé composé** and imperfect tense [20 points]

Fill in the correct form of the verb in the **passé composé** or imperfect:

Je m'appelle Liliane. Hier, comme il _____ beau, mon amie
<br>1 (faire)

Georgette et moi, nous _____ à la plage. Je (j')
<br>2 (aller)

_____ des sandwiches dans mon panier et quand nous
<br>3 (mettre)

_____ à la plage, Georgette _____
<br>4 (arriver) ~~~~~~~~~~~~~~~~~ 5 (vouloir)

manger un sandwich au jambon tout de suite parce qu'elle _____
<br>6 (avoir)

très faim. Peu après, nous _____ Charles. Il
<br>7 (voir)

_____ avec ses amis, mais il _____ de
<br>8 (être) ~~~~~~~~~~~~~~~~~ 9 (décider)

venir nager avec nous. Je (j') _____ que Charles
<br>10 (ne pas savoir)

_____ si sympa. Charles, Georgette et moi, nous
<br>11 (être)

_____ à la plage toute la journée. Le soir, nous
<br>12 (rester)

_____ de dîner dans un restaurant que Charles
<br>13 (décider)

_____ . Georgette _____ seulement
<br>14 (connaître) ~~~~~~~~~~~~~~~~~ 15 (prendre)

une salade. Moi, je (j') _____ un repas complet. Naturellement,
<br>16 (choisir)

je (j') _____ tout manger. Quand nous
<br>17 (ne pas pouvoir)

_____ du restaurant, il _____ dix
<br>18 (sortir) ~~~~~~~~~~~~~~~~~ 19 (être)

heures et nous _____ un taxi pour rentrer. Quelle bonne journée!
<br>20 (prendre)

**11** Listening comprehension [5 points]

Listen to your teacher read twice a situation in French. Then your teacher will pause
while you circle the letter of the best suggested answer:

1. a. Montrez-moi les bagues, s'il vous plaît.  c. Avez-vous du gigot d'agneau?
   b. Vous avez faim!                                   d. Je veux un panier.

2. a. Il faut te peigner.                 c. Il faut te sauver.
   b. Il faut te brosser les dents.     d. Il faut te reposer.

3. a. Un collier de perles.           c. Des coquillages.
   b. Du sable.                            d. Une boîte aux lettres.

4. a. Les bandes dessinées.       c. Les petites annonces.
   b. Le reportage sportif.        d. Le timbre.

5. a. Faisons du ski alpin.            c. Jouons au golf.
   b. Nageons dans la mer.         d. Faisons une randonnée en montagne.

**12** Reading comprehension [5 points]

Choose the best answer to each of the five questions that follow this selection. Base your choice on the content of the selection and write its letter in the space provided:

Roger Caron, un jeune coureur cycliste, a préparé sa bicyclette rouge, mais il ne peut pas dormir. Demain c'est le Tour de France, cette grande course spectaculaire d'environ 3000 kilomètres. Roger est très anxieux. Pendant les trois longues semaines de la course, il va faire tout ce qu'il peut pour gagner et porter le maillot jaune, symbole de la victoire.

Enfin, Roger s'endort et commence à rêver. Le reporter sportif crie dans le microphone: «Les voilà! Les premiers coureurs arrivent! Durand est devant tout le monde, il se dépêche, mais Caron est très près de lui, suivi de Legros. Mais . . . Qu'est-ce qui se passe? Oh là là! Mesdames et Messieurs, Durand vient d'avoir un accident. Il est tombé! S'est-il blessé? Je ne sais pas encore. Mais Legros et Caron passent à toute vitesse. Les voilà! Ils arrivent! Qui va gagner? Legros? Non! Mesdames et Messieurs, c'est le jeune Caron qui gagne la course! Roger Caron vient de gagner le Tour de France!»

Les spectateurs crient de joie: «Hourra! Bravo!» La mère du champion l'embrasse. Sa petite amie lui donne des fleurs. Maintenant il est le champion! Roger Caron est heureux. Mais tout à coup, il entend un bruit étrange. Qu'est-ce que c'est? C'est l'alarme de son réveil! Le pauvre Roger comprend qu'il dormait et qu'il a imaginé tout cela. Sa mère entre dans la chambre et dit: «Roger, il faut te lever. La course commence aujourd'hui. Il faut te préparer. Dépêche-toi! Courage, je sais que tu vas devenir le champion. J'ai rêvé que tu gagnais la course!»

1. Pourquoi Roger ne peut-il pas dormir?            _____

   a. Sa bicyclette n'est pas prête.      c. Il pense à la course.
   b. Il a mal à la tête.                d. Il est rentré tard hier soir.

2. Comment est Roger?                              _____

   a. Fatigué.                       c. Jaloux.
   b. Nerveux.                     d. Heureux.

3. Combien de temps est-ce que la course dure?       _____

   a. Une journée.               c. Vingt et un jours.
   b. Une semaine.              d. Deux semaines.

4. Pourquoi Durand ne peut-il pas continuer la course?    _____

   a. Il est tombé.               c. Sa bicyclette est cassée.
   b. Il est trop fatigué.          d. Il s'est endormi.

5. Comment savez-vous que Roger n'a pas encore gagné?   _____

   a. Sa petite amie a acheté des fleurs.     c. Legros a gagné.
   b. Il n'avait pas de bicyclette.            d. Il dormait.

**13**  Slot completion [5 points]

Read the following selection. For each blank space, four completions are provided. Choose the one that best completes the sentence and circle its letter:

C'est aujourd'hui l'anniversaire de Mme Legrand. Comme M. Legrand est très amoureux de sa femme, il décide de lui donner ___(1)___ formidable. Qu'est-ce qu'il peut acheter? Il ne ___(2)___ pas. Alors, il décide de demander à sa sœur Josette. Josette suggère ___(3)___ : un collier, une bague ou un bracelet. ___(4)___ bonne idée! M. Legrand va tout de suite au magasin. Il choisit un magnifique bracelet de diamants. Il ___(5)___ de rentrer chez lui et donne le paquet à sa femme. Quand elle ouvre la boîte, elle s'écrie: «Quel bracelet magnifique! Tu es le meilleur mari. Je t'adore.»

(1) a. un oiseau
    b. un seau
    c. un gâteau
    d. un cadeau

(2) a. sait
    b. pense
    c. trouve
    d. connaît

(3) a. de la nourriture
    b. des bijoux
    c. des vêtements
    d. de l'argent

(4) a. Quelle
    b. Quels
    c. Quelles
    d. Quel

(5) a. s'habille
    b. se repose
    c. se dépêche
    d. se fâche

**14**  Visual stimulus [5 points]

Write a story in French of at least five clauses about the situation in the picture:

_____

_____

_____

_____

_____

**Key to Achievement Test 1**

**1**
1. *un accordéon*
2. *des pâtes*
3. *un collier*
4. *se lever*
5. *faire une croisière*
6. *des bandes dessinées*
7. *un roman*
8. *des empreintes digitales*
9. *un maître-nageur*
10. *se cacher*

**2**
1. *Quelles*
2. *Quels*
3. *Quel*
4. *Quelle*
5. *Quels*

**3**
1. *Non, Mireille n'est ni grande ni laide.*
2. *Non, Mme Junot ne cherche personne.*
3. *Non, mes frères ne sortent jamais ensemble.*
4. *Non, elle ne parle pas anglais.*
5. *Non, je ne comprends rien en classe.*

**4**
1. *les drapeaux*
2. *les choux*
3. *les animaux*
4. *les yeux*
5. *les pneus*

**5**
1. *légère*
2. *italiennes*
3. *grand/gros*
4. *légaux*
5. *heureuses*

**6**
1. *bien*
2. *peu*
3. *lentement*
4. *tôt*
5. *près*

**7**  Teacher cues:

1. *les Dupont*
2. *jouer au tennis*
3. *où habite Paul*
4. *Paris*
5. *cette histoire*

| | Je sais | Je connais |
|---|---|---|
| 1. | | ✔ |
| 2. | ✔ | |
| 3. | ✔ | |
| 4. | | ✔ |
| 5. | | ✔ |

**8**
1. *dors*
2. *met*
3. *ouvrent*
4. *écrivons*
5. *Dites*
6. *lis*
7. *faut*
8. *viennent*
9. *pars*
10. *Sors*

**9**
1. *Je me suis réveillé(e).*
2. *Je me suis levé(e).*
3. *Je me suis lavé(e).*
4. *Je me suis habillé(e).*
5. *Je me suis brossé les cheveux.*
6. *Je me suis brossé les dents.*
7. *Je me suis amusé(e).*
8. *Je me suis dépêché(e).*
9. *Je me suis reposé(e).*
10. *Je me suis couché(e).*

**10**
1. *faisait*
2. *sommes allées*
3. *ai mis*
4. *sommes arrivées*
5. *a voulu*
6. *avait*
7. *avons vu*
8. *était*
9. *a décidé*
10. *ne savais pas*
11. *était*
12. *sommes restés*
13. *avons décidé*
14. *connaissait*
15. *a pris*
16. *ai choisi*
17. *n'ai pas pu (pouvais)*
18. *sommes sortis*
19. *était*
20. *avons pris*

**11** Listening comprehension

Procedure: Instruct students to read the directions. Then say: "I will now read a passage in French twice. Listen carefully. After each passage, look at the four suggested answers printed on your sheet. Choose the best answer and circle its letter. Do not read the answers while listening to the passage. I will now begin."

1. Vous entrez dans un restaurant et allez à une table. Quand le garçon arrive, vous lui dites: (Key: c)
2. À l'hôpital, un docteur examine un enfant malade. Il lui dit: (Key: d)
3. C'est l'anniversaire de Marie. Elle a dix-sept ans. Comme cadeau, ses parents lui ont acheté: (Key: a)
4. Vous voulez savoir qui a gagné la course cycliste. Vous ouvrez le journal et vous cherchez: (Key: b)
5. C'est l'été et vous êtes à la plage avec vos amis. Il fait chaud et vous suggérez: (Key: b)

**12** 1. c  2. b  3. c  4. a  5. d

**13** 1. d  2. a  3. b  4. a  5. c

**14** (Sample response)

*Quand j'étais jeune,/1 je suis allé en France./2 J'ai visité tous les monuments de Paris./3 J'ai parlé français tout le temps./4 Je me suis beaucoup amusé./5*

# Troisième Partie

## *Leçon 11: Au magasin de vêtements*

**Notes:** Articles of clothing can be presented in a variety of interesting ways. Always useful in practicing the vocabulary are pictures taken from newspapers or magazines or pictures of men and women dressed in different outfits.

Bring or have students bring real articles of clothing to class. These may be hung on a clothesline across the front of the classroom or placed in a shopping bag and then pulled out one by one for identification and description.

Students might be asked to describe what they are wearing on that particular day. They might also prepare and act out skits in which they go shopping for clothes.

Continue using the verb techniques described in previous lessons to practice the verb **croire**.

Reinforce the use of direct-object pronouns with cue-response practice and general questions, encouraging students to ask each other questions requiring direct-object pronouns in the answers.

A French fashion magazine may supplement and enrich the cultural material in this lesson.

### Optional Oral Exercises

**A. Qu'est-ce que c'est?** (Teacher uses pictures or articles of clothing to elicit the answers in the key.)

KEY
1. *C'est une chemise de nuit.*
2. *C'est un jean.*
3. *C'est un blazer.*
4. *C'est un gilet.*

5. *Ce sont des baskets.*
6. *C'est un pyjama.*
7. *C'est un imperméable.*
8. *Ce sont des bottes de cuir.*
9. *Ce sont des pantoufles.*
10. *C'est un short.*
11. *C'est un T-shirt.*
12. *C'est une écharpe.*

**B.** **Qui porte . . . ?** (Ask students who is wearing the various articles of clothing listed in Exercise A or others.)

EXAMPLE: Qui porte des baskets blanches?
Marie porte des baskets blanches.

**C.** Express the forms of the verb **croire** with the subjects you hear:

1. je
2. Paul
3. nous
4. ils (plural)
5. Marie
6. vous
7. tu
8. elles (plural)

*KEY*

1. *je crois*
2. *Paul croit*
3. *nous croyons*
4. *ils croient*
5. *Marie croit*
6. *vous croyez*
7. *tu crois*
8. *elles croient*

**D.** Answer affirmatively, replacing the nouns with direct-object pronouns:

EXAMPLE: Mets-tu la blouse?
Oui, je la mets.

1. Achètes-tu le pantalon?
2. Regardes-tu la chemise?
3. Portes-tu ces souliers?
4. Prends-tu l'écharpe?
5. Veux-tu ces bottes?
6. Mets-tu le chapeau?
7. Cherches-tu les chaussettes?
8. Aimes-tu cette jupe?

*KEY*

1. *Oui, je l'achète.*
2. *Oui, je la regarde.*
3. *Oui, je les porte.*
4. *Oui, je la prends.*
5. *Oui, je les veux.*
6. *Oui, je le mets.*
7. *Oui, je les cherche.*
8. *Oui, je l'aime.*

**E.** Answer negatively, replacing the nouns with direct object pronouns:

EXAMPLE: Mets-tu la blouse?
Non, je ne la mets pas.

1. Achètes-tu le pantalon?
2. Regardes-tu la chemise?
3. Portes-tu ces souliers?
4. Prends-tu l'écharpe?
5. Mets-tu ces bottes?
6. Veux-tu ce chapeau?
7. Cherches-tu les chaussettes?
8. Aimes-tu cette jupe?

*KEY*

1. *Non, je ne l'achète pas.*
2. *Non, je ne la regarde pas.*
3. *Non, je ne les porte pas.*
4. *Non, je ne la prends pas.*
5. *Non, je ne les mets pas.*
6. *Non, je ne le veux pas.*
7. *Non, je ne les cherche pas.*
8. *Non, je ne l'aime pas.*

**F.** Ask a friend the following questions, using a direct object pronoun:

EXAMPLE: mettre la chemise de nuit
Veux-tu la mettre?

1. porter le complet
2. payer la robe de chambre
3. mettre les bottes
4. acheter l'écharpe
5. regarder l'imperméable
6. prendre la chemise
7. choisir les chaussettes
8. chercher la jupe

*KEY*

1. *Veux-tu le porter?*
2. *Veux-tu la payer?*
3. *Veux-tu les mettre?*
4. *Veux-tu l'acheter?*
5. *Veux-tu le regarder?*
6. *Veux-tu la prendre?*

7. *Veux-tu les choisir?*
8. *Veux-tu la chercher?*

**G.** Answer the questions affirmatively:

EXAMPLE: Veux-tu mettre la jupe?
Oui, je veux la mettre.

1. Veux-tu porter le chapeau?
2. Veux-tu payer la chemise de nuit?
3. Veux-tu mettre les gants?
4. Veux-tu acheter le gilet?
5. Veux-tu regarder l'imperméable?
6. Veux-tu prendre l'écharpe?
7. Veux-tu choisir les pantoufles?
8. Veux-tu chercher les bottes?

*KEY*

1. *Oui, je veux le porter.*
2. *Oui, je veux la payer.*
3. *Oui, je veux les mettre.*
4. *Oui, je veux l'acheter.*
5. *Oui, je veux le regarder.*
6. *Oui, je veux la prendre.*
7. *Oui, je veux les choisir.*
8. *Oui, je veux les chercher.*

**H.** Answer the question in the negative:

EXAMPLE: Veux-tu mettre cette jupe.
Non, je ne veux pas la mettre.

1. Veux-tu porter ce chapeau?
2. Veux-tu payer la chemise de nuit?
3. Veux-tu mettre ces gants?
4. Veux-tu acheter ce gilet?
5. Veux-tu regarder cet imperméable?
6. Veux-tu prendre l'écharpe?
7. Veux-tu choisir ces pantoufles?
8. Veux-tu chercher les bottes?

*KEY*

1. *Non, je ne veux pas le porter.*
2. *Non, je ne veux pas la payer.*
3. *Non, je ne veux pas les mettre.*
4. *Non, je ne veux pas l'acheter.*
5. *Non, je ne veux pas le regarder.*
6. *Non, je ne veux pas la prendre.*
7. *Non, je ne veux pas les choisir.*
8. *Non, je ne veux pas les chercher.*

**I.** Your brother is packing, but he can't find anything. Answer his questions:

EXAMPLE: Où est mon sweat-shirt?
Le voilà.

1. Où est ma robe de chambre?
2. Où sont mes chaussettes?
3. Où est mon jean?
4. Où sont mes baskets?
5. Où est mon T-shirt?
6. Où sont mes bottes?

*KEY*

1. *La voilà.*          4. *Les voilà.*
2. *Les voilà.*         5. *Le voilà.*
3. *Le voilà.*          6. *Les voilà.*

**J.** Your friend is taking a trip. Respond affirmatively:

EXAMPLE: Je ferme mes valises?
Oui, ferme-les.

1. Je confirme ma réservation?
2. Je descends mes bagages?
3. Je mets mon imperméable?
4. Je prends ma voiture?
5. Je change mon argent?
6. Je garde les brochures?

*KEY*

1. *Oui, confirme-la.*      4. *Oui, prends-la.*
2. *Oui, descends-les.*    5. *Oui, change-le.*
3. *Oui, mets-le.*         6. *Oui, garde-les.*

**K.** Now respond to the questions negatively:

EXAMPLE: Je ferme mes valises?
Non, ne les ferme pas.

1. Je confirme ma réservation?
2. Je descends mes bagages?
3. Je mets mon imperméable?
4. Je prends ma voiture?
5. Je change mon argent?
6. Je garde les brochures?

*KEY*

1. *Non, ne la confirme pas.*
2. *Non, ne les descends pas.*

3. *Non, ne le mets pas.*
4. *Non, ne la prends pas.*
5. *Non, ne le change pas.*
6. *Non, ne les garde pas.*

**L.** Answer your parents' questions by using a direct-object pronoun in your answer:

EXAMPLE:  As-tu trouvé ton livre?
Oui, je l'ai trouvé.

1. As-tu corrigé tes devoirs?
2. As-tu fini ton dîner?
3. As-tu rangé ta chambre?
4. As-tu promené le chien?
5. As-tu étudié tes leçons?
6. As-tu terminé ton travail?

*KEY*

1. *Oui, je les ai corrigés.*
2. *Oui, je l'ai fini.*
3. *Oui, je l'ai rangée.*
4. *Oui, je l'ai promené.*
5. *Oui, je les ai étudiées.*
6. *Oui, je l'ai terminé.*

**M.** Directed dialog. (See Lesson 1, Optional Oral Exercise F, for procedures.)

Demandez à un ami [une amie, des ami(e)s] s'il [si elle, s'ils, si elles] croit/croient

1. aux contes de fées.
2. à l'explication de Luc.
3. Marie.

*KEY*

| STUDENT #1 | STUDENT #2 |
|---|---|
| 1. *Crois-tu aux contes de fées?* *Croyez-vous aux contes de fées?* | *Oui, je crois/nous croyons aux contes de fées.* |
| 2. *Crois-tu à l'explication de Luc?* *Croyez-vous à l'explication de Luc?* | *Oui, je crois/nous croyons à l'explication de Luc.* |
| 3. *Crois-tu Marie?* *Croyez-vous Marie?* | *Oui, je crois/nous croyons Marie.* |

**Key to *Activités***

**A**  (Sample responses)

1. *des bottes*
2. *des pantoufles*
3. *un T-shirt*
4. *un short*
5. *une écharpe*
6. *des baskets*
7. *un imperméable*
8. *une robe de chambre*

**B**  (Sample responses)

*Thomas porte un jean, un sweat-shirt en coton et des baskets.*
*Michel porte un complet à rayures, une chemise et une cravate.*
*Denise porte une jupe et une blouse à manches longues et à large col.*
*Régine porte une robe en laine à manches courtes.*

**Key to Structures**

| 2 ... | **je** *crois* | **nous** *croyons* |
|---|---|---|
| | **tu** *crois* | **vous** *croyez* |
| | **il** *croit* | **ils** *croient* |
| | **elle** *croit* | **elles** *croient* |

**Key to *Activités***

**C**  (Sample responses)

1. *Nous croyons aux extraterrestres.*
2. *Il croit aux miracles.*
3. *Elles croient à la magie.*
4. *Je crois à son explication.*
5. *Tu crois aux contes de fées.*
6. *Vous croyez aux voyants.*
7. *Marie croit au père Noël.*
8. *Les garçons croient aux revenants.*

**D**
1. *croyons*
2. *croit*
3. *crois*
4. *cru*
5. *croient*
6. *croient*
7. *crois*
8. *croyez*

**E**
1. *Elle vient de célébrer son dix-septième anniversaire.*
2. *En cadeau, elle a reçu cent dollars de ses parents.*
3. *Elle décide de s'acheter une robe du soir magnifique.*

4. *Elle va chez Fifi.*
5. *La vendeuse vient la saluer.*
6. *Parce que la couleur est trop vive.*
7. *Elle essaie une robe de soie bleue.*
8. *Non, parce qu'elle n'a pas assez d'argent.*
9. *Elle finit par acheter un ensemble.*
10. *Parce que ses trois amies ont acheté la robe de soie bleue.*

### Key to Structures

4 . . . In Group I, which are the direct object nouns? *le complet, le gilet,* and *le T-shirt.* What is the gender of these nouns? *Masculine.* Are they singular or plural? *Singular.*

Now look at Group II. Which word has replaced the direct object nouns in the first two examples? *le.* What is the grammatical name for **le?** *A direct object pronoun.* Where is **le** with respect to the verb? *Before the verb.* If the verb starts with a vowel, what happens to **le?** *It becomes l'.*

### Key to *Activité*

F  1. *Je le mets.*     4. *Elles le finissent.*
   2. *Il le regarde.*   5. *Marie l'adore.*
   3. *Vous l'écoutez.*

### Key to Structures

5 . . . In Group I, what is the gender of the direct object nouns? *Feminine.* Are they singular or plural? *Singular.*

Look at Group II. What has replaced the direct object nouns in the first two examples? *la.* Where is the direct object pronoun **la** with respect to the verb? *Before the verb.* What happens to **la** if the verb starts with a vowel? *It becomes l'.*

### Key to *Activité*

G  1. *Elles l'aiment.*
   2. *Nous la mangeons.*

3. *Vous la voulez.*
4. *Je l'invite.*
5. *Tu la mets.*

### Key to Structures

6 . . . In Group I, what are the genders of the direct object nouns? *Masculine and feminine.* Are they singular or plural? *Plural.*

In Group II, what has replaced the direct object nouns? *les.* Where is the direct object pronoun **les** with respect to the verb? *Before the verb.* What happens to **les** if the verb starts with a vowel? *It remains les.*

### Key to *Activités*

H  1. *Je les adore.*
   2. *Nous les voulons.*
   3. *Tu les écris.*
   4. *Elles les apprennent.*
   5. *Vous les préparez.*
   6. *Il les achète.*

I  1. *Oui, je les prends.*
   2. *Oui, je la prends.*
   3. *Oui, je le prends.*
   4. *Oui, je les prends.*
   5. *Oui, je le prends.*
   6. *Oui, je la prends.*
   7. *Oui, je les prends.*
   8. *Oui, je les prends.*

J  1. *Moi aussi, je le prends pour aller à l'école.*
   2. *Moi aussi, je les étudie.*
   3. *Moi aussi, je l'aime beaucoup.*
   4. *Moi aussi, je l'aime.*
   5. *Moi aussi, je l'écoute souvent.*
   6. *Moi aussi, je la déteste.*
   7. *Moi aussi, je l'étudie.*
   8. *Moi aussi, je les adore.*

### Key to Structures

7 . . . In a negative sentence, the direct object pronoun comes *before* the verb.

### Key to *Activité*

**K**  1. *Non, je ne les ai pas.*
2. *Oui, je l'invite.*
3. *Non, je ne le mets pas.*
4. *Oui, elle les amène.*
5. *Non, je ne l'invite pas.*
6. *Non, je ne les sers pas.*
7. *Oui, je les fais.*
8. *Oui, elle le prépare.*
9. *Non, je ne l'achète pas.*
10. *Non, je ne la regarde pas.*

### Key to Structures

**8**  ... When there are two verbs in a sentence, the direct object pronoun comes *before* the infinitive, whether the sentence is affirmative or negative.

**9**  ... Although **voici** and **voilà** are not verbs, where is the direct object pronoun when used with those words? *Before them.*

**10**  ... In a question, the direct object pronoun comes *before* the verb, whether the question is affirmative or negative.

### Key to *Activité*

**L**  1. *Le voici.*
2. *L'aimez-vous?*
3. *Il ne peut pas les trouver.*
4. *Ne les apprend-il pas?*
5. *La voilà.*
6. *Elle va le lire.*
7. *Nous voulons les écrire.*
8. *Ne les cherchez-vous pas?*

### Key to Structures

**11**  ... In an affirmative command, where is the direct object pronoun? *After the verb.* How is it linked to the verb? *With a hyphen.* In a negative command, where is the pronoun with respect to the verb? *Before the verb.*

### Key to *Activités*

**M**  1. *Apprends-la!*
2. *Étudie-les!*
3. *Ne le caresse pas!*
4. *Achetons-les!*
5. *Ne la réveille pas!*
6. *Écoutez-le!*
7. *Lis-les!*
8. *Ne les ouvrez pas!*

**N**  1. *Écris-les!*
*Je vais les écrire.*
2. *Lave-la!*
*Je vais la laver.*
3. *Lis-le!*
*Je vais le lire.*
4. *Mange-les!*
*Je vais les manger.*
5. *Ouvre-la!*
*Je vais l'ouvrir.*

**O**  1. *Ne les mangez pas en classe.*
*Nous n'allons pas les manger en classe.*
2. *Ne les donnez pas aux autres.*
*Nous n'allons pas les donner aux autres.*
3. *Ne la regardez pas tard.*
*Nous n'allons pas la regarder tard.*
4. *Ne le consultez pas.*
*Nous n'allons pas le consulter.*
5. *Ne l'écoutez pas à l'école.*
*Nous n'allons pas l'écouter à l'école.*

**P**  1. *nous*
2. *te*
3. *les*
4. *M'*
5. *la*
6. *vous*
7. *le*

### Key to Structures

**13**  ... In these sentences, which helping verb is used? *avoir.* Underline the direct object pronouns in Group II. Where is the pronoun with respect to the helping verb? *Before it.* Now look at the past participles. What happened to the past participles in Group II? *They show agreement.* With what do they agree? *With the preceding direct object.*

### Key to *Activités*

**Q**  1. *Oui, je les ai faits.*
2. *Oui, je l'ai lavée.*
3. *Oui, je l'ai finie.*
4. *Oui, je l'ai appelée.*
5. *Oui, je l'ai mangé.*
6. *Oui, je les ai pris.*

7. *Oui, je l'ai réparée.*
8. *Oui, je l'ai trouvé.*

**R** 1. *as fini*
2. *as vus*
3. *a trouvée*
4. *a achetée*
5. *a puni(e)s*
6. *ont cru*
7. *ai étudiés*
8. *ai oublié*
9. *a choisis*
10. *ai rencontrées*

## Questions personnelles  (Sample responses)

1. *Je mets un complet.*
2. *Je mets un jean et un sweat-shirt.*
3. *J'ai reçu un pantalon et des T-shirts.*
4. *J'ai acheté des baskets.*
5. *Je vais à «Macy's» et à «Sears».*

## Vous  (Sample response)

1. *Une robe de soie blanche.*
2. *Un pantalon noir en coton.*
3. *Un pull en laine rouge.*
4. *Des bottes de cuir.*
5. *Des baskets blanches en cuir.*

## Dialogue (Sample responses)

Qu'est-ce que vous désirez acheter?
*Je désire acheter une robe de chambre.*
De quelle couleur la voulez-vous?
*Bleue avec un col noir.*
Voici une très belle robe de chambre.
*Combien coûte-t-elle?*
Elle coûte trente dollars. La voulez-vous?
*Oui, merci. Avez-vous des pantoufles?*
Non, je suis désolé. Mais vous pouvez les
   trouver dans un autre magasin.
*Merci beaucoup. Au revoir.*

## Composition (Sample response)

*J'aime beaucoup mon pantalon noir en cuir. Il est très chic. Je suis toujours très à la mode quand je le porte. Je le porte quand je vais à une fête. Mes amis l'adorent.*

## Key to *Cahier* Exercises

**A**  1. *On peut acheter un pyjama.*
2. *On peut acheter une chemise de nuit.*
3. *On peut acheter un sweat-shirt.*
4. *On peut acheter une écharpe.*
5. *On peut acheter des pantoufles.*
6. *On peut acheter un short.*
7. *On peut acheter un T-shirt.*
8. *On peut acheter un complet.*
9. *On peut acheter des jeans.*
10. *On peut acheter des baskets.*
11. *On peut acheter un imperméable.*
12. *On peut acheter un gilet.*

**B**  1. *Elle a reçu un pull-over en laine à rayures et à manches longues.*
2. *Elle a reçu un pyjama en coton à carreaux et à manches courtes.*
3. *Elle a reçu une chemise de nuit sans manches et à col étroit.*

**C**  1. *Je crois bien comprendre les maths.*
2. *Vous croyez aux fantômes.*
3. *Lise croit l'histoire de Sylvain.*
4. *Nous croyons à ses promesses.*
5. *Les Dumas croient aux prédictions de cette voyante.*
6. *Tu crois être un bon acteur.*

**D**  1. *Moi, je les regarde aussi.*
2. *Moi, je les écoute aussi.*
3. *Moi, je ne la prends pas non plus.*
4. *Moi, je ne le lis pas non plus.*
5. *Moi, je l'étudie aussi.*
6. *Moi, je ne l'aime pas non plus.*
7. *Moi, je ne la fais pas non plus.*
8. *Moi, je les cherche aussi.*

**E**  1. *Oui, ils nous écoutent.*
2. *Non, ils ne m'invitent pas chez eux.*
3. *Oui, je t'aime bien.*
4. *Non, je ne vous comprends pas.*

**F**  1. *Oui, je peux l'acheter.*
2. *Oui, je peux la prendre.*
3. *Non, je ne peux pas les mettre.*
4. *Non, je ne peux pas la rendre.*
5. *Non, je ne peux pas le porter.*
6. *Oui, je peux les payer.*

**G**  1. *Fais-la!*
   *Ne la fais pas!*

2. *Range-les!*
   *Ne les range pas!*
3. *Mets-la!*
   *Ne la mets pas!*
4. *Prépare-le!*
   *Ne le prépare pas!*

**J**  1. *Les as-tu achetées?*
   2. *Les as-tu écrits?*
   3. *L'as-tu fait?*
   4. *L'as-tu écoutée?*
   5. *Les as-tu lus?*
   6. *L'as-tu prise?*

**H**  1. *Elle l'a choisie.*
   2. *Nous les avons lus.*
   3. *Ils les ont écrites.*
   4. *Vous l'avez perdu.*
   5. *Je l'ai finie.*
   6. *Tu l'as acheté.*

**K**  1. *Christian Dior*
   2. *Givenchy*
   3. *Chanel*
   4. *Yves Saint-Laurent*

**I**  (Sample response)

*Merci pour la chemise. J'aime beaucoup les chemises à col étroit et à manches courtes. En plus, j'adore la couleur. Elle est parfaite.*

**L**  1. *ai achetés*
   2. *as vues*
   3. *a essayé*
   4. *a choisie*
   5. *ai portée*
   6. *ont mis*
   7. *ai prises*
   8. *avons trouvé*

---

NOM: _____  CLASSE: _____  DATE: _____

# Quiz 11

**A.** Answer the question you hear:

_____

**B.** Identify the clothes in the Poireau's closet:

1. _____

2. _____

3. _____

4. _____

5. _____

6. _____

**C.** Complete the sentences with the correct form of the verb **croire:**

1. Elle ne _____ pas son amie.

2. Vous _____ que c'est vrai?

3. Je _____ cette histoire.

4. Où _____-ils aller?

5. Nous _____ ce garçon.

6. _____-tu pouvoir venir demain?

**D.** Alice and Marthe are discussing their wardrobes and cleaning out their closets. Rewrite each sentence by substituting a direct object pronoun for the direct object noun:

1. Marthe dit: «Je mets le T-shirt noir».

   _____

2. Alice dit: «Ne lave pas la jupe rouge!»

   _____

3. Marthe veut prendre les gants blancs.

   _____

4. Alice a choisi les robes bleues.

   _____

5. Alice ne peut pas trouver l'imperméable jaune.

   _____

6. Marthe dit: «Cherche les pantoufles!»

   _____

7. Marthe n'a pas trouvé la robe de chambre verte.

   _____

---

### Key to Quiz 11

**A**  Teacher cue: Qu'est-ce que tu portes quand il pleut?
Sample response: *Je porte un imperméable.*

**B**  1. *des bottes*
    2. *des pantoufles*
    3. *une robe de chambre*
    4. *une écharpe*
    5. *un complet*
    6. *un gilet*

**C**  1. *croit*
    2. *croyez*
    3. *crois*
    4. *croient*
    5. *croyons*
    6. *Crois*

**D**  1. *Marthe dit: «Je le mets».*
    2. *Alice dit: «Ne la lave pas!»*
    3. *Marthe veut les prendre.*
    4. *Alice les a choisies.*
    5. *Alice ne peut pas le trouver.*
    6. *Marthe dit: «Cherche-les!»*
    7. *Marthe ne l'a pas trouvée.*

# Leçon 12:  En voiture!

**Notes:** As a motivational device for this lesson, you may wish to introduce the vocabulary by using a toy car and pointing out its various parts.

Continue using the verb techniques previously described to present the verb **devoir.** To reinforce the use of indirect object pronouns, use the techniques suggested in Lesson 11.

As a cultural enrichment exercise, students might be asked to draw a road sign or to invent their own.

## Optional Oral Exercises

**A.  Qu'est-ce que c'est?** (Point to various parts of an automobile, either a model car or a chart, like those indicated in the key.)

*KEY*

1. *C'est le pneu.*
2. *C'est le klaxon.*
3. *C'est le volant.*
4. *C'est le phare.*
5. *C'est le moteur.*
6. *C'est la clef.*
7. *C'est le capot.*
8. *C'est le coffre.*
9. *C'est la plaque d'immatriculation.*
10. *C'est le réservoir d'essence.*
11. *C'est la vitre.*
12. *C'est la portière.*

**B.  Express the forms of the verb **devoir** with the subjects you hear:**

1. ils (plural)
2. je
3. Marianne
4. vous
5. tu
6. nous
7. Georges
8. elles (plural)

*KEY*

1. *ils doivent*
2. *je dois*
3. *Marianne doit*
4. *vous devez*
5. *tu dois*
6. *nous devons*
7. *Georges doit*
8. *elles doivent*

**C.  Ask a friend if he/she does the following. Use indirect object pronouns:**

EXAMPLE:  téléphoner à Jean
Lui téléphones-tu?

1. parler aux filles
2. écrire à Janine
3. répondre aux enfants
4. obéir à vos parents
5. acheter un cadeau à Richard
6. donner un coup de téléphone à Luc
7. envoyer une carte à Jean et à Lise
8. demander un livre au garçon

*KEY*

1. *Leur parles-tu?*
2. *Lui écris-tu?*
3. *Leur réponds-tu?*
4. *Leur obéis-tu?*
5. *Lui achètes-tu un cadeau?*
6. *Lui donnes-tu un coup de téléphone?*
7. *Leur envoies-tu une carte?*
8. *Lui demandes-tu un livre?*

**D.  Answer the questions in the affirmative:**

1. Leur parles-tu?
2. Lui écris-tu?
3. Leur réponds-tu?
4. Leur obéis-tu?
5. Lui achètes-tu un cadeau?
6. Lui donnes-tu un coup de téléphone?
7. Leur envoies-tu une carte?
8. Lui demandes-tu un livre?

*KEY*

1. *Oui, je leur parle.*
2. *Oui, je lui écris.*
3. *Oui, je leur réponds.*
4. *Oui, je leur obéis.*
5. *Oui, je lui achète un cadeau.*
6. *Oui, je lui donne un coup de téléphone.*

7. *Oui, je leur envoie une carte.*
8. *Oui, je lui demande un livre.*

**E.** Answer the questions in the negative:

1. Leur parles-tu?
2. Lui écris-tu?
3. Leur réponds-tu?
4. Leur obéis-tu?
5. Lui achètes-tu un cadeau?
6. Lui donnes-tu un coup de téléphone?
7. Leur envoies-tu une carte?
8. Lui demandes-tu un livre?

*KEY*

1. *Non, je ne leur parle pas.*
2. *Non, je ne lui écris pas.*
3. *Non, je ne leur réponds pas.*
4. *Non, je ne leur obéis pas.*
5. *Non, je ne lui achète pas de cadeau.*
6. *Non, je ne lui donne pas de coup de téléphone.*
7. *Non, je ne leur envoie pas de carte.*
8. *Non, je ne lui demande pas de livre.*

**F.** Use an indirect object pronoun to answer the following questions:

1. Aimes-tu écrire à Anne?
2. Aimes-tu téléphoner à Luc et à Roger?
3. Aimes-tu parler à Jean et à Sylvie?
4. Aimes-tu obéir à ton frère?
5. Aimes-tu lire un conte aux enfants?
6. Aimes-tu demander de l'argent à ton père?

*KEY*

1. *Oui, j'aime lui écrire.*
2. *Oui, j'aime leur téléphoner.*
3. *Oui, j'aime leur parler.*
4. *Oui, j'aime lui obéir.*
5. *Oui, j'aime leur lire un conte.*
6. *Oui, j'aime lui demander de l'argent.*

**G.** Answer the questions in the negative, using indirect object pronouns:

1. Aimes-tu écrire à Anne?
2. Aimes-tu téléphoner à Luc et à Roger?
3. Aimes-tu parler à Jean et à Sylvie?
4. Aimes-tu obéir à ton frère?

5. Aimes-tu lire ce conte aux enfants?
6. Aimes-tu demander de l'argent à ton père?

*KEY*

1. *Non, je n'aime pas lui écrire.*
2. *Non, je n'aime pas leur téléphoner.*
3. *Non, je n'aime pas leur parler.*
4. *Non, je n'aime pas lui obéir.*
5. *Non, je n'aime pas leur lire ce conte.*
6. *Non, je n'aime pas lui demander de l'argent.*

**H.** Tell your friend to do the following. Use indirect object pronouns:

EXAMPLE: téléphoner à tes grands-parents
Téléphone-leur.

1. parler à ta sœur
2. écrire à ton correspondant
3. répondre à tes frères
4. acheter un cadeau à ta mère
5. donner un coup de téléphone à tes amis
6. envoyer une carte à tes cousins

*KEY*

1. *Parle-lui.*
2. *Écris-lui.*
3. *Réponds-leur.*
4. *Achète-lui un cadeau.*
5. *Donne-leur un coup de téléphone.*
6. *Envoie-leur une carte.*

**I.** Tell your friend not to do the following. Use indirect object pronouns:

1. parler à ta sœur
2. écrire à ton correspondant
3. répondre à tes frères
4. acheter un cadeau à ta mère
5. donner un coup de téléphone à tes amis
6. envoyer une carte à tes cousins

*KEY*

1. *Ne lui parle pas.*
2. *Ne lui écris pas.*
3. *Ne leur réponds pas.*
4. *Ne lui achète pas de cadeau.*
5. *Ne leur donne pas de coup de téléphone.*
6. *Ne leur envoie pas de carte.*

**J.** Answer the questions affirmatively using indirect object pronouns:

1. As-tu parlé à Janine?
2. As-tu écrit à tes parents?
3. As-tu offert le disque à ton frère?
4. As-tu envoyé une carte à tes grands-parents?
5. As-tu demandé la permission à tes sœurs?
6. As-tu montré les photos à Lucien?

KEY

1. *Oui, je lui ai parlé.*
2. *Oui, je leur ai écrit.*
3. *Oui, je lui ai offert le disque.*
4. *Oui, je leur ai envoyé une carte.*
5. *Oui, je leur ai demandé la permission.*
6. *Oui, je lui ai montré les photos.*

**K.** Answer your boyfriend's/girlfriend's questions affirmatively, using a direct or indirect object pronoun:

1. M'aimes-tu?
2. M'écris-tu?
3. M'adores-tu?
4. Me dis-tu la vérité?
5. Me crois-tu?
6. Me parles-tu sincèrement?

KEY

1. *Oui, je t'aime.*
2. *Oui, je t'écris.*
3. *Oui, je t'adore.*
4. *Oui, je te dis la vérité.*
5. *Oui, je te crois.*
6. *Oui, je te parle sincèrement.*

**L.** Directed dialog. (See Lesson 1, Optional Oral Exercise F, for procedures.)

Demandez à un ami [une amie, des ami(e)s] s'il [si elle, s'ils, si elles] doit/doivent

1. changer les pneus.
2. faire le plein d'essence.
3. vérifier le moteur.
4. acheter l'huile.
5. fermer le coffre.

KEY

| | STUDENT #1 | STUDENT #2 |
|---|---|---|
| 1. | *Dois-tu changer les pneus?* *Devez-vous changer les pneus?* | *Oui, je dois/nous devons les changer.* |
| 2. | *Dois-tu faire le plein d'essence?* *Devez-vous faire le plein d'essence?* | *Oui, je dois/nous devons le faire.* |
| 3. | *Dois-tu vérifier le moteur?* *Devez-vous vérifier le moteur?* | *Oui, je dois/nous devons le vérifier.* |
| 4. | *Dois-tu acheter l'huile?* *Devez-vous acheter l'huile?* | *Oui, je dois/nous devons l'acheter.* |
| 5. | *Dois-tu fermer le coffre?* *Devez-vous fermer le coffre?* | *Oui, je dois/nous devons le fermer.* |

### Key to *Activités*

**A** 1. *une portière*
2. *un pneu*
3. *le pare-chocs*
4. *le capot*
5. *la plaque d'immatriculation*
6. *un phare*

**B** 1. *c*    3. *b*    5. *a*    7. *a*
    2. *b*    4. *c*    6. *c*

### Key to Structures

**2** ...

| | |
|---|---|
| **je** *dois* | **nous** *devons* |
| **tu** *dois* | **vous** *devez* |
| **il** *doit* | **ils** *doivent* |
| **elle** *doit* | **elles** *doivent* |

### Key to *Activités*

**C** 1. *Je dois visiter mes grands-parents.*
2. *Annette doit aller au magasin.*
3. *Tu dois trouver ton livre.*
4. *M. et Mme Dufour doivent aller à la banque.*

5. *Nous devons faire les courses.*
6. *Vous devez écrire une lettre.*

**D**  1. *dois*       5. *devez*
2. *dû*         6. *Doit*
3. *devons*     7. *dois*
4. *doit*       8. *doivent*

**E**  1. *Elle va recevoir une voiture de sport rouge.*
2. *Il a décidé de lui donner des leçons de conduite.*
3. *Avant la leçon, Isabelle est très nerveuse.*
4. *Il lui montre tout.*
5. *Elle conduit assez bien.*
6. *Elle doit faire attention aux panneaux de signalisation et aux piétons.*
7. *Il crie: «Attention, ma fille apprend à conduire!»*
8. *Elle est complètement épuisée et plus nerveuse qu'au début.*
9. *Parce que le père d'Isabelle n'a pas vu le feu rouge.*
10. *Il donne une contravention au père d'Isabelle.*

**Key to Structures**

4  . . . In Group I, what are the subjects of the sentences? *I, he,* and *you;* the verbs? *write, gives,* and *sell;* the direct object nouns? *a letter, a present,* and *ice cream.* Which nouns are left? *to my friend, to his mother,* and *to the children.* What is the grammatical name for these nouns? *Indirect object nouns.*

Look at Group II. Which words have replaced the indirect object nouns? *him, her,* and *them.* What is the grammatical name for the word that replaces the indirect object noun? *Indirect object pronoun.*

. . . What are the indirect object nouns in Group I? *à l'étudiant, au garçon,* and *à Patrick.* What gender are they? *Masculine.* Are they singular or plural? *Singular.* In

Group II, which word has replaced **à l', au, à** plus indirect object nouns? *Lui.* What does **lui** mean? *To him.* Where is **lui** with respect to the verb? *Before the verb.*

**Key to *Activité***

**F**  1. *Je lui parle.*
2. *Vous lui donnez le livre.*
3. *Elle lui parle.*
4. *Nous lui disons la vérité.*
5. *Tu lui donnes le gâteau.*

**Key to Structures**

5  . . . What are the indirect object nouns in Group I? *à la fille, à Josette,* and *à l'étudiante.* What is the gender of these nouns? *Feminine.* Are they singular or plural? *Singular.* In Group II, which word has replaced **à la, à, à l'** plus the indirect object nouns? *Lui.* What does **lui** mean here? *To her.* Where is the indirect object pronoun with respect to the verb? *Before the verb.*

**Key to *Activité***

**G**  1. *Ils lui rendent les livres.*
2. *Vous lui écrivez.*
3. *Je lui parle.*
4. *Tu lui dis non.*
5. *Elle lui donne le cadeau.*

**Key to Structures**

6  . . . What are the indirect object nouns in Group I? *à Luc et à Anne, aux garçons,* and *à Renée et à Lise.* What are the genders of these nouns? *Masculine and feminine.* Are they singular or plural? *Plural.* In Group II, which pronoun has replaced **à, aux** plus the indirect object noun? *Leur.* What does **leur** mean? *To them.* Where is **leur** with respect to the verb? *Before the verb.*

**Key to *Activités***

**H**  1. *Tu leur parles.*
2. *Je leur écris.*

3. *Nous leur donnons l'argent.*
4. *Vous leur servez le repas.*
5. *Ils leur demandent la voiture.*

**I**
1. *Le père lui donne des leçons.*
2. *Le professeur leur explique la grammaire.*
3. *Le policier lui donne une contravention.*
4. *Je lui dois vingt dollars.*
5. *Il leur montre sa nouvelle voiture.*
6. *Les jeunes hommes leur portent des fleurs.*
7. *Vous lui lisez le journal.*
8. *Les enfants leur disent toujours la vérité.*
9. *Je leur donne le message.*
10. *Ils lui rendent les clefs.*

## Key to Structures

**7**  . . . When a sentence is negative, where does the indirect object pronoun remain? *Before the verb.* When there are two verbs in a sentence, before which verb does the indirect object pronoun come? *Before the infinitive.* In affirmative and negative questions, the indirect object pronoun comes *before* the verb.

**8**  . . . Where does the indirect object pronoun come in an affirmative command? *After the verb.* In a negative command? *Before the verb.* The indirect object pronoun comes after the verb only in an *affirmative command.* The pronoun is joined to the verb by a *hyphen.*

**9**  . . . In the **passé composé,** where does the indirect object pronoun come? *Before the helping verb.* Is there agreement of the past participle with the preceding indirect object? *No.*

## Key to *Activités*

**J**
1. *Non, je ne leur parle pas.*
2. *Non, je ne lui parle pas.*
3. *Non, je ne leur parle pas.*
4. *Non, je ne lui parle pas.*
5. *Non, je ne leur parle pas.*

**K**
1. *Non, je ne vais pas leur parler.*
2. *Non, je ne vais pas lui parler.*
3. *Non, je ne vais pas leur parler.*
4. *Non, je ne vais pas lui parler.*
5. *Non, je ne vais pas leur parler.*

**L**
1. *Je vais leur parler demain.*
2. *Je vais lui parler demain.*
3. *Je vais leur parler demain.*
4. *Je vais lui parler demain.*
5. *Je vais leur parler demain.*

**M**
1. *Lui parles-tu?*
2. *Leur parles-tu?*
3. *Lui parles-tu?*
4. *Leur parles-tu?*
5. *Leur parles-tu?*

**N**
1. *Parle-lui face à face. Ne lui téléphone pas.*
2. *Parle-leur face à face. Ne leur téléphone pas.*
3. *Parle-lui face à face. Ne lui téléphone pas.*
4. *Parle-leur face à face. Ne leur téléphone pas.*
5. *Parle-leur face à face. Ne leur téléphone pas.*

**O**
1. *Je leur ai parlé.*
2. *Je lui ai parlé.*
3. *Je leur ai parlé.*
4. *Je lui ai parlé.*
5. *Je leur ai parlé.*

**P**
1. *Tu vas lui donner le livre.*
2. *Maman ne leur parle plus.*
3. *Ne lui donne pas le magazine.*
4. *Tu ne lui téléphones pas.*
5. *Je ne veux pas leur écrire.*
6. *Lui écrivez-vous une lettre?*
7. *Racontez-leur l'histoire!*
8. *Est-ce qu'elle lui a parlé?*
9. *Je désire lui parler.*
10. *Je ne peux pas lui demander le livre.*
11. *Ne leur rendons pas les stylos.*
12. *Ne leur avez-vous pas dit la vérité?*

## Key to Structures

**10**  . . . What object pronouns do you recognize in these sentences? *me, te, nous, and vous.*

## Key to *Activités*

**Q**  1. *direct*  5. *direct*
   2. *indirect*  6. *indirect*
   3. *direct*  7. *direct*
   4. *indirect*  8. *direct*

**R**  1. *Il veut me parler.*
   2. *Il va t'expliquer la leçon.*
   3. *Ne nous montrez pas la lettre.*
   4. *Je veux vous dire la vérité.*
   5. *Donnez-moi le livre.*
   6. *Je ne peux pas t'offrir cette voiture.*
   7. *Ne va-t-il pas nous écrire?*
   8. *Vous sert-il le repas?*

### Questions personnelles (Sample responses)

1. *J'explique mes problèmes à mon ami(e).*
2. *Je lui parle tous les jours.*
3. *Oui, je lui dis mes secrets.*
4. *Mon ami(e) m'aime.*
5. *Ce soir, je vais téléphoner à mon ami(e).*
6. *Mes parents vont me donner un cadeau d'anniversaire.*

### Vous (Sample responses)

1. *Lisez les panneaux de signalisation.*
2. *Roulez plus lentement.*
3. *Respectez les limites de vitesse.*
4. *Faites attention aux autres voitures.*
5. *Arrêtez-vous au feu rouge.*

### Composition (Sample response)

*Ma voiture est une voiture de sport rouge. Son moteur n'est pas vieux. Les freins sont neufs. Il y a une antenne sur le capot pour la radio. Elle roule bien et je viens de changer les pneus.*

### Dialogue (Sample responses)

Qu'est-ce que je dois d'abord faire?
*Fais démarrer la voiture.*
Et ensuite?
*Roule doucement.*
Qu'est-ce que c'est que ça?
*C'est le klaxon.*
Il y a un feu rouge. Qu'est-ce que je dois faire?
*Tu dois t'arrêter.*

*Je veux rentrer à la maison.*
*Déjà? Alors tourne à droite.*

## Key to *Cahier* Exercises

**A**  1. *la vitre*
   2. *le volant*
   3. *le capot*
   4. *l'antenne*
   5. *la plaque d'immatriculation*
   6. *le phare*
   7. *le moteur*
   8. *la portière*
   9. *la clef*
   10. *le pneu*
   11. *la roue*
   12. *le pare-chocs*
   13. *le réservoir d'essence*
   14. *le coffre*

**B**  1. *devons vérifier les pneus*
   2. *doit vérifier le klaxon*
   3. *devez vérifier l'huile*
   4. *dois vérifier l'essence*
   5. *doivent vérifier le moteur*
   6. *dois vérifier la voiture*

**C**  1. *Il lui donne un pourboire.*
   2. *Il lui écrit des cartes postales.*
   3. *Il leur dit bonjour.*
   4. *Il leur téléphone.*
   5. *Il ne lui lit pas le journal.*
   6. *Il ne leur montre pas ses nouveaux vêtements.*
   7. *Il ne lui raconte rien.*
   8. *Il ne leur parle pas.*

**D**  1. *Je veux leur lire un conte.*
   2. *Je ne veux pas lui montrer l'album de photos.*
   3. *Je veux lui envoyer un cadeau.*
   4. *Je veux lui dire la vérité.*
   5. *Je ne veux pas leur téléphoner.*
   6. *Je ne veux pas leur répondre en français.*

**E**  1. *Parle-nous en français.*
   2. *Répète-lui la question.*
   3. *Réponds-moi tout de suite.*

   4. *Dis-leur de parler plus fort.*
   5. *Prépare-toi à l'avance.*
   6. *Achetez-vous ce livre.*

**F**  1. *Ne nous parle pas en français.*
   2. *Ne lui répète pas la question.*
   3. *Ne me réponds pas tout de suite.*
   4. *Ne leur dis pas de parler plus fort.*
   5. *Ne te prépare pas à l'avance.*
   6. *Ne vous achetez pas ce livre.*

**G**  1. *T'a-t-il parlé?*
   2. *Nous lui avons écrit une lettre.*
   3. *Nous avez-vous montré la photo?*
   4. *Je vous ai répondu.*
   5. *Elles ne leur ont pas expliqué le problème.*
   6. *Ne m'as-tu pas dit bonjour?*
   7. *Pauline ne lui a pas donné son adresse.*
   8. *Les garçons ne leur ont pas lu l'article.*

**H**  (Sample responses)

   1. *Lui écris-tu des billets doux?*
      *Oui, je lui écris des billets doux.*
   2. *Lui achètes-tu des cadeaux?*
      *Oui, je lui achète des cadeaux.*
   3. *Lui parles-tu souvent au téléphone?*
      *Non, je ne lui parle pas souvent au téléphone.*

**I**  1. *lui*         5. *L'*
    2. *l'*          6. *le*
    3. *les*         7. *lui*
    4. *leur*        8. *la*

**J**  (Sample response)

   *J'aide souvent mon ami à faire ses devoirs. Je lui explique les leçons de maths. Le week-end, je m'entraîne au base-ball avec lui. Je lui donne toujours des cadeaux pour son anniversaire.*

**K**  *3*

**L**  1.    2.

   3.    4.

NOM: _____ CLASSE: _____ DATE: _____

# *Quiz  12*

**A.** Answer the question you hear:

_____

**B.** Complete the crossword puzzle:

HORIZONTALEMENT

  2. key
  5. horn
  6. steering wheel
  8. car door
  9. hood
  11. tire
  12. **(devoir) nous** _____
  13. gas

VERTICALEMENT

  1. oil
  3. brake
  4. **(devoir) ils** _____
  7. antenna
  8. headlight
  10. **(devoir) je** _____

**C.** In each sentence, replace the indirect object noun with an indirect object pronoun:

1. Elle va téléphoner à ses amis.

_____

2. Montre les photos à Cécile.

_____

3. Je parle à mon frère.

_____

4. Louise a envoyé une carte postale à Janine.

_____

5. Écris-tu à tes parents?

_____

6. Ne donne pas l'argent à Georges.

_____

7. Charles ne veut rien expliquer à Luc et à Maurice.

_____

8. Christophe n'a pas lu l'histoire à ses cousins.

_____

---

### Key to Quiz 12

**A** Teacher cue: Qu'est-ce que tu dois faire après l'école aujourd'hui?
Sample response: _Je dois faire mes devoirs._

**B**

**C**
1. _Elle va leur téléphoner._
2. _Montre-lui les photos._
3. _Je lui parle._
4. _Louise lui a envoyé une carte postale._
5. _Leur écris-tu?_
6. _Ne lui donne pas l'argent._
7. _Charles ne veut rien leur expliquer._
8. _Christophe ne leur a pas lu l'histoire._

# Leçon 13:  La fin de semaine

**Notes:** The vocabulary of this lesson concerns leisure-time activities. Students may be asked to list all the things they do (or would like to do) on a given weekend. Ask them to number these activities in order of preference. After they understand and can express themselves in French, have students ask each other in French if they would like to participate in the various activities. Students may respond affirmatively or negatively.

Students should be encouraged to discuss the drinks they prefer at various meals by using the verb **boire.** Continue to use the techniques mentioned in Lesson 11 to reinforce the use of the pronouns **y** and **en.**

The cultural material may be enriched by having the students act out a café scene in France.

### Optional Oral Exercises

**A.**  Express in French that you want to do the following activities: (Teacher uses pictures of items indicated in the key.)

EXAMPLE:  Je veux faire du vélo.

KEY

1. *Je veux faire des courses.*
2. *Je veux aller écouter un concert.*
3. *Je veux voir une pièce de théâtre.*
4. *Je veux jouer au bowling.*
5. *Je veux faire du patin à glace.*
6. *Je veux faire du cheval.*
7. *Je veux voir une exposition.*
8. *Je veux aller à la campagne.*
9. *Je veux faire du patin à roulettes.*
10. *Je veux faire une promenade en bateau.*

**B.**  Express the form of the verb **boire** with the subject you hear:

1. je
2. Thomas
3. Corinne et Odette
4. tu
5. ils (plural)
6. vous
7. nous
8. elle (singular)

KEY

1. *je bois*
2. *Thomas boit*
3. *Corinne et Odette boivent*
4. *tu bois*
5. *ils boivent*
6. *vous buvez*
7. *nous buvons*
8. *elle boit*

**C.**  Answer your friend's questions about your summer plans, using the pronoun **y**:

EXAMPLE:  Tu vas en France?
          Oui, j'y vais.

1. Tu vas en Europe?
2. Tu restes à Paris?
3. Tu travailles chez ton oncle?
4. Tu dors à l'hôtel?
5. Tu participes aux visites guidées?

KEY

1. *Oui, j'y vais.*
2. *Oui, j'y reste.*
3. *Oui, j'y travaille.*
4. *Oui, j'y dors.*
5. *Oui, j'y participe.*

**D.**  Ask a friend what he/she can do after school, using the pronoun **y**:

EXAMPLE:  rester au lycée
          Peux-tu y rester?

1. aller au cinéma
2. jouer au football
3. travailler à la bibliothèque
4. rester chez Marie
5. participer au match
6. passer chez Pierre

KEY

1. *Peux-tu y aller?*
2. *Peux-tu y jouer?*
3. *Peux-tu y travailler?*
4. *Peux-tu y rester?*
5. *Peux-tu y participer?*
6. *Peux-tu y passer?*

**E.**  Give negative answers to these questions:

EXAMPLE:  Peux-tu y rester?
Non, je ne peux pas y rester.

1.  Peux-tu y aller?
2.  Peux-tu y jouer?
3.  Peux-tu y travailler?
4.  Peux-tu y rester?
5.  Peux-tu y participer?
6.  Peux-tu y passer?

*KEY*

1.  *Non, je ne peux pas y aller.*
2.  *Non, je ne peux pas y jouer.*
3.  *Non, je ne peux pas y travailler.*
4.  *Non, je ne peux pas y rester.*
5.  *Non, je ne peux pas y participer.*
6.  *Non, je ne peux pas y passer.*

**F.**  Make suggestions using **y**:

EXAMPLE:  Allons au parc.
Allons-y.

1.  Allons au café.
2.  Mangeons au restaurant.
3.  Nageons dans le lac.
4.  Jouons au bowling.
5.  Restons chez nous.
6.  Descendons en ville.

*KEY*

1.  *Allons-y.*                4.  *Jouons-y.*
2.  *Mangeons-y.*          5.  *Restons-y.*
3.  *Nageons-y.*             6.  *Descendons-y.*

**G.**  Change the suggestions to the negative:

1.  Allons-y.                4.  Jouons-y.
2.  Mangeons-y.          5.  Restons-y.
3.  Nageons-y.             6.  Descendons-y.

*KEY*

1.  *Non, n'y allons pas.*
2.  *Non, n'y mangeons pas.*
3.  *Non, n'y nageons pas.*
4.  *Non, n'y jouons pas.*
5.  *Non, n'y restons pas.*
6.  *Non, n'y descendons pas.*

**H.**  Answer these questions about your vacation, using the pronoun **y**:

1.  As-tu voyagé à l'étranger?
2.  As-tu nagé dans la mer?
3.  As-tu dîné dans de bons restaurants?
4.  Es-tu allé(e) à la campagne?
5.  As-tu dormi sous la tente?
6.  Es-tu resté(e) à l'hôtel?

*KEY* (Sample responses)

1.  *Oui, j'y ai voyagé.*
2.  *Non, je n'y ai pas nagé.*
3.  *Non, je n'y ai pas dîné.*
4.  *Oui, j'y suis allé(e).*
5.  *Non, je n'y ai pas dormi.*
6.  *Oui, j'y suis resté(e).*

**I.**  Answer the waiter's questions, using the pronoun **en**:

EXAMPLE:  Voulez-vous du soda?
Oui, j'en veux.

1.  Voulez-vous du jus de pomme?
2.  Prenez-vous du café?
3.  Buvez-vous de l'orangeade?
4.  Choisissez-vous du lait?
5.  Désirez-vous de l'eau minérale?

*KEY*

1.  *Oui, j'en veux.*          4.  *Oui, j'en choisis.*
2.  *Oui, j'en prends.*       5.  *Oui, j'en désire.*
3.  *Oui, j'en bois.*

**J.**  Say what you are going to do to prepare a special dinner, using the pronoun **en**:

EXAMPLE:  acheter des fruits
Je vais en acheter.

1.  préparer des tartes
2.  cuisiner des plats français
3.  chercher des légumes
4.  acheter de la viande
5.  faire des courses

*KEY*

1.  *Je vais en préparer.*
2.  *Je vais en cuisiner.*

3. *Je vais en chercher.*
4. *Je vais en acheter.*
5. *Je vais en faire.*

K. Respond to your friend's statement, using **en:**

EXAMPLE: Je veux acheter des vêtements.
Achètes-en.

1. Je veux faire des courses.
2. Je veux mettre des gants.
3. Je veux porter des baskets.
4. Je veux acheter des T-shirts.
5. Je veux choisir des chemises.
6. Je veux prendre des chaussettes.

*KEY*

1. *Fais-en.*
2. *Mets-en.*
3. *Portes-en.*
4. *Achètes-en.*
5. *Choisis-en.*
6. *Prends-en.*

L. Respond to the statements negatively, using **en:**

EXAMPLE: Je veux acheter des vêtements.
N'en achète pas.

1. Je veux faire des courses.
2. Je veux mettre des gants.
3. Je veux porter des baskets.
4. Je veux acheter des T-shirts.
5. Je veux choisir des chemises.
6. Je veux prendre des chaussettes.

*KEY*

1. *N'en fais pas.*
2. *N'en mets pas.*
3. *N'en porte pas.*
4. *N'en achète pas.*
5. *N'en choisis pas.*
6. *N'en prends pas.*

M. Answer your friend, using the pronoun **en:**

EXAMPLE: Je cherche deux stylos.
En voilà deux.

1. Je cherche dix crayons.
2. Je cherche une gomme.
3. Je cherche cinq cahiers.
4. Je cherche trois magazines.
5. Je cherche un timbre.
6. Je cherche quatre enveloppes.

*KEY*

1. *En voilà dix.*
2. *En voilà une.*
3. *En voilà cinq.*
4. *En voilà trois.*
5. *En voilà un.*
6. *En voilà quatre.*

N. Answer these questions, using **en:**

1. Es-tu sorti(e) du lycée à trois heures?
2. As-tu parlé de tes devoirs?
3. As-tu acheté des cassettes?
4. Es-tu revenu(e) de l'école tôt?
5. As-tu mangé des sandwiches?
6. As-tu reçu de bonnes notes?

*KEY* (Sample responses)

1. *Non, je n'en suis pas sorti(e) à trois heures.*
2. *Oui, j'en ai parlé.*
3. *Non, je n'en ai pas acheté.*
4. *Non, je n'en suis pas revenu(e) tôt.*
5. *Oui, j'en ai mangé.*
6. *Oui, j'en ai reçu.*

O. Directed dialog. (See Lesson 1, Optional Oral Exercise F, for procedures.)

Demandez à un ami [une amie, des ami(e)s] s'il [si elle, s'ils, si elles] boit/boivent

1. du jus d'orange.
2. du soda.
3. du thé glacé.
4. du café.
5. du cidre.

| STUDENT #1 | STUDENT #2 |
|---|---|
| 1. *Bois-tu du jus d'orange?* *Buvez-vous du jus d'orange?* | *Oui, je bois/nous buvons du jus d'orange.* |
| 2. *Bois-tu du soda?* *Buvez-vous du soda?* | *Oui, je bois/nous buvons du soda.* |
| 3. *Bois-tu du thé glacé?* *Buvez-vous du thé glacé?* | *Oui, je bois/nous buvons du thé glacé.* |
| 4. *Bois-tu du café?* *Buvez-vous du café?* | *Oui, je bois/nous buvons du café.* |
| 5. *Bois-tu du cidre?* *Buvez-vous du cidre?* | *Oui, je bois/nous buvons du cidre.* |

### Key to *Activité*

**A** 1. *Voulez-vous faire du patin à glace?*
2. *Voulez-vous voir une pièce de théâtre?*
3. *Voulez-vous faire du vélo?*
4. *Voulez-vous jouer au bowling?*
5. *Voulez-vous faire des courses?*
6. *Voulez-vous aller à la campagne?*

### Key to Structures

**2** ...    **je** *bois*      **nous** *buvons*
       **tu** *bois*      **vous** *buvez*
       **il** *boit*      **ils** *boivent*
   **elle** *boit*      **elles** *boivent*

### Key to *Activités*

**B** 1. *buvez du lait*
2. *boit du thé*
3. *bois du café*
4. *boivent du soda*
5. *buvons du jus d'orange*
6. *bois du chocolat*

**C** 1. *boit*         5. *boivent*
2. *buvons*     6. *boit*
3. *bois*        7. *buvez*
4. *bu*          8. *bois*

**D** 1. *Un voleur de bijoux est arrivé en ville.*
2. *Il est arrivé avec son complice.*
3. *Ils voulaient aller à la bijouterie «Au quatorze carats».*
4. *Ils y sont entrés sans faire de bruit.*
5. *Ils se sont cachés derrière les rideaux.*
6. *La grand-mère de Richard et de Georges était dans la boutique.*
7. *Elle a appris le karaté.*
8. *Elle les a frappés sur la tête.*
9. *Elle a crié: «N'y allez pas ou je vous assomme!»*
10. *La police les a arrêtés.*

### Key to Structures

**4** ... Which pronoun can take the place of phrases beginning with prepositions indicating location or phrases beginning with **à?** *y.* What does **y** mean? *there.* Where is the pronoun **y** in relation to the verb? *Before the verb.*

... Where is **y** in the **passé composé?** *Before the helping verb.* When there are two verbs? *Before the infinitive.* In an affirmative command? *After the verb.* In a negative command? *Before the verb.*

... When **y** follows an affirmative familiar command, the letter *s* is retained. Can you tell why? *To link the vowel sounds.*

### Key to *Activités*

**E** 1. *Oui, j'y vais.*
2. *Oui, j'y habite.*
3. *Oui, j'y travaille.*

**F** 1. *Non, je n'y pars pas.*
2. *Non, je n'y reste pas toute la journée.*
3. *Non, je n'y joue pas cet après-midi.*

**G** 1. *Quand y travailles-tu?*
2. *Quand y dînes-tu?*
3. *Quand y pars-tu?*

**H** 1. *Non, je ne veux pas y travailler.*
2. *Oui, je pense y rester.*
3. *Oui, je vais y aller.*
4. *Non, je ne veux pas y aller.*
5. *Oui, je peux y passer le week-end.*
6. *Non, je ne veux pas y partir en train.*

**I** 1. *Oui, allons-y!*
    *Non, n'y allons pas!*
2. *Oui, restons-y!*
    *Non, n'y restons pas!*
3. *Oui, descendons-y!*
    *Non, n'y descendons pas!*

**J** 1. *Oui, j'y suis allé(e) hier soir.*
2. *Oui, j'y ai dîné samedi dernier.*
3. *Oui, j'y ai joué ce week-end.*

**K** 1. *Les élèves reviennent de récréation.*
2. *Ils discutent du pique-nique du lendemain.*
3. *Chaque élève doit apporter de la nourriture.*

4. *Elle demande aux élèves ce qu'ils vont apporter.*
5. *Il aime les légumes, les carottes, les tomates et les radis.*
6. *Il va en apporter cinquante.*
7. *Parce que son père est boucher.*
8. *Parce qu'elle n'en boit jamais.*
9. *Elle va apporter de l'insecticide.*
10. *Elle a peur des mouches, des moustiques et des abeilles.*

## Key to Structures

**6** In our story, you read many noun phrases beginning with **du, de la, de l',** or **des.** What meanings can these words have? *some, of,* and *from.*

. . . Which pronoun replaces phrases beginning with **du, de la, de l',** or **des?** *en.* What meanings can **en** have? *some, some of it (them), about it (them), from it (them).*

**7** . . . What does **en** replace in this sentence? *A noun.* When there is a number before the noun, **en** replaces only *the noun.*

**8** . . . Where is **en** normally in relation to the verb? *Before the verb.* In the **passé composé?** *Before the helping verb.* When there are two verbs? *Before the infinitive.* In a negative command? *Before the verb.* In an affirmative command? *After the verb.* What letter is retained in an affirmative familiar command of **-er** verbs when followed by **en?** *s.*

## Key to *Activités*

**L** 1. *Non, je n'en bois pas.*
2. *Non, je n'en prends pas.*
3. *Non, je n'en mange pas.*
4. *Non, je n'en veux pas.*
5. *Non, je n'en achète pas.*

**M** 1. *En manges-tu?*
2. *En choisis-tu?*
3. *En fais-tu?*
4. *En prends-tu?*
5. *En bois-tu?*

**N** 1. *Je vais en faire.*
2. *N'en préparez pas!*
3. *En achetez-vous?*
4. *Elle n'en fait pas.*
5. *En as-tu préparé?*
6. *Elles ne veulent pas en manger.*
7. *Manges-en!*
8. *Nous pouvons en apporter.*
9. *Ils en discutent.*
10. *Vous en sortez.*
11. *J'en ai vu deux.*
12. *Il n'en a jamais fait.*

**O** 1. *Il l'aime bien.*
2. *J'en bois.*
3. *Il n'y va pas.*
4. *Je ne peux rien leur demander.*
5. *Les regardez-vous?*
6. *N'y apprenez-vous pas le français?*
7. *Nous en sortons.*
8. *Téléphonez-lui!*
9. *Est-ce qu'elle la cherche?*
10. *Il ne peut pas y aller.*
11. *Ne lui écrivez pas de lettre.*
12. *Elle en a apporté.*
13. *J'en vois trois derrière la maison.*
14. *Les a-t-il trouvés?*
15. *Je n'y ai pas regardé.*

## Questions personnelles (Sample responses)

1. *Oui, j'y suis déjà allé(e).*
2. *Non, je n'aime pas y travailler.*
3. *Oui, j'aime y rester.*
4. *Oui, j'adore y voyager.*
5. *Non, je n'y fais pas mes devoirs.*
6. *Non, ma famille n'y est pas allée.*
7. *J'en ai une aussi.*
8. *Oui, j'adore en lire.*
9. *J'en suis sorti(e) à deux heures et demie.*
10. *Non, je ne veux pas en boire.*
11. *Oui, j'en écris à mes amis.*
12. *Oui, j'en ai envie aussi.*

**Vous**  (Sample responses)

1. *Oui, j'y ai regardé.*
2. *Non, je n'y cherche pas.*
3. *Non, je ne vais pas y regarder.*
4. *Non, il n'y est pas.*
5. *Oui, je l'y ai oublié.*

**Dialogue**  (Sample responses)

Combien de fois par semaine déjeunez-vous à la cantine?
*J'y déjeune cinq fois par semaine.*
Aimez-vous manger à la cantine? Pourquoi?
*Non, parce que la nourriture est horrible.*
Donnez-moi un exemple de problème à la cantine.
*Les hamburgers ne sont pas bons.*
Pourquoi ne mangez-vous pas de légumes?
*Parce que je ne les aime pas.*
Combien de nos desserts mangez-vous?
*Je les mange tous!*

**Composition**  (Sample response)

*Nous pouvons jouer au bowling, aller voir une pièce de théâtre, faire des courses, voir une exposition ou aller à la campagne.*

### Key to *Cahier* Exercises

**A**
1. *va écouter un concert*
2. *faisons des courses*
3. *allez à la campagne*
4. *fais du patin à roulettes*
5. *font une promenade en bateau*
6. *fait du cheval*
7. *jouent au bowling*
8. *vois une pièce de théâtre*
9. *faisons du patin à glace*
10. *font du vélo*

**B**
1. *J'y vais.*
2. *Il y voyage.*
3. *Nous y restons.*
4. *Elle n'y travaille pas.*
5. *Ils n'y étudient pas.*
6. *Tu n'y conduis pas.*

**C**

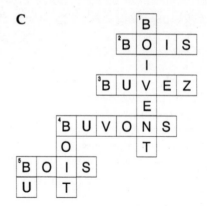

**D**
1. *J'aime y rester.*
2. *Je n'aime pas y travailler.*
3. *J'aime y dîner.*
4. *Je n'aime pas y aller.*
5. *Je n'aime pas y danser.*
6. *J'aime y jouer.*

**E**
1. *Vas-y!*
   *Non, n'y va pas.*
2. *Descends-y!*
   *Non, n'y descends pas.*
3. *Restes-y!*
   *Non, n'y reste pas.*

**F**  (Sample responses)
1. *En sors-tu à 5 heures?*
   *Non, je n'en sors pas à 5 heures.*
2. *En bois-tu de retour à la maison?*
   *Non, je n'en bois pas de retour à la maison.*
3. *En regardes-tu?*
   *Oui, j'en regarde.*
4. *En donnes-tu?*
   *Oui, j'en donne.*

**G**
1. *Il en fait.*
2. *Il veut en préparer une.*
3. *«N'en prends pas, Michel!»*
4. *Il n'en choisit jamais.*
5. *Il en est sorti.*
6. *Il n'en a pas acheté.*
7. *«Mets-en dans la salade, Michel!»*
8. *Il n'aime pas en manger.*
9. *«Sers-en, Michel!»*
10. *Il en prépare deux.*

**H**  1. *J'y suis invité.*
2. *Je vais y aller.*
3. *J'en sors.*
4. *J'y vais.*
5. *J'en ai mis dans ma valise.*
6. *Je n'en ai pris que deux.*
7. *J'en parle à l'hôtesse.*
8. *Je lui demande: «À quelle heure allons-nous y arriver?»*
9. *Elle répond: «Vous allez y arriver dans une heure.»*
10. *Je suis nerveux et je ne veux pas en boire.*

**I**  1. *Non, je n'y ai pas répondu.*
2. *Non, je n'y suis pas allé(e).*
3. *Non, je n'y ai pas étudié.*

**J**  (Sample responses)

1. *Oui, je les ai embrassés aujourd'hui.*
2. *Oui, j'y suis allé(e).*
3. *J'en ai dix.*

4. *Non, je ne leur écris pas.*
5. *Non, je ne l'ai pas encore lu.*
6. *Oui, je lui téléphone souvent.*
7. *J'en sors à trois heures.*
8. *Non, je n'y joue pas.*
9. *Non, je ne l'ai pas faite.*
10. *Non, je n'en joue pas.*

**K**  (Sample response)

*Veux-tu aller faire un pique-nique? Nous pouvons en faire un demain parce qu'il va faire très beau. Nous pouvons aller au parc. Pauline et Rose peuvent venir avec nous. Qu'est-ce que tu en penses?*

**L**  (Sample response)

1. *Rencontrer des amis.*
2. *Lire le journal.*
3. *Manger un sandwich.*
4. *Boire un café.*
5. *Regarder les gens qui passent.*

---

NOM: _____  CLASSE: _____  DATE: _____

# *Quiz 13*

**A.** Answer the question you hear:

_____

**B.** Suggest five activities you and your friend can do this weekend:

1. _____
2. _____
3. _____
4. _____
5. _____

**C.** Complete with the correct forms of the verb **boire**:

1. Marianne _____ du thé.
2. Nous avons _____ un café.

3. Ils _____ du lait.

4. _____-tu un verre d'eau?

5. Vous _____ de la limonade.

6. Nous _____ du chocolat.

**D.** Restate each sentence using **y** or **en**:

1. Je ne suis pas sortie du lycée à trois heures.

   _____

2. Elle ne va pas en France cette année.

   _____

3. Vas-tu répondre à l'invitation?

   _____

4. Mange des fruits.

   _____

5. Il ne va pas chercher le livre sous le lit.

   _____

6. N'as-tu pas deux stylos?

   _____

7. Je veux prendre de la salade.

   _____

8. N'allez pas en ville.

   _____

9. Ils sont restés chez eux.

   _____

10. Il parle de son voyage.

    _____

---

### Key to Quiz 13

**A** Teacher cue: Qu'est-ce tu bois quand tu as soif?
Sample response: *Quand j'ai soif, je bois du thé glacé.*

**B** (Sample responses)
1. *Allons à la campagne.*
2. *Faisons du cheval.*
3. *Faisons du patin à glace.*
4. *Jouons au bowling.*
5. *Allons écouter un concert.*

**C**
1. *boit*
2. *bu*
3. *boivent*
4. *Bois*
5. *buvez*
6. *buvons*

**D**
1. *Je n'en suis pas sortie à trois heures.*
2. *Elle n'y va pas cette année.*
3. *Vas-tu y répondre?*
4. *Manges-en.*
5. *Il ne va pas y chercher le livre.*
6. *N'en as-tu pas deux?*
7. *Je veux en prendre.*
8. *N'y allez pas.*
9. *Ils y sont restés.*
10. *Il en parle.*

# Leçon 14: *À la pharmacie*

**Notes:** Have students bring to class items or containers of items (bandage boxes, aspirin boxes, and the like). These articles can then be held up and identified by members of the class. A fun activity is to place all items into a large bag and have individual students pull them out one by one while identifying and describing each.

Use the techniques mentioned in Lesson 11 to practice the use of double object pronouns.

The cultural material may be enriched by having the students act out skits in which they sell and buy in a typical French drugstore or pharmacy.

### Optional Oral Exercises

**A.** Express what you need from the drugstore: (Teacher uses props or pictures of items indicated in the key.)

EXAMPLE: Il me faut un rasoir.

*KEY*

1. *Il me faut une brosse.*
2. *Il me faut des mouchoirs en papier.*
3. *Il me faut des aspirines.*
4. *Il me faut du coton.*
5. *Il me faut des pansements.*
6. *Il me faut des vitamines.*
7. *Il me faut du papier hygiénique.*
8. *Il me faut un peigne.*

**B.** Using double object pronouns, answer these questions about what your sister gives you for your birthday:

EXAMPLE: Ta sœur te donne ces bonbons?
Oui, elle me les donne.

1. Ta sœur te donne ces fleurs?
2. Ta sœur te donne sa cassette préférée?
3. Ta sœur te donne cette boîte de chocolats?
4. Ta sœur te donne ce roman?
5. Ta sœur te donne ce bijou?
6. Ta sœur te donne ces T-shirts?

*KEY*

1. *Oui, elle me les donne.*
2. *Oui, elle me la donne.*
3. *Oui, elle me la donne.*
4. *Oui, elle me le donne.*
5. *Oui, elle me le donne.*
6. *Oui, elle me les donne.*

**C.** Answer the questions in the negative. Use double object pronouns:

EXAMPLE: Ta sœur te donne ces bonbons?
Non, elle ne me les donne pas.

1. Ta sœur te donne ces fleurs?

2. Ta sœur te donne sa cassette préférée?
3. Ta sœur te donne cette boîte de chocolats?
4. Ta sœur te donne ce roman?
5. Ta sœur te donne ce bijou?
6. Ta sœur te donne ces T-shirts?

*KEY*

1. *Non, elle ne me les donne pas.*
2. *Non, elle ne me la donne pas.*
3. *Non, elle ne me la donne pas.*
4. *Non, elle ne me le donne pas.*
5. *Non, elle ne me le donne pas.*
6. *Non, elle ne me les donne pas.*

**D.** Express what the Duponts are going to show in their house to prospective buyers. Use double object pronouns:

EXAMPLE: Ils vont montrer les lampes à Jean.
Ils vont les lui montrer.

1. Ils vont montrer les lits à Mme Renoir.
2. Ils vont montrer le tapis aux Caron.
3. Ils vont montrer la télévision à Jean-Pierre.
4. Ils vont montrer les chaises à Anne et à Georges.
5. Ils vont montrer le divan à Pierre.
6. Ils vont montrer la table à M. et Mme Rougon.

*KEY*

1. *Ils vont les lui montrer.*
2. *Ils vont le leur montrer.*
3. *Ils vont la lui montrer.*
4. *Ils vont les leur montrer.*
5. *Ils vont le lui montrer.*
6. *Ils vont la leur montrer.*

**E.** Respond to each statement negatively, using double object pronouns:

EXAMPLE: Ils vont montrer les lampes à Jean.
Ils ne vont pas les lui montrer.

1. Ils vont montrer les lits à Mme Renoir.
2. Ils vont montrer le tapis aux Caron.

3. Ils vont montrer la télévision à Jean-Pierre.
4. Ils vont montrer les chaises à Anne et à Georges.
5. Ils vont montrer le divan à Pierre.
6. Ils vont montrer la table à M. et Mme Rougon.

*KEY*

1. *Ils ne vont pas les lui montrer.*
2. *Ils ne vont pas le leur montrer.*
3. *Ils ne vont pas la lui montrer.*
4. *Ils ne vont pas les leur montrer.*
5. *Ils ne vont pas le lui montrer.*
6. *Ils ne vont pas la leur montrer.*

**F.** Answer the questions using double object pronouns:

EXAMPLE: As-tu envoyé des livres à ta grand-mère?
Oui, je lui en ai envoyé.

1. As-tu envoyé des robes à ta sœur?
2. As-tu montré des cravates à tes frères?
3. As-tu donné du parfum à ta mère?
4. As-tu prêté des T-shirts à tes cousins?
5. As-tu acheté des écharpes à tes grands-parents?
6. As-tu offert des disques à Marc?

*KEY*

1. *Oui, je lui en ai envoyé.*
2. *Oui, je leur en ai montré.*
3. *Oui, je lui en ai donné.*
4. *Oui, je leur en ai prêté.*
5. *Oui, je leur en ai acheté.*
6. *Oui, je lui en ai offert.*

**G.** Answer the questions negatively, using double object pronouns:

EXAMPLE: As-tu envoyé des livres à ta grand-mère?
Non, je ne lui en ai pas envoyé.

1. As-tu envoyé des robes à ta sœur?
2. As-tu montré des cravates à tes frères?
3. As-tu donné du parfum à ta mère?
4. As-tu prêté des T-shirts à tes cousins?

5. As-tu acheté des écharpes à tes grands-parents?
6. As-tu offert des disques à Marc?

KEY

1. Non, je ne lui en ai pas envoyé.
2. Non, je ne leur en ai pas montré.
3. Non, je ne lui en ai pas donné.
4. Non, je ne leur en ai pas prêté.
5. Non, je ne leur en ai pas acheté.
6. Non, je ne lui en ai pas offert.

**H.** Using double object pronouns, express what the teacher tells a student to do:

EXAMPLE: Explique la phrase à Jean-François.
Explique-la-lui.

1. Répète la leçon aux élèves.
2. Montre les mots à Sylvie.
3. Apprends le vocabulaire à Roger et à André.
4. Explique la grammaire aux filles.
5. Lis le paragraphe à Henri.
6. Donne les définitions à Lucie.

KEY

1. Répète-la-leur.        4. Explique-la-leur.
2. Montre-les-lui.       5. Lis-le-lui.
3. Apprends-le-leur.   6. Donne-les-lui.

**I.** Change the commands to the negative:

EXAMPLE: Explique-la-lui.
Ne la lui explique pas.

1. Répète-la-leur.        4. Explique-la-leur.
2. Montre-les-lui.       5. Lis-le-lui.
3. Apprends-le-leur.   6. Donne-les-lui.

KEY

1. Ne la leur répète pas.
2. Ne les lui montre pas.
3. Ne le leur apprends pas.
4. Ne la leur explique pas.
5. Ne le lui lis pas.
6. Ne les lui donne pas.

## Key to *Activités*

**A** 1. *du savon*
2. *du déodorant*
3. *du dentifrice*
4. *une brosse*
5. *un peigne*
6. *des aspirines*
7. *une brosse à dents*
8. *du coton*
9. *du papier hygiénique*
10. *des pansements*

**B** (Sample responses)

1. *des mouchoirs en papier et des aspirines*
2. *un rasoir et du savon*
3. *des aspirines*
4. *des pansements et du coton*
5. *une brosse et un peigne*
6. *du savon*

**C** 1. *On les voit partout.*
2. *Elles influencent notre culture et notre vie quotidienne.*
3. *Elle nous propose de maigrir en deux semaines.*
4. *Il nous permet de développer nos muscles.*
5. *Une personne qui a perdu ses cheveux peut être intéressée par cette annonce.*
6. *C'est une organisation d'implantation de cheveux.*
7. *Dentiblanc est un dentifrice.*
8. *Il donne des dents blanches et une haleine fraîche.*
9. *Elle vous rend votre argent.*
10. *Il va nous permettre de sourire avec confiance.*

## Key to Structures

**3** . . . When you use two object pronouns together in French, where are they in relation to the verb? *Before the verb.* Where are **me, te, nous,** and **vous** in relation to **le, la,** and **les?** *Before them.*

## Key to *Activités*

**D** 1. *Tu me les apportes?*
2. *Tu me l'achètes?*
3. *Tu me la conseilles?*
4. *Tu me les offres?*
5. *Tu me le montres?*

**E** 1. *Oui, je te les apporte.*
2. *Oui, je te l'achète.*
3. *Oui, je te la conseille.*
4. *Oui, je te les offre.*
5. *Oui, je te le montre.*

**F** 1. *Tu nous la racontes?*
2. *Tu nous l'apportes?*
3. *Tu nous les achètes?*
4. *Tu nous la montres?*
5. *Tu nous les donnes?*

**G** 1. *Oui, je vous la raconte.*
2. *Oui, je vous l'apporte.*
3. *Oui, je vous les achète.*
4. *Oui, je vous la montre.*
5. *Oui, je vous les donne.*

## Key to Structures

**4** . . . Where are **le, la,** and **les** in relation to **lui** and **leur?** *Before them.*

## Key to *Activités*

**H** 1. *Oui, il le leur sert.*
2. *Oui, il la lui vend.*
3. *Oui, elle les leur conseille.*
4. *Oui, il le leur apporte.*
5. *Oui, il les leur envoie.*
6. *Oui, il les lui explique.*
7. *Oui, il la lui ouvre.*
8. *Oui, il la leur enseigne.*
9. *Oui, il la lui donne.*
10. *Oui, il le lui montre.*

**I** 1. *Le lui avez-vous donné?*
2. *Les lui avez-vous donnés?*
3. *Le leur avez-vous donné?*
4. *Les leur avez-vous données?*
5. *La lui avez-vous donnée?*
6. *Les leur avez-vous donnés?*

**J** 1. *Non, je ne les leur ai pas achetées.*
2. *Non, je ne le lui ai pas expliqué.*
3. *Non, je ne la leur ai pas envoyée.*
4. *Non, je ne le lui ai pas donné.*
5. *Non, je ne les leur ai pas prêtés.*
6. *Non, je ne le lui ai pas servi.*
7. *Non, je ne la lui ai pas écrite.*
8. *Non, je ne les lui ai pas données.*

## Key to Structures

**6** . . . When **y** or **en** are used with another pronoun, where are they in relation to the verb? *Directly before the verb.*

**7** . . . Where is **en** in relation to the verb when used together with **y?** *Directly before.*

## Key to *Activités*

**K** 1. *Mes amis m'y amènent.*
2. *Ils m'y invitent.*
3. *Quand nous arrivons, la serveuse nous y accompagne.*
4. *Le garçon nous en apporte.*
5. *Jacques m'en commande.*
6. *Le garçon nous en recommande.*
7. *Il nous en sert.*
8. *Il nous en montre.*
9. *Nous lui en parlons.*
10. *Nous lui en faisons.*

**L** 1. *Nous ne les y avons pas rencontrés.*
2. *Ne l'y a-t-il pas emmenée?*
3. *Vous leur en parlez.*
4. *Je ne veux pas y en apporter.*
5. *Le garçon lui en offre.*
6. *Ne les y mettez pas!*
7. *Ne le lui donnez pas.*
8. *L'y a-t-il amené?*
9. *Tu y en as apporté.*
10. *Il y en envoie.*

**M** 1. *Moi aussi, je l'y amène.*
2. *Moi aussi, je lui en prête.*
3. *Moi aussi, je les y mets.*
4. *Moi aussi, je leur en écris.*
5. *Moi aussi, je les y invite.*
6. *Moi aussi, je l'y amène souvent.*

7. *Moi aussi, je lui en fais toujours.*
8. *Moi aussi, je leur en demande rarement.*

### Key to Structures

**8** Do you remember where the single object pronoun is placed in sentences with two verbs? *Before the infinitive.*

### Key to *Activité*

**N** 1. *Je vais leur en lire.*
2. *Je vais lui en apporter.*
3. *Je vais la lui apprendre.*
4. *Je vais leur en envoyer.*
5. *Je vais les leur présenter.*
6. *Je vais lui en faire.*
7. *Je vais les leur expliquer.*
8. *Je vais la lui prêter.*

### Key to Structures

**9** Do you remember where the single object pronoun is in affirmative commands? *After the verb.*

### Key to *Activités*

**O** 1. *Apportez-les-moi!*
2. *Lisez-la-lui!*
3. *Mettez-l'y!*
4. *Cherchez-les-y!*
5. *Donnez-le-lui!*
6. *Envoyez-la-leur!*

**P** 1. *Montre-la-moi.*
2. *Parlons-lui-en.*
3. *Achète-nous-en.*
4. *Lis-la-lui.*
5. *Envoyez-le-moi.*
6. *Parle-m'en.*
7. *Donne-le-leur.*
8. *Écris-nous-en.*

**Q** 1. *Ne les y apporte pas.*
2. *Ne le lui donne pas.*
3. *Ne l'y amène pas.*
4. *Ne la lui montre pas.*
5. *Ne lui en sers pas.*
6. *Ne les y mets pas.*
7. *Ne les y laisse pas.*
8. *Ne lui en achète pas.*

### Questions personnelles (Sample responses)

1. *Oui, je leur en offre.*
2. *Oui, je m'en souviens.*
3. *Non, je ne l'y accompagne pas souvent.*

4. *Oui, je la leur raconte.*
5. *Non, je ne leur en écris pas.*

### Vous (Sample responses)

1. a. *Je lis des contes à mes frères.*
   b. *Je leur en lis.*
2. a. *Je donne des cadeaux à mes parents.*
   b. *Je leur en donne.*
3. a. *Je sers le petit déjeuner à mon père.*
   b. *Je le lui sers.*

### Dialogue (Sample responses)

Combien de fois par mois est-ce que vous achetez ce dentifrice?
*Une fois par mois.*
Combien est-ce que vous le payez?
*Deux dollars cinquante.*
Quand l'utilisez-vous?
*Je l'utilise le matin et le soir.*
Que pensez-vous de ce dentifrice?
*Il est très bon.*
Pourquoi le préférez-vous aux autres dentifrices?
*Parce qu'il me donne des dents blanches.*

### Composition (Sample response)

*Cher Michel,*
*Peux-tu aller à la pharmacie pour moi, s'il te plaît? Je ne peux pas y aller parce que je suis malade. J'ai très mal à la tête. Va m'acheter des aspirines et des vitamines, s'il te plaît. Merci beaucoup.*

*Gisèle*

### Key to *Cahier* Exercises

**A** 1. *les aspirines*
2. *les vitamines*
3. *le savon*
4. *les mouchoirs en papier*
5. *les brosses à dents*
6. *les peignes*
7. *les brosses*
8. *le dentifrice*
9. *le coton*
10. *le papier hygiénique*
11. *les pansements*
12. *le déodorant*

13. *le maquillage*
14. *les rasoirs*

**B**  1. *Il nous l'offre.*
2. *Tu me le donnes.*
3. *Nous te les apportons.*
4. *Vous nous la recommandez.*
5. *Elles vous le montrent.*
6. *Je te les apporte.*

**C**  1. *Oui, il la lui conseille.*
2. *Oui, elle le lui achète.*
3. *Oui, il les leur donne.*
4. *Oui, il le leur montre.*
5. *Oui, il la leur raconte.*
6. *Oui, il les lui offre.*

**D**  1. *Donne-la-moi!*
2. *Prête-le-leur!*
3. *Écris-les-lui!*
4. *Ne nous l'envoie pas!*
5. *Ne la leur raconte pas!*
6. *Ne les leur achète pas!*

**E**  1. *L'y as-tu rencontrée, vraiment?*
2. *Y en as-tu acheté, vraiment?*
3. *Lui en as-tu écrit une, vraiment?*
4. *Leur en as-tu donné, vraiment?*
5. *Les y as-tu photographiés, vraiment?*
6. *Le lui as-tu montré, vraiment?*

**F**  1. *Je demande: «Ton père ne l'y a-t-il pas conduite?»*
2. *Je ne les y ai pas vus.*
3. *Je lui en offre.*
4. *Lucien lui en donne.*
5. *Je dis: «Je dois leur en envoyer un.»*
6. *Mme Renaud dit: «Montrez-la-lui.»*
7. *Je les lui donne.*
8. *Je le leur raconte.*

**G**  *3*

**H**  (Sample response)

*des vitamines, du maquillage, du coton, des pansements, des aspirines*

**I**  1. *a*      3. *a*      5. *c*      7. *b*
2. *c*      4. *b*      6. *b*      8. *b*

NOM: _____  CLASSE: _____  DATE: _____

# Quiz 14

**A.** Answer the question you hear:

_____

**B.** Complete the crossword puzzle:

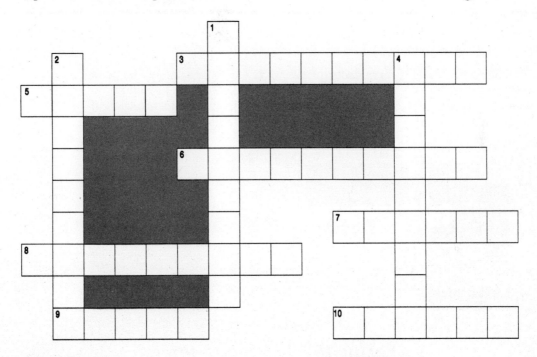

HORIZONTALEMENT

  3. makeup
  5. cotton
  6. toothpaste
  7. comb
  8. vitamins
  9. soap
 10. razor

VERTICALEMENT

 1. bandages
 2. tissues
 4. aspirins

**C.** Express what happens when Éric and Michel go shopping by replacing the nouns in bold type with pronouns:

  1. Ils veulent acheter **des cadeaux à leurs parents.**

_____

2. Michel donne **son argent à Éric.**

_____

3. Ils ont trouvé **des chocolats à la pâtisserie.**

_____

4. Éric dit: «Donne **le cadeau à maman.»**

_____

---

**Key to Quiz 14**

**A**   Teacher cue: Quand tu es malade, qu'est-ce qu'il te faut?
Sample response: *Il me faut des aspirines.*

**C**   1. *Ils veulent leur en acheter.*
2. *Michel le lui donne.*
3. *Ils y en ont trouvé.*
4. *Éric dit: «Donne-le-lui.»*

**B**

## Leçon 15:  Les passe-temps

**Notes:** The vocabulary of this lesson concerns hobbies. You may want to bring in French comic strips, records, coins, and stamps. Students may be asked to list all the hobbies in which they engage in order of their preference. After they have mastered the vocabulary, have the students ask each other in French if they would like to have these hobbies. Students may respond affirmatively or negatively.

Expressions of time can be reinforced by having students ask each other for how long they have had certain hobbies.

**Optional Oral Exercises**

**A.** Tell your friend which hobbies you like: (Teacher uses props or pictures of items indicated in the key.)

EXAMPLE: J'aime cuisiner.

*KEY*

1. *J'aime lire.*
2. *J'aime collectionner les bandes dessinées.*
3. *J'aime faire des modèles réduits.*
4. *J'aime dessiner.*
5. *J'aime jouer aux jeux vidéo.*

6. *J'aime faire de la photo.*
7. *J'aime collectionner les pièces de monnaie.*
8. *J'aime faire de la poterie.*
9. *J'aime collectionner les cartes de base-ball.*
10. *J'aime collectionner les timbres.*

**B.** Ask a friend for how long he/she has been doing the following:

EXAMPLE:   collectionner les bandes dessinées
Depuis combien de temps collectionnes-tu les bandes dessinées?

1. dessiner
2. faire de la poterie
3. faire de la photo
4. collectionner les timbres
5. jouer aux jeux vidéo
6. cuisiner

*KEY*

1. *Depuis combien de temps dessines-tu?*
2. *Depuis combien de temps fais-tu de la poterie?*
3. *Depuis combien de temps fais-tu de la photo?*
4. *Depuis combien de temps collectionnes-tu les timbres?*
5. *Depuis combien de temps joues-tu aux jeux vidéo?*
6. *Depuis combien de temps cuisines-tu?*

**C.** Answer the questions using the information provided:

EXAMPLE:   collectionner les bandes dessinées: deux ans
Je collectionne les bandes dessinées depuis deux ans.

1. dessiner: cinq ans
2. faire de la poterie: deux semaines
3. faire de la photo: dix jours
4. collectionner les timbres: trois mois
5. jouer aux jeux vidéo: un an
6. cuisiner: six mois

*KEY*

1. *Je dessine depuis cinq ans.*
2. *Je fais de la poterie depuis deux semaines.*
3. *Je fais de la photo depuis dix jours.*
4. *Je collectionne les timbres depuis trois mois.*
5. *Je joue aux jeux vidéo depuis un an.*
6. *Je cuisine depuis six mois.*

**D.** Use **Combien de temps y a-t-il que** to ask questions about the following:

EXAMPLE:   cuisiner
Combien de temps y a-t-il que tu cuisines?

1. faire des modèles réduits
2. tricoter
3. jouer aux jeux vidéo
4. collectionner les cartes de base-ball
5. faire de la poterie
6. collectionner les pièces de monnaie

*KEY*

1. *Combien de temps y a-t-il que tu fais des modèles réduits?*
2. *Combien de temps y a-t-il que tu tricotes?*
3. *Combien de temps y a-t-il que tu joues aux jeux vidéo?*
4. *Combien de temps y a-t-il que tu collectionnes les cartes de base-ball?*
5. *Combien de temps y a-t-il que tu fais de la poterie?*
6. *Combien de temps y a-t-il que tu collectionnes les pièces de monnaie?*

**E.** Answer the following questions, using the time frames indicated:

EXAMPLE:   **Combien de temps y a-t-il que tu cuisines?** (deux ans)
Il y a deux ans que je cuisine.

1. Combien de temps y a-t-il que tu fais des modèles réduits? (cinq ans)
2. Combien de temps y a-t-il que tu tricotes? (deux semaines)
3. Combien de temps y a-t-il que tu joues aux jeux vidéo? (dix jours)

4. Combien de temps y a-t-il que tu collectionnes les cartes de base-ball? (trois mois)
5. Combien de temps y a-t-il que tu fais de la poterie? (un an)
6. Combien de temps y a-t-il que tu collectionnes les pièces de monnaie? (six mois)

*KEY*

1. *Il y a cinq ans que je fais des modèles réduits.*
2. *Il y a deux semaines que je tricote.*
3. *Il y a dix jours que je joue aux jeux vidéo.*
4. *Il y a trois mois que je collectionne les cartes de base-ball.*
5. *Il y a un an que je fais de la poterie.*
6. *Il y a six mois que je collectionne les pièces de monnaie.*

**F.**   Answer these questions:

1. Combien de temps étudies-tu le français chaque jour?
2. Combien de temps travailles-tu chaque jour?
3. Combien de temps regardes-tu la télévision chaque jour?
4. Combien de temps écoutes-tu de la musique chaque jour?
5. Combien de temps dors-tu chaque jour?
6. Combien de temps fais-tu sport chaque jour?

*KEY* (Sample responses)

1. *J'étudie le français (pendant) une heure.*
2. *Je travaille (pendant) trois heures.*
3. *Je regarde la télévision (pendant) une heure.*
4. *J'écoute de la musique (pendant) deux heures.*
5. *Je dors (pendant) sept heures.*
6. *Je fais du sport (pendant) deux heures.*

**Key to *Activités***

**A**   1. *cuisine*
2. *collectionne les timbres*

3. *faites de la poterie*
4. *jouent aux jeux vidéo*
5. *font des modèles réduits*
6. *collectionne les pièces de monnaie*
7. *fais de la photo*
8. *dessine*
9. *tricotent*
10. *collectionne les cartes de base-ball*
11. *lisons*
12. *collectionne les bandes dessinées*

**B**   (Sample responses)

1. *J'aime lire.*
2. *J'aime faire de la photo.*
3. *J'aime cuisiner.*
4. *J'aime dessiner.*
5. *J'aime faire de la poterie.*

**C**   1. *Laure est une fille de quatorze ans qui s'intéresse à tout.*
2. *Elle ouvre de grands yeux.*
3. *Elle tricote le pull bleu depuis quatre mois.*
4. *Elle fait de la photo depuis son enfance.*
5. *Elle collectionne les bandes dessinées depuis huit jours.*
6. *Elle fait de la poterie depuis l'année dernière.*
7. *Elle fait des modèles réduits depuis six mois.*
8. *Elle ne nettoie jamais sa chambre.*
9. *Elle a promis à sa mère de tout nettoyer dès que ses projets seront terminés.*
10. *Parce qu'elle ne veut pas nettoyer sa chambre.*

**Key to Structures**

**3**   Up to now you have learned how to express actions and events in three different tenses. To express actions that are happening now, you use the *present* tense. To express actions that took place yesterday or last week, you use the *past* tense. To express what was happening or what used to happen yesterday or last week, you use the *imperfect*.

. . . In which tense are the verbs in the questions? *The present tense.*
In which tense are the verbs in the statements? *The present tense.*
Which word appears in all the questions? *Depuis.*
Which word appears in all the statements? *depuis.*
What does **depuis** mean in the statements? *for or since.*
What does **Depuis quand** mean? *Since when?*
What does **Depuis combien de temps** mean? *For how long?*

### Key to *Activités*

**D** 1. *Depuis quand collectionnes-tu les pièces de monnaie?*
   *Je collectionne les pièces de monnaie depuis trois mois.*
2. *Depuis quand fais-tu de la poterie?*
   *Je fais de la poterie depuis deux ans.*
3. *Depuis quand fais-tu de la photo?*
   *Je fais de la photo depuis six mois.*
4. *Depuis quand tricotes-tu?*
   *Je tricote depuis dix ans.*
5. *Depuis quand dessines-tu?*
   *Je dessine depuis huit jours.*
6. *Depuis quand jouez-vous aux jeux vidéo?*
   *Nous jouons aux jeux vidéo depuis neuf mois.*

**E** (Sample responses)

1. *Depuis combien de temps habites-tu cette ville?*
   *J'habite cette ville depuis six ans.*
2. *Depuis combien de temps vas-tu à cette école?*
   *Je vais à cette école depuis un an.*
3. *Depuis combien de temps joues-tu à ton sport préféré?*
   *Je joue à mon sport préféré depuis sept ans.*
4. *Depuis combien de temps dessines-tu?*
   *Je dessine depuis deux ans.*

5. *Depuis combien de temps joues-tu aux jeux vidéo?*
   *Je joue aux jeux vidéo depuis un an.*
6. *Depuis combien de temps connais-tu le professeur de français?*
   *Je connais le professeur de français depuis six mois.*

### Key to Structures

**4** . . . In these questions, what phrase is used to express time in place of **depuis combien de temps**? *Combien de temps y a-t-il que?* Note that the subject pronoun and the verb are not inverted after **combien de temps y a-t-il que.** Now look at the statements. In what tense is the verb? *The present tense.* What replaces **depuis?** *Il y a.* To give an answer to a question with **combien de temps y a-t-il que,** start with *Il y a* + a period of time + **que** + verb in the *present* tense.

### Key to *Activités*

**F** 1. *Combien de temps y a-t-il que tu collectionnes les pièces de monnaie?*
   *Il y a trois mois que je collectionne les pièces de monnaie.*
2. *Combien de temps y a-t-il que tu fais de la poterie?*
   *Il y a deux ans que je fais de la poterie.*
3. *Combien de temps y a-t-il que tu fais de la photo?*
   *Il y a six mois que je fais de la photo.*
4. *Combien de temps y a-t-il que tu tricotes?*
   *Il y a dix ans que je tricote.*
5. *Combien de temps y a-t-il que tu dessines?*
   *Il y a huit jours que je dessine.*
6. *Combien de temps y a-t-il que tu joues aux jeux vidéo?*
   *Il y a neuf mois que je joue aux jeux vidéo.*

**G** 1. *Combien de temps joues-tu du piano chaque jour?*

2. *Combien de temps regardes-tu la télévision chaque jour?*
3. *Combien de temps lisez-vous chaque jour?*
4. *Combien de temps dors-tu chaque jour?*
5. *Combien de temps fais-tu tes devoirs chaque jour?*

**H** 1. *Je joue du piano pendant trois heures.*
2. *Je regarde la télévision pendant quarante-cinq minutes.*
3. *Nous lisons pendant trente minutes.*
4. *Je dors pendant huit heures.*
5. *Je fais mes devoirs pendant deux heures.*

**I** (Sample responses)

1. *Combien de temps y a-t-il que tu parles anglais?*
2. *Depuis quand es-tu aux États-Unis?*
3. *Combien de temps t'exerces-tu à parler anglais chaque jour?*
4. *Combien de temps regardes-tu la télévision chaque jour?*
5. *Depuis quand aimes-tu faire du sport?*

**Vous** (Sample responses)

1. *Je joue aux jeux vidéo pendant une heure.*
2. *Je mange pendant deux heures.*
3. *Je dors pendant sept heures.*
4. *J'étudie le français pendant une heure.*
5. *J'écoute la radio pendant deux heures.*
6. *Je regarde la télé pendant deux heures.*
7. *Je parle au téléphone pendant une demi-heure.*
8. *Je m'amuse pendant une heure.*
9. *Je me lave pendant quarante-cinq minutes.*
10. *Je me repose pendant une demi-heure.*

**Dialogue** (Sample responses)

Que fais-tu pour passer le temps?
*Je tricote un pull.*
Pourquoi aimes-tu faire cela?
*Parce que c'est amusant.*
Où as-tu appris à faire cela?
*Chez ma grand-mère.*

Depuis quand fais-tu cela?
*Depuis deux ans.*
Qui peut t'aider?
*Ma mère peut m'aider.*

**Questions personnelles** (Sample responses)

1. *J'étudie le français depuis un an.*
2. *Je passe une heure à faire mes devoirs.*
3. *Cuisiner est mon passe-temps favori.*
4. *J'ai ce passe-temps depuis trois ans.*
5. *Je lis une demi-heure par jour.*

**Composition** (Sample responses)

1. *J'aime collectionner les bandes dessinées.*
2. *Je les collectionne depuis trois ans.*
3. *J'aime ce passe-temps parce que j'aime lire.*
4. *Je les collectionnes dans ma chambre.*
5. *Je lis mes bandes dessinées une heure chaque jour.*

### Key to *Cahier* Exercises

**A** 1. *Lis! (Lisez!)*
2. *Collectionne les timbres!*
3. *Tricote! (Tricotez!)*
4. *Collectionne les bandes dessinées!*
5. *Cuisine!*
6. *Dessine!*
7. *Fais de la photo!*
8. *Collectionne les cartes de base-ball!*
9. *Fais de la poterie!*
10. *Collectionne les pièces de monnaie!*

**B** (Sample responses)

1. *Depuis quand étudies-tu le français? Je l'étudie depuis trois ans.*
2. *Depuis quand vas-tu à l'école? J'y vais depuis dix ans.*
3. *Depuis quand habites-tu à Boston? J'y habite depuis dix ans.*
4. *Depuis quand lis-tu des bandes dessinées? J'en lis depuis onze ans.*
5. *Depuis quand pratiques-tu ton passe-temps préféré? Je le pratique depuis cinq ans.*

6. *Depuis quand connais-tu ton/ta meilleur(e) ami(e)?*
   *Je le/la connais depuis six mois.*

**C**   1. *Depuis combien de temps cuisines-tu?*
   *Je cuisine depuis deux ans.*
   2. *Depuis combien de temps fais-tu de la poterie?*
   *J'en fais depuis trois ans.*
   3. *Depuis combien de temps dessines-tu?*
   *Je dessine depuis cinq ans.*
   4. *Depuis combien de temps joues-tu aux jeux vidéo?*
   *J'y joue depuis six mois.*
   5. *Depuis combien de temps collectionnes-tu les timbres?*
   *Je les collectionne depuis trois mois.*
   6. *Depuis combien de temps collectionnes-tu les pièces de monnaie?*
   *Je les collectionne depuis huit mois.*

**D**   1. *Combien de temps y a-t-il que tu cuisines?*
   *Il y a deux ans que je cuisine.*
   2. *Combien de temps y a-t-il que tu fais de la poterie?*
   *Il y a trois ans que j'en fais.*
   3. *Combien de temps y a-t-il que tu dessines?*
   *Il y a cinq ans que je dessine.*
   4. *Combien de temps y a-t-il que tu joues aux jeux vidéo?*
   *Il y a six mois que j'y joue.*
   5. *Combien de temps y a-t-il que tu collectionnes les timbres?*
   *Il y a trois mois que je les collectionne.*
   6. *Combien de temps y a-t-il que tu collectionnes les pièces de monnaie?*
   *Il y a huit mois que je les collectionne.*

**E**   (Sample responses)

   1. *Combien de temps parles-tu au téléphone chaque jour?*

*Je parle au téléphone pendant quinze minutes.*
   2. *Combien de temps écoutes-tu de la musique chaque jour?*
   *J'écoute de la musique pendant quarante minutes.*
   3. *Combien de temps regardes-tu la télévision chaque jour?*
   *Je regarde la télévision pendant une heure.*
   4. *Combien de temps fais-tu du sport chaque jour?*
   *Je fais du sport pendant une heure.*
   5. *Combien de temps lis-tu chaque jour?*
   *Je lis pendant deux heures.*
   6. *Combien de temps dors-tu chaque jour?*
   *Je dors pendant huit heures.*

**F**   (Sample responses)

   1. *Je lis.*
   2. *Je joue aux jeux vidéo.*
   3. *Je dessine.*
   4. *Je cuisine.*
   5. *Je fais des modèles réduits.*

**G**   (Sample responses)

   *Quand je vais à une boum, je mange des sandwiches, je bois du soda, j'écoute de la musique, je danse et je discute avec mes amis.*

**H**   (Sample responses)

   *Mon passe-temps préféré est collectionner les bandes dessinées. Je les collectionne depuis trois ans. Je les lis (pendant) deux heures chaque jour. Ma bande préférée est «Superman». J'adore lire ses aventures.*

   *J'aime aussi regarder la télé. Je la regarde (pendant) une heure et demie chaque soir. Je regarde mon programme préféré depuis quatre ans. Il est très excitant.*

Noм: _____ Classe: _____ Date: _____

# Quiz 15

**A.** Answer the question you hear:

_____

**B.** Express what these people do in their spare time:

1.      Jeanne et Marc _____.

2.      Lucien _____.

3.      Les enfants _____.

4.      Janine _____.

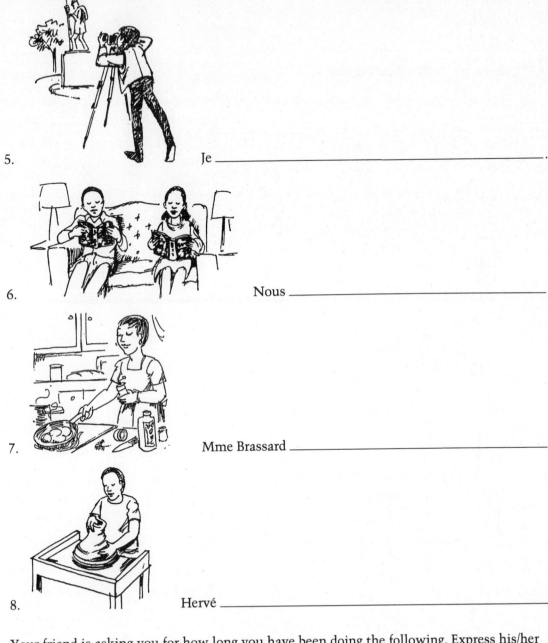

5. Je _____ .

6. Nous _____ .

7. Mme Brassard _____ .

8. Hervé _____ .

**C.** Your friend is asking you for how long you have been doing the following. Express his/her questions and your answers using the cues provided:

1. jouer du piano/3 ans

   Question: _____

   Réponse: _____

2. habiter à cette adresse/14 ans

   Question: _____

   Réponse: _____

3. aller à cette bibliothèque/2 ans

   Question: _____

   Réponse: _____

4. jouer au football/8 ans

   Question: _____

   Réponse: _____

5. écrire des articles/1 an

   Question: _____

   Réponse: _____

---

### Key to Quiz 15

**A**   Teacher cue: Quel est ton passe-temps préféré?
Sample response: *Collectionner les cartes de base-ball est mon passe-temps préféré.*

**B**
1. *font des modèles réduits*
2. *collectionne les timbres*
3. *jouent aux jeux vidéo*
4. *dessine*
5. *prends des photos*
6. *lisons*
7. *cuisine*
8. *fait de la poterie*

**C**
1. *Depuis combien de temps joues-tu du piano?*
   *Je joue du piano depuis trois ans.*
2. *Depuis combien de temps habites-tu à cette adresse?*
   *J'habite à cette adresse depuis quatorze ans.*
3. *Depuis combien de temps vas-tu à cette bibliothèque?*
   *Je vais à cette bibliothèque depuis deux ans.*
4. *Depuis combien de temps joues-tu au football?*
   *Je joue au football depuis huit ans.*
5. *Depuis combien de temps écris-tu des articles?*
   *J'écris des articles depuis un an.*

# *Révision III (Leçons 11-15)*

### Key to *Activités*

**A**

```
T  I  U  N  E  D  E  S  I  M  E  H  C    S    A
I  M  P  E  R  M  É  A  B  L  E  S    S  T    W    F
P  E  Y  A  O  T  E  C  R  M  O    H  N  O    E    T
C  B  J  Y  N  T  R  I  H  S  T    O  O  C    A    E
O  O  J  S  N  T  B  T  P  A  A  R   R  H  H    T    L
M  R  A  M  G  M  O  O  A  I  T  R    T  S       S    I
P  L  A  P  E  L  T  U  S  S  J  P    H  J    H    G
L  L  Y  F  A  S  J  O  F  K  S  A  E  I  R    I
E  O  N  I  N  I  B  C  C  L  E  U  A  R    R    R
T  C  N  Y  B  O  T  T  E  S  E  T  N  T    T    M
R  E  Z  A  L  B  E  V  R  E  R  S    S    E  T
```

**B**
1. $\underline{V\ O\ L\ A\ N\ T}$
   1  2      3

2. $\underline{V\ O\ I\ T\ U\ R\ E}$
   4  5  6

3. $\underline{A\ N\ T\ E\ N\ N\ E}$
   7         8

4. $\underline{P\ N\ E\ U\ S}$
   9  10

5. $\underline{P\ O\ R\ T\ I\ È\ R\ E}$
   11  12 13    14

6. $\underline{P\ A\ R\ E\ -\ C\ H\ O\ C\ S}$
   15         16  17 18

7. $\underline{V\ I\ T\ R\ E}$
   19 20    21

**Solution:** $\underline{V\ O\ I\ C\ I\quad U\ N\ E\quad C\ O\ N\ T\ R\ A\ V\ E\ N\ T\ I\ O\ N}$
4  17 13 16 5    10  3 14   18 11 8 20 6 15 1 21 7 12 19 2 9

**C**
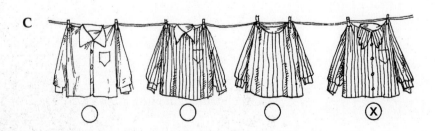

**D** (**F** in hardbound text)

| | | | | | | | | | |
|---|---|---|---|---|---|---|---|---|---|
| ¹D | ²O | I | T | ³B | ⁴R | O | ⁵S | S | E | ⁶M | ⁷O | U | C | H | O | ⁸I | R | ⁹R |
| O | | L | | O | | S | A | | ¹⁰N | O | N | | | | Ù | | I | I |
| I | | ¹¹L | ¹²A | I | N | E | | ¹³V | ¹⁴O | I | T | | ¹⁵G | | ¹⁶T | | | E |
| ¹⁷V | ¹⁸O | L | A | N | T | | ¹⁹T | O | N | | E | | ²⁰I | ²¹C | I | | | N |
| E | ²²O | R | | | ²³P | A | N | T | O | U | F | L | E | S | | | | |
| ²⁴N | E | I | G | E | R | | Y | | R | E | | | ²⁵S | E | ²⁶S | | | ³⁰B |
| T | | E | | | ²⁷J | E | A | ²⁸N | | T | | ²⁹U | N | | | | | U |
| | | | ³¹N | ³²É | | A | | É | | | ³³A | | | ³⁴P | U | | | S |
| ³⁵C | | ³⁶F | ³⁷C | O | M | P | L | ³⁸E | T | ³⁹M | A | ⁴⁰N | C | H | E | S | | |
| H | | I | H | A | | À | | ⁴¹S | E | S | | I | | | | | | |
| ⁴²A | ⁴³M | I | E | | ⁴⁴T | | ⁴⁵C | R | U | | ⁴⁶H | G | | | | | | |
| ⁴⁷T | A | R | | ⁴⁸R | O | ⁴⁹B | E | | | ⁵⁰B | U | V | O | N | ⁵¹S | | | |
| | Q | | | P | O | ⁵²P | L | A | ⁵³C | E | | I | | | ⁵⁴E | U | | |
| ⁵⁵B | U | E | ⁵⁶V | E | ⁵⁷S | T | O | N | L | | ⁵⁸L | A | ⁵⁹C | R | | |
| | I | | O | | ⁶⁰E | T | | ⁶¹E | S | S | E | N | C | E | R | O | |
| ⁶⁴I | L | S | Y | | ⁶⁵C | E | U | | | ⁶⁶F | E | R | | R | O | ⁶⁷D | |
| | L | | O | | S | | L | ⁶⁸A | | | O | | | ⁶⁹I | ⁷⁰C | I | |
| ⁷¹P | A | T | I | N | E | Z | | ⁷²M | O | I | | ⁷³T | R | I | ⁷⁵C | O | ⁷⁶T | E | R |
| | G | | ⁷⁷S | U | | | | | R | | ⁷⁴Ô | | ⁷⁸S | O | N | | ⁷⁹N | E |
| ⁸⁰M | E | T | S | | ⁸¹C | R | O | I | E | N | T | | U | | | T | | |

**E** (**D** in hardbound text)

B O W L I N G

E X P O S I T I O N

P A T I N E R

C O U R S E S

P R O M E N A D E

**Le week-end, Paul aime aller à la** *CAMPAGNE.*

**F**   (E in hardbound text)

*collectionner les pièces de monnaie*      *collectionner les timbres*
*cuisiner*                                  *tricoter*
*dessiner*                                  *faire des modèles réduits*
*lire*                                      *faire de la photo*
*faire de la poterie*                       *collectionner les cartes de base-ball*

**G**   Claude va passer le week-end chez son ami Fabrice. Il a déjà fait sa valise. Il y a mis ses *vêtements* et des articles de toilette: une *brosse*, un *peigne*, du *dentifrice*, une *brosse à dents*, des *mouchoirs en papier*, du *déodorant*, un *rasoir* et du *savon*.

Maintenant, il doit partir. Son père vérifie le *moteur* et les niveaux d'*huile* et d'*essence* de sa voiture. Il ouvre la *portière* avec la *clef* et il conduit Claude chez Fabrice.

Les deux garçons s'amusent beaucoup. Ils jouent aux *jeux vidéo*, font des *modèles réduits* et du *vélo*. Ils *se couchent* à minuit.

Le lendemain matin, ils vont faire du *cheval*. L'après-midi, ils vont *faire du patin à glace* avec des camarades de classe.

Quel bon week-end!

NOM: _____ CLASSE: _____ DATE: _____

# *Unit Test 3 (Lessons 11-15)*

## I. Listening Comprehension

**A.** Select the best response to the question or statement you hear and circle its letter: [10 points]

1. a. Je vais faire du patin à glace.
   b. As-tu vu mon imperméable?
   c. Donne-lui des mouchoirs.
   d. Oui, je vais lui parler.

2. a. Voici des aspirines.
   b. Je te donne un pansement.
   c. As-tu besoin de savon?
   d. Allons faire du vélo.

3. a. Un pneu.
   b. Le moteur.
   c. Les freins.
   d. Un capot.

4. a. Je ne veux pas en jouer.
   b. Je ne veux pas les jouer.
   c. Je ne veux pas y jouer.
   d. Je ne veux pas leur jouer.

5. a. Repose-toi.
   b. Prends un sandwich.
   c. Mets un sweat-shirt.
   d. Bois de l'eau fraîche.

**B.** 1. Multiple Choice (English) [2 points]

Listen to your teacher read twice a short passage in French. Then the teacher will read a question in English and pause while you write the letter of the best suggested answer to the question in the space provided. Base your answer on the context of the passage only.

What does your uncle want to know? _____

a. Where he can find a good car dealer.
b. The address of a car rental agency.
c. The name of a good mechanic.
d. Where to find a parking lot in Paris.

2. Multiple Choice (French) [2 points]

Listen to your teacher read twice a short passage in French, followed by a question in French. After you have heard the question, read the question and the four suggested answers. Choose the best answer and write its letter in the space provided.

Qu'est-ce que votre ami vous suggère de faire? _____

a. Une promenade en bateau.
b. Un tour dans les discothèques.
c. Du camping.
d. Des randonnées à la campagne.

3. Multiple Choice (Visual) [2 points]

Listen to your teacher read another passage in French twice, followed by a question in English. After you have heard the question, read the question and look at the four pictures. Choose the picture that best answers the question and write its letter in the space provided:

What does the salesperson suggest that you buy?   _____

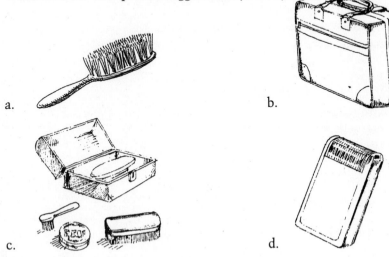

a.                                              b.

c.                                              d.

## II. Reading

**A.** For each question, select the best answer based on what you read and write its letter in the space provided: [4 points]

---

### LES LOISIRS

Une année comprend 920 heures d'école et 1220 heures de vacances.

Ces heures de loisirs sont essentielles au développement des enfants et des adolescents et occupent une part essentielle de la vie.

Le centre de loisirs de Paris aide les jeunes à développer leurs qualités et leurs talents. Il leur apprend aussi à bien employer leur temps libre et favorise les contacts entre jeunes.

---

1. What is this article suggesting?   _____

   a. Students spend too much time at school.
   b. French students lack culture.
   c. Leisure activities are important.
   d. Too many French children spend their leisure time alone.

> Notre nouveau système vous permet de freiner sans patiner. Quand il pleut ou quand il y a de l'eau sur la route, vous pouvez arrêter votre voiture rapidement et sans danger. Ce système a été mis au point dans nos laboratoires et a été testé sur de nombreux modèles de voitures. Si vous êtes intéressé, demandez à votre garagiste ou écrivez-nous. Nous serons heureux de vous fournir tous les renseignements nécessaires.

2. Qu'est-ce que ce système vous permet de faire?  _____

   a. De freiner en toute sécurité.
   b. De choisir une nouvelle voiture rapidement.
   c. De rouler plus vite.
   d. De faire du patinage.

**B.** Read the following passage, then answer the questions about it: [10 points]

Tu as vu mes jolies chaussures? Je les ai achetées chez Régine. Chez Régine, on sait que les petits pieds ont les mêmes besoins que les grands. Et on sait surtout que les pieds des enfants doivent être protégés. Des baskets aux pantoufles, toutes les chaussures Régine sont confortables et solides. Comme cette paire de souliers, modèle Annie, qui existe en petites tailles et en noir, bleu, rouge, blanc, vert et gris. Car chez Régine, on offre une grande variété de modèles et de couleurs. Et pour chaque paire de chaussures achetées, recevez en plus deux ballons gratuits. Régine est le seul magasin de chaussures où les enfants s'amusent!

1. Qu'est-ce qu'on vend chez Régine?

   _____

2. Qui sont les clients de ce magasin?

   _____

3. Comment sont les chaussures chez Régine?

   _____

4. De quoi y a-t-il une grande variété?

   _____

5. Que vous donne-t-on quand vous achetez quelque chose chez Régine?

   _____

**C.** Complete the story with expressions chosen from the following list: [10 points]

| | | |
|---|---|---|
| a cuisiné | habillé | pendant |
| bu | l' | pour |
| d'essence | lisait | préparait |
| du | lui | pyjama |
| dû | du papier hygiénique | voiture |
| en | des pansements | y |

Dimanche dernier, Mme Chenon _____ un grand repas quand elle s'est
<br>1<br>
coupé le doigt avec un couteau. Elle a demandé à son mari, qui _____ le
<br>2<br>
journal, d'aller à la pharmacie pour _____ acheter _____.
<br>3<br>4<br>
Mais comme son mari était encore en _____, il ne voulait pas _____
<br>5<br>6<br>
aller. Mme Chenon a insisté et il s'est _____. Il a voulu prendre la
<br>7<br>
_____. Malheureusement, il n'a pas pu démarrer. Il s'est aperçu qu'il n'y
<br>8<br>
avait pas _____ dans le réservoir. Il a _____ aller à la pharmacie à
<br>9<br>10<br>
pied.

## III. Writing

**A.** Express what these people have to do: [10 points]

EXAMPLE:

Il doit aller au concert.

1.        Nous _____.

2.        Ils _____.

3.   Tu _____ .

4.   Je _____ .

5.   Vous _____ .

**B.** Complete the commands by referring to the pictures. Use the correct object pronoun: [10 points]

EXAMPLE:

Réponds à la lettre. Réponds-y.   Jouons du piano. Jouons-en.

1. Allez _____ .

2.    Jouons _____.

3.    Ouvrez _____.

4.    Parle _____.

5.    Mets _____.

6.    Réponds _____.

7.    Faisons _____.

8.            Regardez _____ .

9.            Jouons _____ .

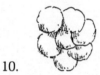

10.         Achetez _____ .

**C.** Answer the following questions using double object pronouns: [20 points]

   1. Tu vas faire les courses en ville?

     _____

   2. Tu lis ces articles à tes cousines?

     _____

   3. Tu veux donner une écharpe à ton grand-père?

     _____

   4. Tu as acheté la brosse dans cette pharmacie?

     _____

   5. Tu montres le moteur au mécanicien?

     _____

**D.** Write a story in French about the situation depicted in the picture: [10 points]

---
---
---
---
---
---
---
---
---

## IV. Culture Quiz

Select the best completion to a statement or answer to a question and write its letter in the space provided: [10 points]

1. Un des grands magasins parisiens s'appelle _____

   a. Le Couturier.                c. Prêt-à-porter.
   b. La Samaritaine.              d. Marie-France.

2. Que fait un automobiliste quand il voit ce panneau? _____

   a. Il roule plus vite.
   b. Il s'arrête.
   c. Il tourne à droite.
   d. Il fait attention aux piétons.

3. Dans un café français on _____

   a. mange des pâtisseries.
   b. joue du piano.
   c. discute entre amis.
   d. voit des pièces de théâtre.

4. En France, une croix verte indique _____

   a. une pharmacie.          c. un drugstore.
   b. une droguerie.          d. un bureau de tabac.

5. Que font les jeunes quand ils vont à une «soirée»? _____

   a. Ils regardent la télévision.
   b. Ils vont à un match.
   c. Ils dansent.
   d. Ils discutent avec leurs parents.

---

**Key to Unit Test 3**

**I. Listening Comprehension**

**A** Teacher cues:

1. Il pleut aujourd'hui.
2. Je ne me sens pas bien aujourd'hui.
3. Qu'est-ce qu'il y a dans le coffre de ta voiture?
4. Jouons aux jeux vidéo.
5. J'ai très soif.

   1. *b* 2. *a* 3. *a* 4. *c* 5. *d*

**B** 1. Multiple Choice (English)

Procedure: Instruct students to read the directions. Then say: "I will now read a passage in French. Before the passage, I will give you some background information in English. Then I will read the French passage twice. Listen carefully. After the passage, I will read a question in English. This question is also printed on your sheet. Look at the question and the four suggested answers on your sheet. Choose the best answer and write its letter in the space provided. Do not read the question and answers while listening to the passage. I will now begin."
Your uncle is reading you a letter he wrote to a Parisian newspaper. He says:

Je cherche un plan de Paris qui montre où se trouvent les parkings de la capitale, leurs adresses et leurs capacités. Je ne sais pas si ce genre de plan existe. Si oui, pouvez-vous m'en donner le titre et me dire quelles librairies le vendent? Il est vraiment difficile de trouver un parking dans Paris car ils sont très mal indiqués. Merci de votre aide.

What does your uncle want to know?
(Key: *d*)

2. Multiple Choice (French)

Procedure: Instruct students to read the directions. Then say: "I will now read a passage in French. Before the passage, I will give you some background information in English. Then I will read the French passage twice. Listen carefully.

After the passage, I will read a question in French. This question is also printed on your sheet. Look at the question and the four suggested answers on your sheet. Choose the best answer and write its letter in the space provided. Do not read the question and answers while listening to the passage. I will now begin."

You ask a friend what to do during a stay in Montreal. He says:

À Montréal, les croisières sur le fleuve Saint-Laurent sont fantastiques. On peut s'y amuser, danser, admirer le paysage ou simplement se reposer. Les agences de voyage proposent toutes une grande variété de croisières et peuvent t'aider à en choisir une qui convient à tes goûts.

Qu'est-ce que votre ami vous suggère de faire? (Key: *a*)

3. Multiple Choice (Visual)

Procedure: Instruct students to read the directions. Then say: "I will now read twice a short passage in French. Before the passage, I will give you some background information in English. After the passage, I will read a question in English. For this question, the answers are pictures. Choose the picture that best answers the question and write its letter in the space provided. I will now begin."

You are in a store looking for a gift for a friend who is taking a trip abroad. The salesperson says:

Ce nécessaire à chaussures est très pratique en voyage. La boîte contient deux brosses et un morceau de tissu pour faire briller vos chaussures. Vous pouvez aussi choisir le modèle de luxe avec une brosse électrique. L'ensemble prend très peu de place dans une valise et vous permet de nettoyer vos chaussures quand vous voulez.

What does the salesperson suggest that you buy? (Key: *c*)

## II. Reading

**A** 1. *c*  2. *a*

**B** 1. *On y vend des chaussures.*
2. *Les clients de ce magasin sont des enfants.*
3. *Elles sont confortables et solides.*
4. *Il y a une grande variété de modèles et de couleurs.*
5. *On vous donne deux ballons.*

**C.** 1. *préparait*    6. *y*
2. *lisait*    7. *habillé*
3. *lui*    8. *voiture*
4. *des pansements*    9. *d'essence*
5. *pyjama*    10. *dû*

## III. Writing

**A** 1. *devons faire des courses*
2. *doivent lire*
3. *dois cuisiner*
4. *dois aller voir une pièce de théâtre*
5. *devez dessiner*

**B** 1. *à la campagne / y*    6. *à l'enfant / lui*
2. *de la guitare / en*    7. *du cheval / en*
3. *le capot / le*    8. *les gens / les*
4. *aux parents / leur*    9. *au bowling / y*
5. *l'écharpe / la*    10. *du coton / en*

**C** 1. *Oui, je vais les y faire.*
2. *Oui, je les leur lis.*
3. *Oui, je veux lui en donner une.*
4. *Oui, je l'y ai achetée.*
5. *Oui, je le lui montre.*

**D** (Sample response)

*M. Renard est à la campagne./1 Tout à coup, sa voiture s'arrête./2 Il ne comprend pas pourquoi./3 Avant de partir, il a vérifié les niveaux d'essence et d'huile./4 Il n'est pas content./5 Il ouvre le capot/6 et regarde le moteur./7 Tout paraît normal./8 Il entend une voiture arriver./9 Il va devoir demander de l'aide./10*

## IV. Culture Quiz

1. *b*  2. *d*  3. *c*  4. *a.*  5. *c*

# Quatrième Partie

## Leçon 16: *Au magasin de meubles*

**Notes:** Use pictures of furniture (or even dollhouse furniture) to introduce and practice the vocabulary in this lesson.

Mastery of numbers larger than 100 can be achieved by counting by 20s, 50s, 100s, and so on, by counting play money (preferably French), or by having students give simple math problems to one another. Ordinal numbers can be practiced by discussing popular sports teams' standings or the results of a race or an election.

### Optional Oral Exercises

**A.** Express what you just bought: (Teacher uses pictures of items indicated in the key.)

EXAMPLE: Je viens d'acheter un vase.

*KEY*

1. *Je viens d'acheter des rideaux.*
2. *Je viens d'acheter une étagère.*
3. *Je viens d'acheter un fauteuil.*
4. *Je viens d'acheter un lampadaire.*
5. *Je viens d'acheter une table de nuit.*
6. *Je viens d'acheter une commode.*
7. *Je viens d'acheter un miroir.*
8. *Je viens d'acheter un tableau.*
9. *Je viens d'acheter un lave-vaisselle.*
10. *Je viens d'acheter un réfrigérateur.*

**B.** Write down in figures the numbers you hear in French:

1. *Trois cent soixante-huit.*
2. *Sept cent quarante et un.*
3. *Cent cinquante-neuf.*
4. *Deux cent soixante-sept.*
5. *Quatre cent vingt-trois.*
6. *Huit cent quatre-vingt-huit.*
7. *Cinq cent soixante-quinze.*
8. *Neuf cent douze.*
9. *Six cent trente-quatre.*
10. *Sept cent quatre-vingt-seize.*
11. *Deux cent soixante-treize.*
12. *Six cent quatre-vingt-quinze.*

Key

| | | |
|---|---|---|
| 1. 368 | 5. 423 | 9. 634 |
| 2. 741 | 6. 888 | 10. 796 |
| 3. 159 | 7. 575 | 11. 273 |
| 4. 267 | 8. 912 | 12. 695 |

**C.** Express the dates you hear in French:

| | |
|---|---|
| 1. 1789 | 4. 1492 |
| 2. 1066 | 5. 1865 |
| 3. 1993 | 6. 2001 |

*KEY*

1. *Dix-sept cent quatre-vingt-neuf/Mil sept cent quatre-vingt neuf.*
2. *Mil soixante-six.*
3. *Dix-neuf cent quatre-vingt-treize/Mil neuf cent quatre-vingt-treize.*
4. *Quatorze cent quatre-vingt-douze/Mil quatre cent quatre-vingt-douze.*
5. *Dix-huit cent soixante-cinq/Mil huit cent soixante-cinq.*
6. *Deux mil un.*

**D.** Express on which floor each family lives:

EXAMPLE: Dutour/huit
Les Dutour habitent au huitième étage.

| | |
|---|---|
| 1. Manot/trente et un | 5. Nalet/un |
| 2. Léger/neuf | 6. Durand/dix |
| 3. Chenier/trois | 7. Boucher/quatre |
| 4. Arnaud/vingt | 8. François/douze |

*KEY*

1. *Les Manot habitent au trente et unième étage.*
2. *Les Léger habitent au neuvième étage.*

3. *Les Chenier habitent au troisième étage.*
4. *Les Arnaud habitent au vingtième étage.*
5. *Les Nalet habitent au premier étage.*
6. *Les Durand habitent au dixième étage.*
7. *Les Boucher habitent au quatrième étage.*
8. *Les François habitent au douzième étage.*

### Key to *Activités*

**A** 1. *un fauteuil*          5. *un miroir*
   2. *une table de nuit*    6. *une commode*
   3. *un lit*                7. *une étagère*
   4. *un lampadaire*        8. *un tapis*

**B** (Sample responses)

   1. *un réfrigérateur*     6. *un congélateur*
   2. *un four*              7. *un lave-vaisselle*
   3. *un sèche-linge*       8. *une machine à laver*
   4. *un fauteuil*          9. *un tableau*
   5. *une étagère*         10. *un tapis*

**C** 1. *Ils vont chez un marchand de meubles.*
   2. *Ils y vont pour acheter tout ce qu'il faut pour leur nouvel appartement.*
   3. *Il décide d'avance de limiter leurs dépenses à cinq mille dollars.*
   4. *Elle est plus flexible.*
   5. *Au premier étage, il y a tout pour la chambre à coucher.*
   6. *Au deuxième étage, ils choisissent les meubles de salon.*
   7. *Au troisième étage, elle choisit les meubles de salle à manger.*
   8. *Le prix total est de six mille trois cent soixante dollars.*
   9. *Le vendeur lui propose de payer mille cinq cent dollars maintenant et le reste par mensualités.*
   10. *Ils vont payer en tout sept mille cinq cents dollars.*

**D** 1. *Sophie a vingt-sept francs.*
   2. *Patrick a soixante-quatorze francs.*
   3. *Claire a six francs.*
   4. *Frédéric a quarante-deux francs.*
   5. *Odette a quatre-vingts francs.*
   6. *Martine a cinquante et un francs.*
   7. *François a trente-neuf francs.*
   8. *Didier a quinze francs.*
   9. *Madeleine a quatre-vingt-dix-huit francs.*
   10. *Monique a quatre-vingt-trois francs.*

### Key to Structures

**4** . . . Now look at the numbers containing the word **mille.** Does it change in the plural? *No.*

### Key to *Activités*

**E** 1. *Votre chambre est la six cent quarante-neuf.*
   2. *Votre chambre est la huit cent treize.*
   3. *Votre chambre est la cinq cent quatre-vingt-douze.*
   4. *Votre chambre est la deux cent quatre-vingt-un.*
   5. *Votre chambre est la quatre cent trente-six.*
   6. *Votre chambre est la neuf cent quatre-vingt-dix-neuf.*
   7. *Votre chambre est la trois cent soixante-quatorze.*
   8. *Votre chambre est la cent vingt-sept.*
   9. *Votre chambre est la sept cent cinquante-cinq.*
   10. *Votre chambre est la huit cent soixante-huit.*

**F** 1. *103*          6. *8.080*
   2. *471*          7. *299*
   3. *1.000.020*    8. *83.000*
   4. *184*          9. *1.300*
   5. *1.550*       10. *120.293*

**G** 1. *mil sept cent soixante-seize/dix-sept cent soixante-seize*
   2. *mil sept cent quatre-vingt-neuf/dix-sept cent quatre-vingt-neuf*
   3. *mil sept cent trente-deux/dix-sept cent trente-deux*
   4. *mil quatre cent douze/quatorze cent douze*
   5. *mil neuf cent quarante-cinq/dix-neuf cent quarante-cinq*
   6. (Sample response) *mil neuf cent soixante-dix-neuf/dix-neuf cent soixante-dix-neuf*

**H** 1. *M. D'Auvergne a besoin de neuf cent quatre-vingt-neuf francs français.*
2. *M. Chanel a besoin de trois mille sept cent quatre-vingt-quinze pesos mexicains.*
3. *Mme Mathieu a besoin de huit mille six cent soixante-quatorze roubles.*
4. *Mme Odette a besoin de vingt-cinq mille pesetas.*
5. *M. Rousseau a besoin de trois cent cinquante mille francs belges.*
6. *Mlle Richard a besoin d'un million sept cent cinquante mille dollars.*

### Key to Structures

**6** . . . Except for **premier** and **second,** what suffix is added to the cardinal number to form an ordinal number? *-ième.*

**8** . . . Which silent letter is dropped in the above examples before adding the suffix **-ième?** *e.*

. . . In the ordinal number **cinquième,** which letter is added before the suffix **-ième?** *u.* In the ordinal numbers containing **neuf,** what happens to the letter **-f** before adding **-ième?** *It is replaced with v.*

. . . Before an ordinal number beginning with a vowel or silent **h, le** and **la** do not become *l'.*

### Key to *Activités*

**I** 1. *centième*
2. *première*
3. *dix-neuvième*
4. *cinquième*
5. *quatrième*
6. *trentième*
7. *cinquante-deuxième*
8. *quarante-huitième*

**J** 1. *Il est premier en français.*
2. *Il est vingt et unième en maths.*
3. *Il est quatrième en musique.*
4. *Il est douzième en art.*
5. *Il est quinzième en biologie.*
6. *Il est huitième en histoire.*
7. *Il est dixième en géographie.*
8. *Il est dix-neuvième en algèbre.*

### Questions personnelles (Sample responses)

1. *Je veux gagner un million de dollars à la loterie.*
2. *Je me regarde dans un miroir quand je me peigne.*
3. *J'apprends le français depuis mil neuf cent quatre-vingt-onze.*
4. *J'y mets tous mes papiers.*
5. *Me laver est la première chose que je fais le matin.*

### Vous (Sample responses)

1. *Trois cent cinquante dollars.*
2. *Huit cent cinquante dollars.*
3. *Cent dollars.*
4. *Trente-cinq mille dollars.*
5. *Mille deux cents dollars.*

### Dialogue (Sample responses)

Bonjour, Monsieur. Que désirez-vous?
*Je désire des meubles pour mon appartement.*
Combien voulez-vous dépenser?
*Pas plus de deux mille dollars.*
Très bien. Par quelle pièce voulez-vous commencer?
*Par la salle à manger.*
Suivez-moi, s'il vous plaît. Quel genre de meubles aimez-vous?
*J'aime ces meubles modernes.*
Vous avez très bon goût. Cet ensemble ne coûte que 999 dollars.
*Dans ce cas, je le prends.*

### Composition (Sample response)

*Chère Lise,*
*Ma chambre est maintenant très jolie. J'ai acheté une étagère et des meubles très modernes. J'ai aussi une nouvelle commode, un lit et une table de nuit. J'ai mis de beaux rideaux blancs à mes fenêtres.*
*Laure*

**Intervalle Culturel**

Le Louvre: *premier*
L'Opéra: *neuvième*
Le Centre Pompidou: *troisième*
Le Panthéon: *cinquième*
Les Invalides: *septième*

## Key to *Cahier* Exercises

**A**
1. *l'étagère*
2. *le lampadaire*
3. *les rideaux*
4. *la machine à laver*
5. *le vase*
6. *le sèche-linge*
7. *le lave-vaisselle*
8. *le congélateur*
9. *le réfrigérateur*
10. *le fauteuil*
11. *le miroir*
12. *la table de nuit*
13. *le four*
14. *le tableau*
15. *la commode*
16. *le tapis*

**B**
1. *Jacqueline a eu vingt-huit sur trente.*
2. *Pierre a eu cinquante-sept sur soixante.*
3. *Danielle a eu soixante-quinze sur cent.*
4. *Régine a eu quatre-vingt-seize sur cent.*
5. *Robert a eu quarante-trois sur cinquante.*
6. *Martin a eu quatre-vingt-un sur cent.*
7. *Odette a eu soixante-quatre sur quatre-vingt.*
8. *Claude a eu trente-deux sur quarante-cinq.*

**C**
1. *M. Richard a cinq cent quarante-sept dollars.*
2. *Mlle Bardet a neuf cent quatre-vingt-cinq dollars.*
3. *Mme Gauthier a quatre cent vingt et un dollars.*
4. *M. Chausseur a six cent soixante-quatorze dollars.*
5. *Mlle Hébert a sept cent soixante-huit dollars.*

6. *Mme Pistole a trois cent quatre-vingt-treize dollars.*
7. *M. Lagrange a deux cent cinquante-deux dollars.*
8. *Mme Delais a cent trente-neuf dollars.*
9. *M. Marion a huit cent douze dollars.*
10. *Mlle Verdier a neuf cent soixante-seize dollars.*

**D**
1. *Thérèse était la vingt-cinquième.*
2. *Gabriel était le quatorzième.*
3. *Bernadette était la première.*
4. *Alain était le septième.*
5. *Édouard était le neuvième.*
6. *Valérie était la seizième.*
7. *Jacques était le onzième.*
8. *Cécile était la vingt-troisième.*

**E** (Sample responses)
1. *un fauteuil*
2. *un tapis*
3. *un miroir*
4. *un lampadaire*
5. *une table de nuit*

**F**

| | | | | | | |
|---|---|---|---|---|---|---|
| ¹5 | ²9 | | ³3 | ⁴2 | 7 | ⁵4 |
| 9 | 9 | | | 1 | | 7 |
| ⁶4 | 0 | 2 | ⁷9 | 8 | | 5 |
| 5 | | 6 | | ⁸7 | 7 | 3 |
| ⁹1 | 7 | 5 | 0 | 0 | 0 | 5 |
| 0 | | 0 | | | | 8 |
| 1 | | | ¹⁰9 | 4 | 4 | 1 |
| ¹¹8 | 6 | 5 | 4 | 9 | | |

**G**  *1*

**H**  *Il y a vingt arrondissements à Paris.*

NOM: _____ CLASSE: _____ DATE: _____

# Quiz 16

**A.** Answer the question you hear:

_____

**B.** Complete the following crossword puzzle:

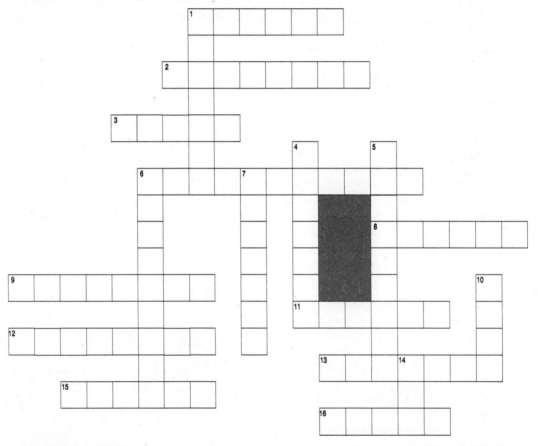

HORIZONTALEMENT

1. mirror
2. floor
3. rug
6. freezer
8. drawer
9. armchair
11. (21st) **vingt et** _____
12. 9th

13. 1st
15. curtain
16. one thousand

VERTICALEMENT

1. million
4. picture
5. 4th
6. 5th
7. bookshelf
10. oven
14. (1992) _____ **neuf cent quatre-vingt-douze**

**Key to Quiz 16**

**A**  Teacher cue: Nommez deux meubles que vous avez dans votre chambre.
Sample response: *Dans ma chambre, il y a un bureau et une étagère.*

**B**

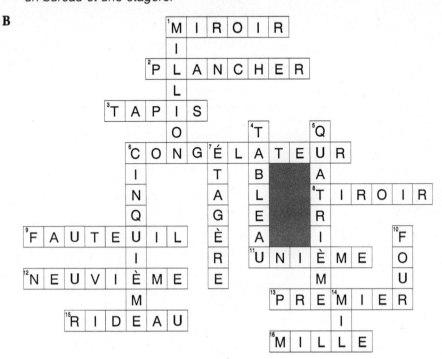

# *Leçon 17:  Au grand magasin*

**Notes:** A picture of a department store scene could serve as a point of departure for the vocabulary in this lesson.

Most people enjoy taking personality quizzes. Students can make up their own "tests," using words they already know (**intelligent, sympathique, populaire,** and so on).

Continue to use cue-response drills and general question techniques mentioned previously to practice the verbs with spelling changes. Students should be encouraged to have conversations using verbs from each of the spelling-change groups.

The cultural material in this lesson may be enhanced by using maps of the countries mentioned and by bringing in souvenirs that could be purchased in each.

**Optional Oral Exercises**

**A.**  Express what one does at a department store: (Teacher uses pictures of items indicated in the key.)

EXAMPLE:  On range la marchandise.

*KEY*

1. *On achète un pantalon.*
2. *On essaie des chaussures.*

3. *On se promène dans les rayons.*
4. *On change son argent.*
5. *On annonce les soldes.*
6. *On s'ennuie.*
7. *On appelle la vendeuse.*
8. *On paie à la caisse.*

**B.** Express the forms of the verbs with the subjects you hear:

1. employer: nous      4. payer: je
2. ennuyer: Louis      5. nettoyer: tu
3. essayer: vous       6. s'ennuyer: les filles

*KEY*

1. *nous employons*      4. *je paie*
2. *Louis ennuie*        5. *tu nettoies*
3. *vous essayez*        6. *les filles s'ennuient*

**C.** Express the forms of the verbs with the subjects you hear:

1. appeler: tu
2. jeter: le garçon
3. épousseter: elles (plural)
4. renouveler: vous
5. feuilleter: nous
6. ficeler: je

*KEY*

1. *tu appelles*          4. *vous renouvelez*
2. *le garçon jette*      5. *nous feuilletons*
3. *elles époussettent*   6. *je ficelle*

**D.** Express the forms of the verbs with the subject you hear:

1. acheter: nous
2. se lever: Régine
3. mener: tu
4. se promener: elles (plural)
5. amener: je
6. lever: Pierre
7. emmener: ils (plural)
8. promener: vous

*KEY*

1. *nous achetons*        5. *j'amène*
2. *Régine se lève*       6. *Pierre lève*
3. *tu mènes*             7. *ils emmènent*
4. *elles se promènent*   8. *vous promenez*

**E.** Express the forms of the verbs with the subjects you hear:

1. espérer: elle (singular)
2. célébrer: je
3. posséder: vous
4. préférer: nous
5. répéter: tu
6. exagérer: Luc et Jean

*KEY*

1. *elle espère*
2. *je célèbre*
3. *vous possédez*
4. *nous préférons*
5. *tu répètes*
6. *Luc et Jean exagèrent*

**F.** Express the forms of the verbs with the subjects you hear:

1. manger: je        4. corriger: ils (plural)
2. arranger: vous    5. nager: nous
3. changer: tu       6. voyager: Janine

*KEY*

1. *je mange*         4. *ils corrigent*
2. *vous arrangez*    5. *nous nageons*
3. *tu changes*       6. *Janine voyage*

**G.** Express the forms of the verbs with the subjects you hear:

1. commencer: tu         4. placer: Paul
2. annoncer: les filles  5. prononcer: je
3. effacer: nous         6. remplacer: vous

*KEY*

1. *tu commences*         4. *Paul place*
2. *les filles annoncent* 5. *je prononce*
3. *nous effaçons*        6. *vous remplacez*

**H.** Directed dialog. (See Lesson 1, Optional Oral Exercise F, for procedures.)

Demandez à un étudiant [une étudiante, des étudiants, des étudiantes] s'il [si elle, s'ils, si elles]

1. se promène/se promènent dans le parc.
2. essaie/essaient de réussir.

3. appelle/appellent des amis.
4. préfère/préfèrent la classe de français.
5. nage/nagent bien.
6. commence/commencent à neuf heures.

KEY

| STUDENT #1 | STUDENT #2 |
|---|---|
| 1. *Te promènes-tu dans le parc?* *Vous promenez-vous dans le parc?* | *Oui, je me promène/ noun nous promenons dans le parc.* |
| 2. *Essaies-tu de réussir?* *Essayez-vous de réussir?* | *Oui, j'essaie/nous essayons de réussir.* |
| 3. *Appelles-tu des amis?* *Appelez-vous des amis?* | *Oui, j'appelle/nous appelons des amis.* |
| 4. *Préfères-tu la classe de français?* *Préférez-vous la classe de français?* | *Oui, je préfère/nous préférons la classe de français.* |
| 5. *Nages-tu bien?* *Nagez-vous bien?* | *Oui, je nage/nous nageons bien.* |
| 6. *Commences-tu à neuf heures?* *Commencez-vous à neuf heures?* | *Oui, je commence/ nous commençons à neuf heures.* |

## Key to *Activités*

A  1. *viens d'acheter un pantalon*
   2. *vient d'annoncer les soldes*
   3. *vient d'appeler la vendeuse*
   4. *viennent de se promener dans les rayons*
   5. *viens de payer à la caisse*
   6. *venez d'essayer des chaussures*

B  1. *C'est un test psychologique.*
   2. *Il nous permet de découvrir quel genre de personnalité nous avons.*
   3. *Pour chaque situation, je dois choisir la réponse qui correspond le mieux à ma réaction.*
   4. *Il faut additionner les points.*
   5. *Elle possède une forte personnalité.*
   6. *Elle peut donner l'impression d'être arrogante et désagréable.*

   7. *Il indique une personne aimable et sympathique.*
   8. *Elle peut avoir peur de dire la vérité.*
   9. *Elle a besoin d'être plus spontanée et d'avoir plus confiance en elle-même.*
  10. *(Sample response) J'ai eu 25 points. Non, ce test ne révèle pas ma vraie personnalité.*

## Key to Structures

3 . . . In the present tense, what happens to the **y** of the infinitive in the **je, tu, il/elle, ils/elles** forms? *It becomes i.* What happens to the **y** in the **nous** and **vous** forms? *It remains.*

## Key to *Activités*

C  1. *J'emploie une règle.*
   2. *Nous employons un livre.*
   3. *Tu emploies un dictionnaire.*
   4. *Vous employez un crayon.*
   5. *Paul emploie un cahier.*
   6. *Les filles emploient un texte.*

D  1. *ennuie*     4. *nettoient*
   2. *essayons*     5. *employez*
   3. *paie*     6. *t'ennuies*

## Key to Structures

4 . . . The infinitives of these verbs are **appeler** and **se rappeler.** What happened to the spelling of these verbs? *The l is doubled.*

## Key to *Activités*

E  1. *Il s'appelle Georges.*
   2. *Nous nous appelons Marie et Claire.*
   3. *Tu t'appelles Marguerite.*
   4. *Je m'appelle Georgette.*
   5. *Vous vous appelez Laure.*
   6. *Elles s'appellent Dupont.*

F  1. *appelons*     5. *ficelle*
   2. *jette*     6. *époussetez*
   3. *feuilletez*     7. *renouvelle*
   4. *rappelles*

## Key to Structures

**5** . . . What spelling change occurs in the "shoe"? *e becomes è.*

## Key to *Activités*

**G** 1. *Ils se promènent dans le parc.*
2. *Je me lève très tôt.*
3. *Vous amenez votre frère au cinéma.*
4. *Pierre achète des glaces pour tout le monde.*
5. *Nous promenons nos chiens.*
6. *Tu emmènes Louis au cirque.*

**H** 1. *achetons*  5. *achète*
2. *emmène*  6. *mènes*
3. *mènent*  7. *vous levez*
4. *promènent*  8. *se promène*

## Key to Structures

**6** . . . What spelling changes occur inside the "shoe"? *é becomes è.*

## Key to *Activités*

**I** 1. *Vous préférez jouer du piano.*
2. *Il préfère écrire des lettres.*
3. *Nous préférons aller au cinéma.*
4. *Tu préfères dîner au restaurant.*
5. *Elles préfèrent jouer au tennis.*
6. *Je préfère danser.*

**J** 1. *célèbrent*  5. *exagère*
2. *possède*  6. *espérons*
3. *préfères*  7. *protège*
4. *Répétez*

## Key to Structures

**7** . . . What was added to the verb **manger** in the **nous** form? *e before ons.* What happened to the **c** in the **nous** form of **commencer?** *It became ç.*

. . . How does the spelling of **manger** and **commencer** change in the imperfect? *e is added after g and c becomes ç before the letter a.*

## Key to *Activités*

**K** 1. *arrangeons*  4. *nageons*
2. *changez*  5. *manges*
3. *corrige*  6. *voyagent*

**L** 1. *Tu ne mangeais pas de fruits.*
2. *Elles ne mangeaient pas de viande.*
3. *Nous ne mangions pas de salade.*
4. *Je ne mangeais pas de chocolat.*
5. *Vous ne mangiez pas de poisson.*
6. *Paul ne mangeait pas de bananes.*

**M** 1. *Ils commençaient à trois heures.*
2. *Je commençais à cinq heures.*
3. *Nous commencions à huit heures moins le quart.*
4. *Régine commençait à quatre heures et demie.*
5. *Vous commenciez à six heures et quart.*
6. *Tu commençais à trois heures dix.*

**N** 1. *annonce*  4. *placent*
2. *effaçons*  5. *prononçons*
3. *commencez*  6. *remplaces*

**Vous** (Sample responses)

1. *Je préfère étudier le français.*
2. *J'espère gagner la loterie.*
3. *Je me lève très tôt le matin.*
4. *Je n'exagère jamais.*
5. *Je ne m'ennuie pas souvent.*

**Dialogue** (Sample responses)

*Bonjour. Comment allez-vous?*
Bonjour Pierre. Je vais bien, et toi?
*Pas trop bien. Je peux vous parler de mon problème?*
Bien sûr, tu peux m'en parler maintenant.
*Je ne réussis pas en maths.*
Oui, je sais que tu as reçu de mauvaises notes. Quel est ton problème?
*Je ne comprends rien!*
Je peux t'aider, mais il faut d'abord en parler à tes parents.
*Je ne veux pas. Ils vont se fâcher.*
Si tu ne veux pas leur en parler, ton problème va être plus difficile à résoudre.
*Je sais, mais papa est mon professeur de maths!*

**Questions personnelles** (Sample responses)

1. *Je préfère manger de la glace.*
2. *Je leur achète des vêtements et des cassettes.*
3. *Ma famille et moi, nous mangeons au restaurant.*
4. *Quand je m'ennuie, je lis.*
5. *D'habitude, je me promène au parc.*

**Composition** (Sample responses)

1. *Nous préférons aller dans un grand magasin.*
2. *Nous nous promenons dans tous les rayons.*
3. *Nous essayons beaucoup de vêtements.*
4. *Nous ne payons pas cher ce que nous achetons.*
5. *Nous ne nous ennuyons pas.*

**Key to *Cahier* Exercises**

**A**
1. *Elle veut essayer des chaussures.*
2. *Il veut acheter un pantalon.*
3. *Elle veut payer à la caisse.*
4. *Elle veut enlever son manteau.*
5. *Il veut se promener dans les rayons.*
6. *Il veut changer son argent.*

**B**
1. *nous ennuyons*
2. *nettoies*
3. *payez*
4. *emploie*
5. *ennuie*
6. *essaie*

**C**
1. *Mme Boyer feuillette le journal.*
2. *Les petits garçons jettent leurs vieux jouets.*
3. *Je ficelle le paquet de journaux.*
4. *Nous appelons notre petite sœur.*
5. *Tu te rappelles le visage du voleur.*
6. *Vous renouvelez votre passeport.*

**D**
1. *Nous espérons aller en Europe.*
2. *Il espère visiter sa famille.*
3. *Tu espères travailler en France.*
4. *Vous espérez vous reposer chez vous.*
5. *Elles espèrent étudier à l'université.*
6. *J'espère apprendre à nager.*

**E** (Sample responses)

1. *Je voyage en Suisse chaque année.*
2. *Nous arrangeons les meubles du salon.*
3. *Vous nagez à la piscine tous les jours.*
4. *Rose place les livres sur l'étagère.*
5. *Maurice et moi, nous prononçons chaque mot lentement.*
6. *Tu corriges les fautes de grammaire.*
7. *Ils remplacent le vieux dictionnaire.*

**F**

**G** 1. *a*   3. *b*   5. *c*   7. *c*
       2. *c*   4. *a*   6. *b*   8. *a*

NOM: _____    CLASSE: _____    DATE: _____

# Quiz 17

**A.** Answer the question you hear:

_____

**B.** Express what happens in the department store:

1. La cliente _____ .

2. Les Michaud _____ .

3. Nous _____ .

4. Charles _____ .

5. Caroline _____ .

**C.** Express what the subjects are doing by completing each sentence with the correct form of a verb from the following list:

| acheter | célébrer | essayer | manger | s'ennuyer |
| appeler | commencer | jeter | préférer | se promener |

1. Lise _____ de jouer du piano.

2. J'_____ des vêtements au magasin.

3. Les garçons ne _____ pas au match de football.

4. Nous _____ nos devoirs le vendredi soir.

5. Émile _____ son anniversaire.

6. Vous _____ dans le parc.

7. Jacques _____ ses vieilles bandes dessinées.

8. Marie et moi, nous _____ au restaurant.

9. Tu _____ ton ami au téléphone.

10. Il _____ aller au cinéma.

---

### Key to Quiz 17

**A**  Teacher cue: Quand est-ce que tu t'ennuies?
Sample response: *Je m'ennuie quand mon frère n'est pas là.*

**B**  1. *enlève son manteau*
2. *se promènent dans les rayons*
3. *payons à la caisse*

4. *achète un pantalon*
5. *essaie des chaussures*

**C**  1. *essaie*
2. *achète*
3. *s'ennuient*
4. *commençons*
5. *célèbre*

6. *vous promenez*
7. *jette*
8. *mangeons*
9. *appelles*
10. *préfère*

# Leçon 18:  Les merveilles du règne animal

**Notes:** Before presenting the more exotic animals of this lesson, review the names of more common animals: **le chat, le chien, la vache, le cheval,** and others.

Use pictures of the animals mentioned in this lesson to teach and reinforce the new vocabulary. Students should be encouraged to discuss the speed of these animals by using the verb **courir,** introduced in this lesson. Continue using the other verb techniques mentioned previously.

After learning the new vocabulary, students might play **"Qui suis-je?,"** describing the attributes of the various animals through words or charades.

Discussions using comparisons can be stimulated by having students speak about topics that interest them: films, sports, clothing, music, and so on.

Have students describe people they know using the expressions provided in the culture section of this lesson. For enrichment, ask students to make up their own original phrases.

## Optional Oral Exercises

**A.** Express which animals the children saw at the zoo: (Teacher uses pictures of items indicated in the key.)

EXAMPLE: Ils ont vu un ours.

*KEY*

1. *Ils ont vu une girafe.*
2. *Ils ont vu une tortue.*
3. *Ils ont vu un cygne.*
4. *Ils ont vu un léopard.*
5. *Ils ont vu un serpent.*
6. *Ils ont vu un paon.*
7. *Ils ont vu un kangourou.*
8. *Ils ont vu une baleine.*
9. *Ils ont vu un crocodile.*
10. *Ils ont vu un écureuil.*

**B.** Express the form of the verb **courir** with the subject you hear:

1. Marthe
2. nous
3. je
4. elles (plural)
5. le garçon
6. vous
7. Lucien et Patrick
8. tu

*KEY*

1. *Marthe court*
2. *nous courons*
3. *je cours*
4. *elles courent*
5. *le garçon court*
6. *vous courez*
7. *Lucien et Patrick courent*
8. *tu cours*

**C.** Compare the following:

EXAMPLE: le lion/le chat
Le lion est plus féroce que le chat.

1. la baleine/le requin
2. le loup/le chien
3. l'écureuil/le serpent
4. le cinéma/la télévision
5. la plage/la piscine
6. l'avion/la voiture
7. la France/les États-Unis
8. l'université/le lycée

*KEY (Sample responses)*

1. *La baleine est plus grosse que le requin.*
2. *Le loup est plus sauvage que le chien.*
3. *L'écureuil est plus beau que le serpent.*
4. *Le cinéma est plus intéressant que la télévision.*
5. *La plage est plus jolie que la piscine.*
6. *L'avion est plus cher que la voiture.*
7. *La France est plus petite que les États-Unis.*
8. *L'université est plus difficile que le lycée.*

**D.** Say that the first is less interesting than the second:

1. l'ours/le singe
2. la télévision/le cinéma
3. les maths/le français
4. le tennis/le football

*KEY*

1. *L'ours est moins intéressant que le singe.*
2. *La télévision est moins intéressante que le cinéma.*
3. *Les maths sont moins intéressantes que le français.*
4. *Le tennis est moins intéressant que le football.*

**E.** Say that your friends Paul and Georgette are equal in the qualities indicated:

EXAMPLE: aimable
Paul est aussi aimable que Georgette.

1. sincère
2. poli
3. charmant
4. gentil
5. sérieux
6. intelligent

*KEY*

1. *Paul est aussi sincère que Georgette.*
2. *Paul est aussi poli que Georgette.*

3. *Paul est aussi charmant que Georgette.*
4. *Paul est aussi gentil que Georgette.*
5. *Paul est aussi sérieux que Georgette.*
6. *Paul est aussi intelligent que Georgette.*

F. Answer the following questions about yourself:

EXAMPLE: Qui écrit le mieux dans votre famille?
C'est ma mère qui écrit le mieux.

1. Qui danse le mieux dans votre famille?
2. Qui chante le mieux?
3. Qui cuisine le mieux?
4. Qui joue le mieux au base-ball?
5. Qui parle français le mieux?

KEY (Sample responses)

1. *C'est moi qui danse le mieux.*
2. *C'est ma sœur qui chante le mieux.*
3. *C'est mon père qui cuisine le mieux.*
4. *C'est mon frère qui joue le mieux au base-ball.*
5. *C'est moi qui parle français le mieux.*

## Key to *Activités*

A
1. *une girafe*
2. *une fourmi*
3. *une tortue*
4. *une baleine*
5. *un cygne*
6. *un ours*
7. *un kangourou*
8. *un serpent*

B *les crocodiles   les serpents   les paons*
*les ours   les panthères   les girafes*

## Key to Structures

2 ...
| je *cours* | nous *courons* |
| tu *cours* | vous *courez* |
| il *court* | ils *courent* |
| elle *court* | elles *courent* |

## Key to *Activités*

C
1. *Nous courons à l'hôpital.*
2. *Elles courent au travail.*
3. *Tu cours à la gare.*
4. *Je cours au lycée.*

5. *Vous courez au magasin.*
6. *Il court à la pharmacie.*

D
1. *as couru*
2. *Courez*
3. *courent*
4. *court*
5. *courons*
6. *cours*
7. *courent*
8. *court*

E
1. *Les gens aiment discuter des choses qui sont les plus grandes, les plus petites, les plus hautes, les plus anciennes, etc.*
2. *Ils posent des questions telles que: «Combien mesure l'homme le plus grand du monde?» ou «Quel est l'animal le plus rapide?»*
3. *Elles se trouvent dans «le livre Guinness des records».*
4. *L'homme le plus grand du monde mesure 8 pieds 11 pouces.*
5. *La personne la plus grosse du monde pèse 1.069 livres.*
6. *L'homme le plus vieux du monde était japonais.*
7. *Un léopard peut courir de 60 à 63 milles à l'heure.*
8. *Le chien le plus petit du monde était du Mexique.*
9. *Le reptile le plus grand et le plus lourd du monde était un crocodile.*
10. *L'arbre le plus haut du monde se trouve en Californie.*

## Key to Structures

4 ... To form a comparison stating that one is more than another, use *plus* before the adjective and *que* after the adjective. To form a comparison stating less, use *moins* before the adjective and *que* after it.

## Key to *Activités*

F
1. *La vache est moins grande que la girafe.*
2. *La baleine est plus lourde que le requin.*
3. *Le léopard est plus rapide que la tortue.*
4. *Le chien est plus intelligent que la vache.*
5. *Le chat est moins dangereux que le tigre.*

6. *Le léopard est plus féroce que le kangourou.*
7. *Le cygne est plus joli que le serpent.*
8. *La fourmi est plus petite que la tortue.*

**G** (Sample responses)

1. *Un film d'amour est moins amusant qu'un film d'horreur.*
2. *Le golf est moins amusant que le football américain.*
3. *Un repas au restaurant est moins amusant qu'un pique-nique.*
4. *Nager dans une piscine est moins amusant que nager dans la mer.*
5. *La classe de maths est moins amusante que la classe de français.*
6. *Un roman policier est moins amusant qu'un roman de science-fiction.*
7. *Voyager en avion est moins amusant que voyager en bateau.*

**H**
1. *Suzanne est plus gentille qu'elle.*
2. *Les filles sont plus calmes que nous.*
3. *Elles sont moins nerveuses qu'eux.*
4. *Roger est plus beau que toi.*
5. *Vous êtes moins sympathique que moi.*
6. *Jean est moins grand que lui.*

### Key to Structures

**5** . . . To form a comparison of equality *(as . . . as)* in French, use *aussi* before the adjective and *que* after it.

### Key to *Activité*

**I**
1. *Paul est aussi sérieux qu'Élise.*
2. *Paul est aussi charmant qu'Élise.*
3. *Paul est aussi amusant qu'Élise.*
4. *Paul est aussi intelligent qu'Élise.*
5. *Paul est aussi studieux qu'Élise.*
6. *Paul est aussi gentil qu'Élise.*

### Key to Structures

**6** . . . Which words are used before **plus** and **moins** in the examples? *le, les,* and *la.* Which words are used after the adjectives? *de la, du,* and *des.*

### Key to *Activités*

**J** (Sample responses)

1. *Mon frère est le plus amusant de la famille.*
   *Ma sœur est la moins amusante de la famille.*
2. *Mon père est le plus sévère de la famille.*
   *Ma mère est la moins sévère de la famille.*
3. *Je suis la plus ambitieuse de la famille.*
   *Mon frère est le moins ambitieux de la famille.*
4. *Mon père est le plus aimable de la famille.*
   *Ma sœur est la moins aimable de la famille.*
5. *Mon frère est le plus généreux de la famille.*
   *Ma mère est la moins généreuse de la famille.*
6. *Je suis la plus active de la famille.*
   *Mon frère est le moins actif de la famille.*

**K**
1. *Roger est le moins sérieux du groupe.*
2. *Paulette est la plus heureuse des filles.*
3. *Anne est la moins fière de la famille.*
4. *Cette voiture est la plus grande du monde.*
5. *Ce monument est le plus haut de la ville.*
6. *Ce musée est le moins intéressant de Paris.*
7. *M. Dupont est le plus amusant des professeurs.*
8. *Mme Renard est la plus gentille de l'école.*

**L** (Sample responses)

1. *Le meilleur film de l'année est «Beauty and the Beast».*
2. *Le meilleur jeu vidéo est «Operation Wolf».*
3. *La meilleure actrice est Julia Roberts.*
4. *Le meilleur programme de télévision est «L.A. Law».*
5. *La meilleure voiture de sport est une Jaguar.*

6. *Le meilleur groupe rock est «New Kids on the Block».*
7. *Les meilleures céréales pour le petit déjeuner sont «Almond Clusters».*

## Key to Structures

8 . . . Since agreement is not made with adverbs, which definite article is always before **plus** or **moins** in the superlative? *le.*

## Key to *Activités*

**M** (Sample responses)

1. *Un fauteuil coûte plus cher qu'une lampe.*
2. *Une voiture de sport coûte plus cher qu'une voiture familiale.*
3. *Une maison coûte moins cher qu'un château.*
4. *Un ballon de football coûte plus cher qu'une balle de base-ball.*
5. *Une montre coûte aussi cher qu'une bague.*
6. *Un bateau coûte moins cher qu'un avion.*
7. *Une guitare coûte moins cher qu'un piano.*
8. *Un café coûte aussi cher qu'un thé.*

**N** 1. *Pierre parle moins doucement que moi.*
2. *Les garçons jouent aussi calmement que moi.*
3. *Elles marchent plus fièrement que moi.*
4. *Marie travaille aussi facilement que moi.*
5. *Le professeur parle moins distinctement que moi.*
6. *Tu cours plus lentement que moi.*

**O** 1. *bien*
2. *le meilleur*
3. *bien*
4. *le mieux*
5. *bonne*
6. *La meilleure*
7. *bons*
8. *les meilleurs*

## Questions personnelles (Sample responses)

1. *Michel est l'étudiant le plus studieux de ma classe de français.*
2. *Paul est mon meilleur ami.*

3. *Michael Jackson est le chanteur que j'aime le mieux.*
4. *Ma sœur est plus grande que moi.*
5. *Charlotte danse bien.*

## Vous (Sample responses)

*Est-ce qu'un léopard est aussi fort qu'un ours? Un crocodile est-il aussi dangereux qu'un requin? Quel est le plus long serpent du zoo? Est-ce que la girafe est le plus grand animal? Quel est le plus petit animal du zoo?*

## Dialogue (Sample responses)

Imaginez que vous pouvez vous transformer en un animal. Quel animal choisissez-vous de devenir?
*Je choisis de devenir un léopard.*
De quelle couleur est cet animal?
*Il est noir et brun.*
Où trouve-t-on cet animal?
*On le trouve en Afrique.*
Que mange cet animal?
*Il mange de la viande.*
Pourquoi avez-vous choisi cet animal?
*Parce qu'il est rapide et féroce!*

## Composition (Sample response)

*Cher Monsieur,*
*Je pense que je suis parfait(e) pour le rôle parce que je suis le meilleur acteur (la meilleure actrice) de ma classe. Je danse bien et je sais chanter. Je peux apprendre le rôle plus vite que les autres élèves et je suis sûr(e) que je peux donner la meilleure interprétation.*
                    *George / Georgette*

## Intervalle culturel

1. *Il est agile comme un singe.*
2. *Le bébé marche comme un canard.*
3. *Elle a du chien.*
4. *Il a une langue de vipère.*
5. *Il a un cou de girafe.*
6. *Il est fort comme un bœuf.*
7. *Il a un appétit d'oiseau.*
8. *Elle a une tête de cochon.*

## Key to *Cahier* Exercises

**A**
1. *un ours*
2. *une girafe*
3. *un paon*
4. *un cygne*
5. *une baleine*
6. *un kangourou*
7. *un serpent*
8. *une panthère*
9. *une tortue*
10. *un crocodile*

**B**
1. *Je cours à la classe de biologie.*
2. *Nous courons à la classe de français.*
3. *Tu cours à la classe d'anglais.*
4. *Henri court à la classe d'histoire.*
5. *Vous courez à la classe de travaux manuels.*
6. *Les filles courent à la classe de géographie.*

**C**
1. *Un film est plus intéressant que la télévision.*
2. *La guitare est aussi difficile que le piano.*
3. *Le golf est moins amusant que le tennis.*
4. *L'amour est plus important que l'argent.*
5. *Une tortue est moins belle qu'un cygne.*
6. *Le français est aussi facile que l'espagnol.*

**D**
1. *Les Legrand sont moins généreux que nous.*
2. *Tu es plus sportif que moi.*
3. *Je suis aussi fière qu'elle.*
4. *Martine est plus loyale que vous.*
5. *Jacques est aussi cruel qu'eux.*
6. *Marie est moins gentille que toi.*
7. *M. Dupré est plus gros que lui.*
8. *Lise est moins belle qu'elles.*

**E**
1. *Brigitte est la plus sérieuse de la classe.*
2. *André est le moins jaloux des garçons.*
3. *Cette infirmière est la plus gentille de l'hôpital.*
4. *Cet édifice est le moins récent du village.*
5. *Cette cathédrale est la plus ancienne de Paris.*
6. *Janine est la plus intelligente du lycée.*

**F**   (Sample responses)
1. *Un programme télévisé dure moins longtemps qu'un film de cinéma.*
2. *Les garçons étudient aussi sérieusement que les filles.*
3. *Un avion va plus vite qu'une voiture de sport.*
4. *Les adolescents courent plus rapidement que les adultes.*
5. *Les parents écoutent aussi attentivement que les grands-parents.*
6. *La mère punit moins sévèrement que le père.*

**G**   (Sample responses)
1. *Cette pièce est la meilleure.*
2. *Ce livre est bon.*
3. *Luc chante le mieux.*
4. *Ces joueurs sont les meilleurs.*
5. *Les filles dansent bien.*
6. *Cette tarte est bonne.*

**H**
1. *Qui travaille le plus consciencieusement?*
   *Qui travaille le moins consciencieusement?*
2. *Qui fait du sport le plus sérieusement?*
   *Qui fait du sport le moins sérieusement?*
3. *Qui court le plus vite?*
   *Qui court le moins vite?*
4. *Qui apprend le plus facilement?*
   *Qui apprend le moins facilement?*
5. *Qui se lève le plus tard?*
   *Qui se lève le moins tard?*

**I**   (Sample responses)
1. *Je suis aussi intelligente que ma sœur.*
2. *Je cours plus vite que mon frère.*
3. *J'apprends plus facilement que mon ami.*
4. *Je travaille moins consciencieusement que mon frère.*
5. *Je fais du sport aussi souvent que mon frère.*

**J**   *1*

**K**   1. *b*   2. *e*   3. *a*   4. *d*   5. *c*

NOM: _____ CLASSE: _____ DATE: _____

# Quiz 18

**A.** Answer the question you hear:

_____

**B.** Give the correct form of the verb **courir:**

1. Je _____ à ma classe de français.

2. Les filles _____ vite.

3. Où _____-vous?

4. Tu as _____ le chercher à la gare hier.

5. Nous _____ au parc tous les dimanches.

**C.** Compare the first animal to the second:

EXAMPLE:

(paresseux +) L'ours est plus paresseux que la fourmi.

1. (grand +) _____

2. (élégant −) _____

3. (féroce =) _____

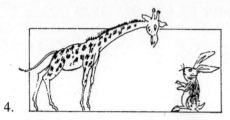

4. (dangereux +) _____

5. (beau −) _____

**D.** Form sentences using the superlative:

1. Marie/+/studieuse/classe

   _____

2. Paul et Luc/−/gentils/lycée

   _____

3. Florence et Julie/+/intéressantes/groupe

   _____

4. Christophe/−/timide/frères

   _____

5. Frédéric et Cécile/+/aimables/famille

   _____

---

### Key to Quiz 18

**A**  Teacher cue: *Quel animal préfères-tu et pourquoi?*
Sample response: *Je préfère le léopard parce qu'il court le plus vite.*

**B**  1. *cours*          4. *couru*
2. *courent*      5. *courons*
3. *courez*

**C**  1. *La girafe est plus grande que la fourmi.*
2. *Le crocodile est moins élégant que le cygne.*
3. *Le léopard est aussi féroce que le lion.*
4. *Le serpent est plus dangereux que l'écureuil.*
5. *La tortue est moins belle que le paon.*

**D**  1. *Marie est la plus studieuse de la classe.*
2. *Paul et Luc sont les moins gentils du lycée.*
3. *Florence et Julie sont les plus intéressantes du groupe.*
4. *Christophe est le moins timide des frères.*
5. *Frédéric et Cécile sont les plus aimables de la famille.*

# Leçon 19: Les professions et les métiers

**Notes:** Pictures of people involved in various professions may serve as a motivational device for the vocabulary in this lesson. Ask each student what he or she would like to be. Students can reinforce the vocabulary by acting out or describing particular trades or professions. The others try to figure out the occupations.

Many students have fun checking out their horoscope in newspapers and magazines. Why not do it in French? Bring or have students bring to class a horoscope from a French publication. Students can then find their signs according to their birthdays and look up their horoscopes. Have each member of the class read aloud what the horoscope says and then discuss why it sounds true, silly, and so on. Students might next make up their own predictions for the future and exchange them with other members of the class.

Practice the future tense with cue-response drills and questions. Students should be encouraged to ask each other about their future plans.

The cultural material can be supplemented by reading want ads from a French newspaper.

## Optional Oral Exercises

**A.** Express the professions of these people: (Teacher uses pictures of items indicated in the key.)

*KEY*

1. *Il est électricien.*
2. *Elle est employée de banque.*
3. *Il est boulanger.*
4. *Il est fermier.*
5. *Elle est programmeuse.*
6. *Elle est journaliste.*
7. *Il est pilote.*
8. *Il est boucher.*
9. *Elle est coiffeuse.*
10. *Elle est vétérinaire.*

**B.** Express the future of each verb with the subject you hear:

1. parler: je
2. vendre: tu
3. aider: elles (plural)
4. finir: vous
5. oublier: nous
6. grossir: ils (plural)
7. choisir: elle (singular)
8. travailler: je
9. manger: tu
10. perdre: il (singular)

*KEY*

1. *je parlerai*
2. *tu vendras*
3. *elles aideront*
4. *vous finirez*
5. *nous oublierons*
6. *ils grossiront*
7. *elle choisira*
8. *je travaillerai*
9. *tu mangeras*
10. *il perdra*

**C.** Express what you will do this afternoon:

EXAMPLE:  parler à ma grand-mère
Je parlerai à ma grand-mère.

1. appeler ma cousine au téléphone
2. jouer de la guitare
3. finir mes devoirs
4. aider ma mère
5. attendre mes amis
6. écrire une lettre
7. vendre de la limonade
8. sortir avec mon frère
9. descendre en ville
10. lire le journal
11. acheter un cadeau
12. nettoyer ma chambre
13. regarder la télévision
14. célébrer l'anniversaire de Marie
15. manger un sandwich
16. commencer mes devoirs à cinq heures

*Key*

1. *J'appellerai ma cousine au téléphone.*
2. *Je jouerai de la guitare.*

3. *Je finirai mes devoirs.*
4. *J'aiderai ma mère.*
5. *J'attendrai mes amis.*
6. *J'écrirai une lettre.*
7. *Je vendrai de la limonade.*
8. *Je sortirai avec mon frère.*
9. *Je descendrai en ville.*
10. *Je lirai le journal.*
11. *J'achèterai un cadeau.*
12. *Je nettoierai ma chambre.*
13. *Je regarderai la télévision.*
14. *Je célébrerai l'anniversaire de Marie.*
15. *Je mangerai un sandwich.*
16. *Je commencerai mes devoirs à cinq heures.*

D. Directed dialog. (See Lesson 1, Optional Oral Exercise F, for procedures.)

Demandez à un ami [une amie, des ami(e)s] s'il [si elle, s'ils, si elles]

1. regardera/regarderont la télévision.
2. étudiera/étudieront la médecine.
3. achètera/achèteront une voiture de sport.
4. voyagera/voyageront partout dans le monde.
5. emploiera/emploieront un ordinateur.

*KEY*

| STUDENT #1 | STUDENT #2 |
|---|---|
| 1. *Regarderas-tu la télévision?* *Regarderez-vous la télévision?* | *Oui, je regarderai/ nous regarderons la télévision.* |
| 2. *Étudieras-tu la médecine?* *Étudierez-vous la médecine?* | *Oui, j'étudierai/nous étudierons la médecine.* |
| 3. *Achèteras-tu une voiture de sport?* *Achèterez-vous une voiture de sport?* | *Oui, j'achèterai/nous achèterons une voiture de sport.* |
| 4. *Voyageras-tu partout dans le monde?* *Voyagerez-vous partout dans le monde?* | *Oui, je voyagerai/ nous voyagerons partout dans le monde.* |
| 5. *Emploieras-tu un ordinateur?* *Emploierez-vous un ordinateur?* | *Oui, j'emploierai/ nous emploierons un ordinateur.* |

**Key to *Activités***

A    1. *La coiffeuse*
2. *Le boucher*
3. *Le boulanger*
4. *La vétérinaire*
5. *Le cordonnier*
6. *Le plombier*
7. *La photographe*
8. *Le pilote*
9. *Le mécanicien*
10. *La journaliste*
11. *Le fermier*
12. *L'hôtesse de l'air*
13. *La directrice*
14. *Le programmeur*
15. *L'électricien*
16. *L'employée de banque*

B    1. *Ils disent que notre personnalité et notre avenir sont influencés par les étoiles.*
2. *Chacun de nous naît sous un des douze signes du zodiaque.*
3. *Elles consultent d'abord leur horoscope.*
4. *Un Verseau va bientôt recevoir une nouvelle de grande importance.*
5. *Ces personnes sont nées sous le signe des Poissons.*
6. *C'est une personne sensible et sympathique.*
7. *C'est une personne sûre d'elle-même avec des qualités de meneur.*
8. *Il n'a pas assez confiance en lui-même.*

**Key to Structures**

3    . . . Which form of the verb is the stem of the future tense? *The infinitive.* If the verb ends in **-re**, which letter is dropped from the infinitive before adding the future endings? *e.*

$$\ldots \quad \textbf{je} + \text{stem} + ai \qquad \textbf{nous} + \text{stem} + ons$$
$$\textbf{tu} + \text{stem} + as \qquad \textbf{vous} + \text{stem} + ez$$
$$\textbf{il} + \text{stem} + a \qquad \textbf{ils} + \text{stem} + ont$$
$$\textbf{elle} + \text{stem} + a \qquad \textbf{elles} + \text{stem} + ont$$

| ... | | | |
|---|---|---|---|
| **je (j')** | *mangerai* | *finirai* | *attendrai* |
| **tu** | *mangeras* | *finiras* | *attendras* |
| **il/elle** | *mangera* | *finira* | *attendra* |
| **nous** | *mangerons* | *finirons* | *attendrons* |
| **vous** | *mangerez* | *finirez* | *attendrez* |
| **ils/elles** | *mangeront* | *finiront* | *attendront* |

## Key to *Activités*

**C** 1. *Je sortirai très tôt le matin.*
2. *Je nagerai dans la mer.*
3. *Je prendrai des bains de soleil.*
4. *Je me reposerai.*
5. *Je construirai des châteaux de sable.*
6. *Je jouerai avec mes amis.*

**D** 1. *Liliane apportera des sandwiches.*
2. *Georges et Paul prépareront des salades.*
3. *Je choisirai des cassettes.*
4. *Tu répondras au téléphone.*
5. *Vous inviterez des amis.*
6. *Nous travaillerons dans la cuisine.*
7. *François jouera de la guitare.*
8. *Les filles aideront à mettre les décorations.*

**E** (Sample responses)

1. *Je vendrai de vieux jouets.*
2. *Vous choisirez des cadeaux.*
3. *Toi et moi, nous mangerons beaucoup.*
4. *Charles et Anne dépenseront trop d'argent.*
5. *Tu y arriveras tôt.*
6. *Robert y restera toute la journée.*

**F** 1. *Elle ouvrira le paquet.*
2. *Nous choisirons le cadeau.*
3. *Il descendra.*
4. *Je lirai un roman.*
5. *Vous aiderez le professeur.*
6. *Ils boiront du thé.*
7. *Elles arriveront bientôt.*

8. *Nous nous amuserons.*
9. *Je maigrirai.*
10. *Tu regarderas ce programme.*

**G** 1. *achèteront*    4. *se promènera*
2. *lèverons*    5. *amènerez*
3. *mènerai*    6. *emmèneras*

**H** 1. *paierai*    4. *paieront*
2. *essaiera*    5. *emploieras*
3. *ennuierez*    6. *nettoierons*

**I** 1. *appelleront*    4. *ficellera*
2. *jetterai*    5. *rappelleras*
3. *époussetterez*    6. *feuilletterons*

**J** 1. *jettera*    6. *achèteront*
2. *ennuieront*    7. *essaierai*
3. *me lèverai*    8. *appellerai*
4. *emploiera*    9. *vous promènerez*
5. *mènera*    10. *paiera*

**K** 1. *célébrerai*    4. *préférera*
2. *arrangerons*    5. *effacera*
3. *posséderez*    6. *répéteront*

## Questions personnelles  (Sample responses)

1. *Ma date de naissance est le 11 juillet 1978.*
2. *Je suis né(e) sous le signe du cancer.*
3. *Je peux lire mon horoscope dans «Newsday».*
4. *Je suis sensible et sympathique.*
5. *Je souhaite exercer la profession de programmeur (programmeuse).*

## Vous  (Sample responses)

1. *Je voyagerai beaucoup.*
2. *Je gagnerai beaucoup d'argent.*
3. *J'achèterai une grande maison.*
4. *Je vivrai à la campagne.*
5. *J'écrirai des livres.*

## Composition  (Sample response)

*Chère Louise,*
*Le week-end prochain, je me reposerai parce que j'ai beaucoup de travail cette semaine. Je finirai mes devoirs samedi. Dimanche je regarderai la télévision et je me coucherai tôt.*
*Régine*

**Dialogue** (Sample responses)

Où habiteras-tu dans dix ans?
*J'habiterai en Californie.*
Quelle profession exerceras-tu?
*J'exercerai la profession de médecin.*
Moi, je travaillerai comme pilote parce que
    j'aime voyager. Et toi, quels pays visiteras-tu?
*Je visiterai la France et le Canada.*
Quel genre de voiture conduiras-tu?
*Je conduirai une voiture de sport.*
Crois-tu que nos rêves se réaliseront?
*Je l'espère.*

## Key to *Cahier* Exercises

**A**  1. *C'est un boulanger.*
   2. *C'est un programmeur.*
   3. *C'est un électricien.*
   4. *C'est un mécanicien.*
   5. *C'est une coiffeuse.*
   6. *C'est un plombier.*
   7. *C'est une vétérinaire.*
   8. *C'est un pilote.*
   9. *C'est une directrice.*
   10. *C'est un boucher.*
   11. *C'est une photographe.*
   12. *C'est un cordonnier.*
   13. *C'est une employée de banque.*
   14. *C'est une hôtesse de l'air.*
   15. *C'est une journaliste.*
   16. *C'est un fermier.*

**B**  1. *Elle téléphonera au coiffeur pour prendre
        rendez-vous.*
   2. *Elle parlera au photographe.*
   3. *Elle lira un magazine français.*
   4. *Elle donnera des instructions à
        l'électricien.*
   5. *Elle écrira au journal.*
   6. *Elle sortira avec son amie.*

**C**  1. *Nous écouterons des disques.*
   2. *Nous discuterons de nos projets.*
   3. *Nous jouerons aux jeux vidéo.*
   4. *Nous finirons nos devoirs.*
   5. *Nous dînerons en famille.*
   6. *Nous rendrons visite à des amis.*
   7. *Nous écrirons des lettres à nos
        correspondants.*
   8. *Nous sortirons faire une promenade au
        parc.*

**D**  1. *Je maigrirai.*
   2. *Josette parlera français avec Lucie.*
   3. *Nous répondrons plus poliment au
        téléphone.*
   4. *Tu travailleras plus sérieusement.*
   5. *Charles et Bernard finiront toujours leurs
        devoirs.*
   6. *Vous attendrez votre sœur à l'arrêt
        d'autobus tous les jours.*

**E**

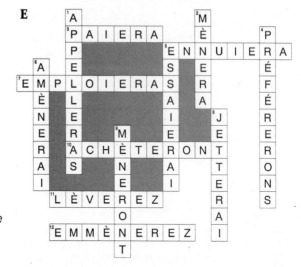

(Sample response)

*Je ferai mes devoirs. Je me laverai. Je me
brosserai les dents. Je lirai une bande
dessinée. Je me coucherai de bonne heure.*

G

| | TRAVAILLEURS FRANÇAIS | TRAVAILLEURS AMÉRICAINS |
|---|---|---|
| 39-hr. work week | ☑ | ☐ |
| 5 weeks vacation | ☑ | ☐ |
| Paid by hr./week | ☐ | ☑ |
| Large end-of-year bonus for everyone | ☑ | ☐ |
| 40-hr. work week | ☐ | ☑ |
| End-of-year bonus only in private industry | ☐ | ☑ |
| Paid by month | ☑ | ☐ |
| Usually 2 weeks vacation | ☐ | ☑ |

NOM: _____ CLASSE: _____ DATE: _____

# Quiz 19

**A.** Answer the question you hear:

_____

**B.** Express what these people will do this afternoon:

1. nous/manger au restaurant

_____

2. tu/finir tes devoirs

_____

3. Lucie/célébrer son anniversaire

_____

4. je/acheter un vélo

_____

5. vous/prendre le bus pour aller en ville

_____

6. Roger et Pierre/se promener dans le parc

_____

**C.** Complete the following crossword puzzle:

HORIZONTALEMENT

1. mechanic
5. butcher
7. programmer
8. hairdresser
9. farmer
10. plumber

VERTICALEMENT

2. electrician
3. journalist
4. pilot
5. baker
6. shoemaker
7. photographer

**Key to Quiz 19**

**A**  Teacher cue: À quelle heure finiras-tu tes devoirs ce soir?
Sample response: *Ce soir, je finirai mes devoirs avant huit heures.*

**B**  1. *Nous mangerons au restaurant.*
2. *Tu finiras tes devoirs.*
3. *Lucie célébrera son anniversaire.*
4. *J'achèterai un vélo.*
5. *Vous prendrez le bus pour aller en ville.*
6. *Roger et Pierre se promèneront dans le parc.*

**C**

# Leçon 20:  L'exploration de l'espace

**Notes:** Pictures and posters may serve to motivate the vocabulary of this lesson, or students may draw simple maps of the solar system, labeling the sun, moon, and planets in French.

After reading the lesson narrative, the students might prepare their own skits about bizarre adventures on a strange planet. This is the time to let their imaginations run wild.

Continue to use the techniques mentioned in Lesson 19 to practice the irregular future.

The cultural material can be supplemented by having the students discuss why they would or would not like to take a trip on the Concorde.

### Optional Oral Exercises

**A.** Express what you see at the planetarium: (Teacher uses pictures of items indicated in the key.)

EXAMPLE:  Je vois des étoiles.

*KEY*

1. *Je vois un astronef.*
2. *Je vois le soleil.*
3. *Je vois une fusée.*
4. *Je vois un satellite.*

5. *Je vois la lune.*
6. *Je vois une combinaison spatiale.*
7. *Je vois un astronaute.*
8. *Je vois des planètes.*
9. *Je vois la navette spatiale.*
10. *Je vois la Terre.*

**B.** Express the future of the verb with the subject you hear:

1. aller: nous
2. envoyer: je
3. courir: elle (singular)
4. voir: nous
5. vouloir: tu
6. recevoir: ils (plural)
7. faire: tu
8. être: je
9. pouvoir: vous
10. devoir: ils (plural)
11. mourir: elle (singular)
12. avoir: tu
13. savoir: je
14. venir: vous

*KEY*

| | |
|---|---|
| 1. *nous irons* | 8. *je serai* |
| 2. *j'enverrai* | 9. *vous pourrez* |
| 3. *elle courra* | 10. *ils devront* |
| 4. *nous verrons* | 11. *elle mourra* |
| 5. *tu voudras* | 12. *tu auras* |
| 6. *ils recevront* | 13. *je saurai* |
| 7. *tu feras* | 14. *vous viendrez* |

**C.** Express what the fortune teller predicts for you:

    EXAMPLE: finir vos études
                Vous finirez vos études.

1. aller en Europe
2. envoyer un cadeau à votre ami
3. courir le marathon
4. voir de bons films
5. vouloir aider les gens
6. recevoir de bonnes nouvelles
7. faire beaucoup de sport
8. être riche
9. pouvoir voyager

10. devoir étudier
11. avoir des enfants
12. savoir utiliser vos talents

*KEY*

1. *Vous irez en Europe.*
2. *Vous enverrez un cadeau à votre ami.*
3. *Vous courrez le marathon.*
4. *Vous verrez de bons films.*
5. *Vous voudrez aider les gens.*
6. *Vous recevrez de bonnes nouvelles.*
7. *Vous ferez beaucoup de sport.*
8. *Vous serez riche.*
9. *Vous pourrez voyager.*
10. *Vous devrez étudier.*
11. *Vous aurez des enfants.*
12. *Vous saurez utiliser vos talents.*

## Key to *Activités*

**A** La *terre* fait partie du *système solaire*. La *terre* tourne autour du *soleil*. La *nuit*, nous pouvons voir la *lune* et les *étoiles*. Le *système solaire* est constitué du *soleil* et de neuf *planètes*. Les *astronautes* voyagent dans la *navette spatiale* pour étudier les *étoiles*. Ils portent des *combinaisons spatiales* pour se protéger. Les *fusées* sont utilisées pour mettre les *satellites* en orbite autour de la terre.

**B** (Sample responses)

*Papa et maman, voici mon correspondant extraterrestre.*
*Ma chérie, comme tu es jolie!*

**C**
1. *Il atterrira sur une planète inconnue.*
2. *Jean-Paul Rossignol et Audrée Champignon iront sur la planète.*
3. *Ils devront explorer la planète.*
4. *Ils ressemblent à des plantes.*
5. *Ils mourront demain à cinq heures.*
6. *La situation est désespérée.*
7. *Ils doivent accepter l'idée de leur mort prochaine.*

8. *Ils ne pourront pas retourner à leur vaisseau.*
9. *Il est dix heures et demie.*
10. *Elle lui dit d'aller se coucher.*

### Key to Structures

**3** . . .

| INFINITIVE | FUTURE STEM |
|---|---|
| **aller** | **-ir** |
| **avoir** | *aur-* |
| **courir** | *courr-* |
| **devoir** | *devr-* |
| **envoyer** | *enverr-* |
| **être** | *ser-* |
| **faire** | *fer-* |
| **mourir** | *mourr-* |
| **pouvoir** | *pourr-* |
| **recevoir** | *recevr-* |
| **savoir** | *saur-* |
| **venir** | *viendr-* |
| **voir** | *verr-* |
| **vouloir** | *voudr-* |

### Key to *Activités*

**D**
1. *Nous viendrons vous aider.*
2. *Tu sauras une chanson.*
3. *Ils voudront aller à la boucherie.*
4. *Je devrai préparer des plats délicieux.*
5. *Vous aurez des disques à prêter.*
6. *Elle fera une grande salade.*
7. *Il sera le chef.*
8. *Nous irons à la boulangerie.*
9. *Vous courrez à la pâtisserie.*
10. *Ils recevront les invités.*
11. *Je pourrai cuisiner.*
12. *Tu verras que tout ira bien.*
13. *Il mourra de rire quand il entendra l'histoire.*
14. *Vous enverrez les invitations.*

**E**
1. *Moi aussi, je recevrai d'excellentes notes en français.*
2. *Moi aussi, j'irai dîner chez Jacques.*
3. *Moi aussi, je ferai un voyage en France.*
4. *Moi aussi, je devrai acheter une nouvelle voiture.*
5. *Moi aussi, je verrai un spectacle formidable.*
6. *Moi aussi, je serai à l'université.*
7. *Moi aussi, je saurai ma leçon par cœur.*
8. *Moi aussi, je viendrai te voir.*
9. *Moi aussi, j'enverrai une lettre à mes grands-parents.*
10. *Moi aussi, je courrai le marathon.*

### Key to Structures

**4** . . . Each of the French sentences above contains two verbs. What is the tense of both verbs? *Future.* Now look at the English sentences. Are the same tenses used in English? *No.* Which two tenses did you use in those sentences? *Present* and *future.* Which word do the three French examples have in common? *Quand.*

. . . Which tense is used after **lorsque** (when), **dès que** (as soon as), and **aussitôt que** (as soon as)? *The future.* What do these sentences have in common with the **quand** clauses above? *The future is used in both clauses.*

### Key to *Activités*

**F**  (Sample responses)

1. . . . *ferai des études à l'université*
2. . . . *saurai conduire*
3. . . . *finirons le lycée*
4. . . . *reviendront du parc*
5. . . . *viendrai te voir*
6. . . . *m'achèterai une grande maison*
7. . . . *aurez dix-huit ans*
8. . . . *voyagerai beaucoup*

### Questions personnelles  (Sample responses)

1. *En l'an 2000, j'aurai vingt-six ans.*
2. *Je veux visiter Mars et Saturne.*
3. *Je préfère «Star Wars».*
4. *Cet été, j'irai à Paris.*
5. *Je retournerai à l'école en septembre.*

**Dialogue** (Sample responses)

Regarde cet étrange astronef! Où va-t-il?
*Il va sur une planète inconnue.*
Que penses-tu de la mission des astronautes?
*Elle est très difficile.*
Que feront-ils s'il y a du danger?
*Ils courront se cacher dans l'astronef.*
Pourquoi ne pourront-ils pas atterrir si
    facilement sur cette planète?
*Parce qu'il y a des extraterrestres.*
Que se passera-t-il une fois leur mission
    terminée?
*Ils retourneront sur Terre.*

**Vous**  (Sample responses)

1. *je voyagerai en France.*
2. *j'irai à l'université.*
3. *je travaillerai dur.*
4. *j'apprendrai à conduire.*
5. *je m'achèterai une voiture.*

**Composition**

1. *Je deviendrai astronaute.*
2. *J'aurai beaucoup d'aventures.*
3. *J'irai sur la lune.*
4. *Je voyagerai vers d'autres planètes.*
5. *Je serai célèbre un jour.*

## Key to *Cahier* Exercises

**A**  1. *les planètes*
2. *les étoiles*
3. *la lune*
4. *la fusée*
5. *le vaisseau
    spatial*
6. *l'astronaute*
7. *le soleil*
8. *la Terre*
9. *la navette
    spatiale*
10. *le satellite*

**B**  1. *Tu seras chez toi vendredi soir.*
2. *Je recevrai des amis chez moi.*
3. *Vous irez au match de football.*
4. *Les filles viendront te voir.*
5. *Jean aura une surprise-partie.*
6. *Nous mourrons de rire au cirque.*
7. *Maman courra le marathon.*

8. *Mes grands-parents feront une
    promenade.*
9. *Tu pourras aller au théâtre.*
10. *Nous voudrons aller aux grands
    magasins.*
11. *Je verrai un film comique.*
12. *Michel saura sa chanson d'ici
    dimanche.*
13. *Lise devra finir ses devoirs.*
14. *Les garçons enverront des cartes
    postales.*

**C**  1. *recevrez*
2. *serez*
3. *pourrai*
4. *viendrai*
5. *devrez*
6. *ferai*
7. *irons*

**D**  (Sample responses)

1. *prendrai des vacances*
2. *m'achèterai une nouvelle voiture*
3. *mangerai quelque chose*
4. *lui téléphonerai*
5. *partirai à la plage*
6. *prendrai des leçons de planche à voile*
7. *m'achèterai des vêtements*
8. *serai médecin*

**E**  (Sample response)

*Quand il fera froid, je resterai à la maison
plus souvent. Je lirai ou je jouerai aux jeux
vidéo. J'écouterai aussi mes cassettes.
Aussitôt qu'il neigera, je sortirai jouer dans
la neige.*

**F**  *2*

**G**  1. *Vrai.*
2. *Faux. Le Concorde est construit par la
    France et l'Angleterre.*
3. *Vrai.*
4. *Faux. Le Concorde peut aller à la vitesse
    de 800 miles par heure.*
5. *Vrai.*
6. *Faux. Un voyage en Concorde coûte
    plus de 4.200 dollars.*

NOM: _____ CLASSE: _____ DATE: _____

# *Quiz  20*

**A.** Answer the question you hear:

_____

**B.** Express what these people will do in the future:

1. Jean-Marc/courir le cent mètres

_____

2. je/voir une pièce de théâtre

_____

3. nous/être docteurs

_____

4. vous/faire un voyage

_____

5. les astronautes/aller sur Mars

_____

6. Claude/venir aux États-Unis

_____

7. Marie/avoir deux enfants

_____

8. ces étudiants/recevoir de bons résultats

_____

9. les Lebrun/envoyer leurs enfants en France

_____

10. tu/devoir changer d'habitudes

_____

11. Jean/vouloir visiter l'Europe

_____

12. je/savoir cuisiner comme un chef

_____

**C.** Complete these sentences:

1. Quand j'aurai trente ans, je _____

_____.

2. Dès que je gagnerai beaucoup d'argent, je _____

_____.

3. Lorsque je me marierai, je _____

_____.

4. Aussitôt que j'aurai un appartement, je _____

_____.

---

### Key to Quiz 20

**A** Teacher cue: Où iras-tu ce week-end?
Sample response: *Ce week-end, j'irai à la campagne.*

**B**
1. *Jean-Marc courra le cent mètres.*
2. *Je verrai une pièce de théâtre.*
3. *Nous serons docteurs.*
4. *Vous ferez un voyage.*
5. *Les astronautes iront sur Mars.*
6. *Claude viendra aux États-Unis.*
7. *Marie aura deux enfants.*
8. *Ces étudiants recevront de bons résultats.*
9. *Les Lebrun enverront leurs enfants en France.*
10. *Tu devras changer d'habitudes.*
11. *Jean voudra visiter l'Europe.*
12. *Je saurai cuisiner comme un chef.*

**C** (Sample responses)
1. *. . . serai programmeur*
2. *. . . ferai le tour du monde*
3. *. . . partirai vivre à la Martinique*
4. *. . . m'achèterai des meubles modernes*

## Révision IV (Leçons 16-20)

### Key to *Activités*

**A**
1. F A U T E U I L S — 1, 2 3, 4
2. T A B L E A U — 5, 6, 7, 8
3. P L A N C H E R — 9, 10, 11
4. C O M M O D E — 12, 13
5. L A M P A D A I R E — 14, 15, 16 17
6. R I D E A U X — 18, 19 20

**Solution:** D A N S L E T I R O I R — 13 20 10 4, 9 19, 5 16 18 12 3 11

D U B U R E A U — 15 2, 6 1 17 7 14 8

**B**
1. *Cinquante et quatre-vingts font cent trente.*
*Cent trente et soixante-dix font deux cents.*
*Deux cents et soixante font deux cent soixante.*

2. *Cent et cent quatre-vingt-dix font deux cent quatre-vingt-dix.*
   *Deux cent quatre-vingt-dix et trois cent dix font six cents.*
   *Six cents et quarante font six cent quarante.*
3. *Deux cent trente et six cent cinquante font huit cent quatre-vingts.*
   *Huit cent quatre-vingts et cent trente font mille dix.*
   *Mille dix et quatre cent vingt font mille quatre cent trente.*
4. *Quatre cents et six cents font mille.*
   *Mille et cinq cents font mille cinq cents.*
   *Mille cinq cents et sept cents font deux mille deux cents.*

**C**  1. *emmène*
   2. *appelle*
   3. *préfèrent*
   4. *nettoient*
   5. *achètes*
   6. *commençons*
   7. *payez*
   8. *rangeons*

**D**  (Sample responses)

   1. *L'avion est plus rapide que le train.*
   2. *Le magazine est moins important que le journal.*

**F**  (**I** in hardbound text)

3. *La maison est plus petite que l'hôtel.*
4. *Le français est plus intéressant que les maths.*
5. *La girafe est aussi grande que l'arbre.*
6. *Les baskets sont moins élégantes que les bottes.*
7. *Le chat est aussi âgé que le chien.*
8. *Le tennis est plus amusant que le golf.*

**E**  1. J O U R N A **L** I S T E
   2.        H Ô T **E** S S E
   3.              **B** O U C H E R
   4.    C O R D **O** N N I E R
   5. C O I F F E **U** S E
   6.        P I **L** O T E
   7. P R O G R **A** M M E U R
   8.    M É C **A** N I C I E N
   9. P H O T O **G** R A P H E
   10. F E R M I E **R**
   11. V É T É **R** I N A I R E

le serpent     la baleine     le paon
la tortue      le requin      la fourmi
l'ours         la girafe      l'écureuil
la panthère

**G**  The correct creature is the third from the right.

**H**   (**F** in hardbound text)

```
C        A P P E L E Z              C        A
 R        C    A S   U    E M M È N E R A S
L U E    H    S    T         E         O    S
 I    S  È    V E R R E Z      I C I        E
 R    P  T U   O S É   S    V É L O         Z
A M È N E    O U   P    T E      N O S
     R      J  D   O      V O U D R A
C  E N V E R R O N S      O    I      U
 O   I    A   D   F   Y  E T      R
M A N G E O N S   S E R A   I R A I
 M   A   N      R   G  P O I S
 E   G  D E V R A   O  I R O N S
 N   E  R    P   N   E  S    A N
 Ç   A  A P P E L O N S   Z  S E R S
 O   I  I  O   S E   P  M È N E S
 N   S  L U I  S   A    D   N I
S A   P  R  L È V E R A   E  D E S
 I   C O U R S   D U  S U R     D
 M   U  A   E   R  E S T  N
 E  I R A S   S   F A U T  A S
```

**I**   (**H** in hardbound text)

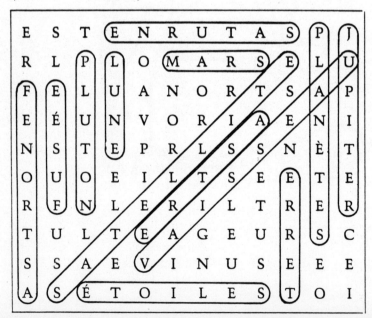

NOM: _____ CLASSE: _____ DATE: _____

# *Unit Test 4 (Lessons 16-20)*

## I. Listening Comprehension

**A.** Select the best response to the question or statement you hear and circle its letter: [10 points]

1. a. Tu t'es bien amusé(e)?
   b. Combien de temps y es-tu resté(e)?
   c. Il faisait beau.
   d. Je ne peux pas t'y accompagner, tant pis.

2. a. Ces animaux courent très vite.
   b. Quels jolis oiseaux!
   c. J'aime les cuisiner.
   d. C'est l'animal le plus féroce.

3. a. De la glace.
   b. Un vase.
   c. Un paon.
   d. Des vêtements.

4. a. Qu'est-ce qu'il y a en solde?
   b. Cherche un cygne.
   c. Téléphone au cordonnier.
   d. Enlève ton manteau.

5. a. Parce que je n'ai pas très faim.
   b. Parce que mon chien se sent mieux.
   c. Parce que je préfère mes cheveux longs.
   d. Parce que je veux acheter une nouvelle paire de chaussures.

**B.** 1. Multiple Choice (English) [2 points]

Listen to your teacher read twice a short passage in French. Then the teacher will read a question in English and pause while you write the letter of the best suggested answer to the question in the space provided. Base your answer on the context of the passage only.

What does the guide suggest?                                    _____

a. That you take a guided tour.
b. That you watch a movie.
c. That you buy photo souvenirs.
d. That you make advance reservations for this tour.

2. Multiple Choice (French) [2 points]

Listen to your teacher read twice a short passage in French, followed by a question in French. After you have heard the question, read the question and the four suggested answers. Choose the best answer and write its letter in the space provided.

Qu'est-ce qu'on essaie de vous vendre?                          _____

a. Un nouveau tapis.
b. Une étagère en bois.
c. Une chaise spéciale.
d. Une lampe moderne.

3. Multiple Choice (Visual) [2 points]

Listen to your teacher read another passage in French twice, followed by a question in English. After you have heard the question, read the question and look at the four pictures. Choose the picture that best answers the question and write its letter in the space provided:

What type of job does the ad offer?  _____

a.

b.

c.

d.

## II. Reading

**A.** For each question, select the best answer based on what you read and write its letter in the space provided: [4 points]

> À l'aquarium de Québec on trouve plus de 2250 animaux (poissons, invertébrés, amphibiens, reptiles. . .) provenant de toutes les parties du monde. On peut observer les requins, les poissons, les tortues et les pingouins derrière les vitres transparentes de leurs aquariums. Différents climats et régions géographiques ont été reproduits pour convenir aux différentes espèces. Il y a en tout 48 sections à visiter.

1. What does the guide tell you?  _____

   a. This is the smallest aquarium in the world.
   b. This aquarium specializes in rare species.
   c. Many areas of the world are represented.
   d. You can purchase exotic fish here.

> Le centre commercial se trouve rue Victor Hugo. Son architecture, ses couleurs vives et ses vitrines, tout vous invite à vous y attarder.
>
> Les boutiques offrent une grande variété à des prix incroyablement bas. Vous avez le choix entre les vêtements de sport et les robes du soir, les plus beaux articles de cuir, les cadeaux et les bijoux de toutes sortes.
>
> Le centre commercial offre de quoi satisfaire les clients les plus exigeants.

2. Pourquoi ce centre commercial est-il intéressant?    _____

    a. Les magasins sont ouverts tard tous les jours.
    b. Il y a un choix immense de marchandises.
    c. Les vendeurs sont très gentils.
    d. Il y a des réductions pour les touristes.

**B.** Read the following passage and then answer the questions about it: [10 points]

Après avoir découvert une énorme truffe de 850 grammes, M. Arnaud a gagné le droit d'être dans le livre Guinness des records. Les truffes sont des champignons sauvages très rares et donc très chers. Leur goût particulier est très apprécié en cuisine par tous les gourmets. Au siècle dernier, on en trouvait dix fois plus qu'aujourd'hui. Mais on utilise toujours la même technique pour les trouver: des cochons qui peuvent sentir les truffes qui sont sous la terre au pied des arbres.

1. Qu'est-ce qu'une truffe?

_____

2. Pourquoi M. Arnaud est-il dans le livre Guinness des records?

_____

3. Pourquoi les truffes sont-elles chères?

_____

4. Que fait-on avec les truffes?

_____

5. Qu'utilise-t-on pour trouver les truffes?

_____

**C.** You are conducting a survey of the French students in your class to see what they think their future will be like. Complete the statements that follow based on what you read in the questionnaires: [10 points]

NOM: **Paul Lemerle**
Vous marierez-vous?
Oui.
Quelle sera votre profession?
Je serai coiffeur.
Où habiterez-vous?
En Suisse.
Combien d'enfants aurez-vous?
Un ou deux.

NOM: **Josette Leroy**
Vous marierez-vous?
Oui.
Quelle sera votre profession?
Je serai vétérinaire.
Où habiterez-vous?
En Normandie.
Combien d'enfants aurez-vous?
Trois.

NOM: **Lucien Menier**
Vous marierez-vous?
Non.
Quelle sera votre profession?
Je ne sais pas.
Où habiterez-vous?
Dans un appartement.
Combien d'enfants aurez-vous?
Aucun.

NOM: **Claire Simon**
Vous marierez-vous?
Oui, avec Claude Pelin.
Quelle sera votre profession?
Je veux devenir photographe.
Où habiterez-vous?
À Paris.
Combien d'enfants aurez-vous?
Au moins quatre.

NOM: **Robert Petit**
Vous marierez-vous?
Sans doute.
Quelle sera votre profession?
Je veux enseigner le français.
Où habiterez-vous?
En ville.
Combien d'enfants aurez-vous?
Un seul.

Identifiez la personne

1. qui veut rester seule: _____

2. qui travaillera avec les chevaux: _____

3. qui ne va pas habiter en France: _____

4. qui aura le plus d'enfants: _____

5. qui sera professeur: _____

## III.  Writing

**A.**  Express what these people will do in the future: [20 points]

1.  les Restaud/acheter une maison

_____

2.  Janine/s'ennuyer à la campagne

_____

3.  je/aller en Europe

_____

4.  nous/s'amuser en vacances

_____

5.  tu/préférer vivre en ville

_____

6.  vous/envoyer vos enfants en Belgique

_____

7.  Jean-Luc/être programmeur

_____

8.  elles/renouveler des amitiés du passé

_____

9.  je/avoir une grande famille

_____

10.  Lise/faire beaucoup de voyages

_____

**B.**  Make five different comparisons: [10 points]

1.  une panthère/une fourmi

_____

2.  faire une croisière/faire du ski alpin

_____

3.  lire/faire du cheval

_____

    4. une lampe/un lampadaire

    _____

    5. un docteur/un vétérinaire

    _____

**C.** Write these numbers in French: [10 points]

    1.      350 _____

    2.    1,400 _____

    3.   90,000 _____

    4.  500,000 _____

    5. 3,000,000 _____

**D.** Write a story in French of at least ten clauses about the situation in the picture below: [10 points]

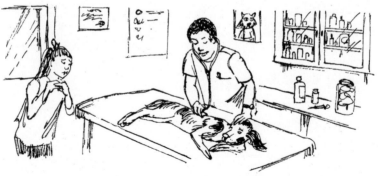

_____

_____

_____

_____

_____

_____

_____

_____

## IV. Culture Quiz

Select the best completion to each statement and write its letter in the space provided:
[10 points]

1. La ville de Paris est divisée en _____

   a. quartiers         c. classes
   b. villages          d. arrondissements

2. Un cadeau typique de Suisse est _____

   a. du chocolat        c. des gants
   b. des vêtements      d. du vin

3. Une personne avec un appétit d'oiseau _____

   a. boit beaucoup.      c. court vite.
   b. mange peu.         d. a toujours faim.

4. Les vacances des travailleurs français durent _____

   a. deux semaines.      c. cinq semaines.
   b. quinze jours.        d. deux mois.

5. Un voyage New York/Paris en Concorde coûte environ _____

   a. quatre mille dollars.      c. quatorze mille dollars.
   b. quarante mille dollars.    d. quatorze mille dollars.

---

### Key to Unit Test 4

## I. Listening Comprehension

**A** Teacher cues:

1. J'irai en ville cet après-midi.
2. Regarde ces paons.
3. Qu'est-ce qu'il y a dans le congélateur?
4. Je vais au grand magasin cet après-midi.
5. Pourquoi ne vas-tu pas chez le coiffeur aujourd'hui?

   1. *d*   2. *b*   3. *a*   4. *a*   5. *c*

**B** 1. Multiple Choice (English)

Procedure: Instruct students to read the directions. Then say: "I will now read a passage in French. Before the passage, I will give you some background information in English. Then I will read the French passage twice. Listen carefully. After the passage, I will read a question in English. This question is also printed on your sheet. Look at the question and the four suggested answers on your sheet. Choose the best answer and write its letter in the space provided. Do not read the question and answers while listening to the passage. I will now begin."

You are visiting a space center. A guide says:

Si vous souhaitez faire une visite complète du centre spatial, nous vous suggérons nos visites guidées en autocar. Nous offrons deux itinéraires différents, à bord d'autocars climatisés, en compagnie d'un guide. Nous avons des arrêts spécialement prévus pour prendre des photos. Il est recommandé d'acheter vos billets dès votre arrivée au centre. Les visites durent deux heures chacune et les autocars partent toutes les heures.

What does the guide suggest? (Key: a)

2. Multiple Choice (French)

Procedure: Instruct students to read the directions. Then say: "I will now read a passage in French. Before the passage, I will give you some background information in English. Then I will read the French passage twice. Listen carefully. After the passage, I will read a question in French. This question is also printed on your sheet. Look at the question and the four suggested answers on your sheet. Choose the best answer and write its letter in the space provided. Do not read the question and answers while listening to the passage. I will now begin."

You are looking for new furniture for your room. The salesperson says:

Composé d'éléments articulés, ce fauteuil a différentes positions possibles. C'est un modèle tout à fait original. Il existe en deux versions: bois naturel pour 3500 francs et de couleur pour 4500 francs.

Qu'est-ce qu'on essaie de vous vendre? (Key: c)

3. Multiple Choice (Visual)

Procedure: Instruct students to read directions. Then say: "I will now read twice a short passage in French. Before the passage, I will give you some background information in English. After the passage, I will read a question in English. For this question, the answers are pictures. Choose the picture that best answers the question and write its letter in the space provided. I will now begin."

You are looking for a summer job. Your friend reads the following ad to you:

Recherchons trois messagers. 25 ans environ. Expérience nécessaire. Les candidats doivent être des chauffeurs expérimentés et avoir une très bonne connaissance de Paris et de sa région. Le travail comprend la livraison du courrier et de petits colis. Réelles possibilités de promotion et bons salaires. Bonne présentation, sens des responsabilités et sérieux exigés.

What type of job does the ad offer? (Key: d)

## II. Reading

**A** 1. *c*  2. *b*

**B** 1. *Une truffe est un champignon sauvage.*
2. *Parce qu'il a trouvé une énorme truffe de 850 grammes.*
3. *Parce qu'elles sont très rares.*
4. *On les mange.*
5. *On utilise des cochons pour trouver les truffes.*

**C** 1. *Lucien Menier*       4. *Claire Simon*
2. *Josette Leroy*        5. *Robert Petit*
3. *Paul Lemerle*

## III. Writing

**A** 1. *Les Restaud achèteront une maison.*
2. *Janine s'ennuiera à la campagne.*
3. *J'irai en Europe.*
4. *Nous nous amuserons en vacances.*
5. *Tu préféreras vivre en ville.*
6. *Vous enverrez vos enfants en Belgique.*
7. *Jean-Luc sera programmeur.*
8. *Elles renouvelleront des amitiés du passé.*
9. *J'aurai une grande famille.*
10. *Lise fera beaucoup de voyages.*

**B** (Sample responses)

1. *Une panthère est plus grande qu'une fourmi.*
2. *Faire une croisière est moins dangereux que faire du ski alpin.*

3. *Lire est plus facile que faire du cheval.*
4. *Une lampe est aussi utile qu'un lampadaire.*
5. *Un docteur est aussi intelligent qu'un vétérinaire.*

**C**  1. *Trois cent cinquante.*
2. *Mille quatre cents.*
3. *Quatre-vingt-dix mille.*
4. *Cinq cent mille.*
5. *Trois millions.*

**D**  (Sample response)

*Le chien de Lucie est malade./1 Il ne veut rien manger./2 Il ne court plus./3 Lucie l'a emmené chez le vétérinaire./4 Il s'appelle docteur Lamartine./5 Il est très gentil avec les animaux./6 Le docteur examine le chien./7 Il dit qu'il n'est pas très malade./8 Il lui donne des vitamines./9 Lucie est contente./10*

**IV.  Culture Quiz**

1. *d*   2. *a*   3. *b*   4. *c*   5. *a*

# Achievement Test 2 (Lessons 11-20)

**1** Vocabulary [10 points]

1. _____

2. _____

3. _____

4. _____

5. _____

6. _____

7. _____

8. _____

9. _____

10. _____

**2**  Object pronouns [15 points]

**a.**  Rewrite the story replacing the nouns in bold type with the correct object pronouns:

1. Paul et Béatrice arrivent **au restaurant.**

   _____

2. Le garçon demande **à Paul et Béatrice** s'ils veulent dîner.

   _____

3. Le garçon conduit **les jeunes gens** à une table.

   _____

4. Il met **deux menus** sur la table.

   _____

5. Paul lit **le menu.**

   _____

6. Béatrice veut goûter **la fondue au fromage.**

   _____

7. Le garçon recommande le canard **à Paul.**

   _____

8. Paul et Béatrice veulent prendre **du dessert.**

   _____

9. Le repas terminé, Paul paie **l'addition.**

   _____

10. Ils ont passé une bonne soirée **dans ce restaurant.**

   _____

**b.**  You are preparing to go on a trip. Rewrite the sentences using double object pronouns:

EXAMPLE:  J'emmène le chien chez Anne.
         Je l'y emmène.

1. Je vais donner un coup de téléphone à mon ami.

   _____

2. Faut-il apporter la plante à Mme Gérard?

   _____

3. Écrivons nos noms sur nos bagages.

   _____

4. Ne mettons pas le maquillage à côté des vêtements.

_____

5. Je vais demander l'heure du départ à papa.

_____

**3**  Cardinal and ordinal numbers [10 points]

  **a.** Listen to your teacher read a number to you in French then circle the letter of the numeral you hear:

    1. (a) 15       (b) 150      (c) 55       (d) 1,500
    2. (a) 210     (b) 201      (c) 2,100    (d) 1,200
    3. (a) 1,090   (b) 109      (c) 19,000   (d) 1,900
    4. (a) 500     (b) 50,000   (c) 5,000    (d) 5,000,000
    5. (a) 3,000   (b) 300      (c) 3,000,000 (d) 30,000

  **b.** Express which birthday each person is celebrating:

    EXAMPLE:  Henri/7e
              C'est son septième anniversaire.

    1. Sylvie/1er

    _____

    2. Jérôme/9e

    _____

    3. Brigitte/15e

    _____

    4. Jean-Michel/21e

    _____

    5. Colette/50e

    _____

**4**  Verbs [10 points]

Complete with the correct form of the verb in parentheses:

    1. (croire) _____-vous cette histoire?

    2. (devoir) Il _____ partir maintenant.

    3. (jeter) Je _____ les mouchoirs en papier.

    4. (boire) _____ du lait, vous deux.

    5. (s'ennuyer) Ils ne _____ jamais en classe.

    6. (préférer) Je _____ ce fauteuil.

7. (acheter) Elle _____ une robe.

8. (manger) Nous _____ beaucoup de légumes.

9. (commencer) _____ tes devoirs maintenant.

10. (courir) Tu _____ trop vite!

**5** Comparisons [5 points]

Use the cues provided to compare the first element with the second:

EXAMPLE:

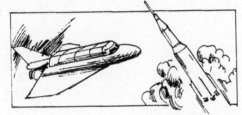

(+ moderne)

La navette spatiale est plus moderne qu'une fusée.

1.                                    (= féroce)

_____

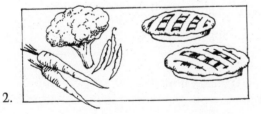

2.                                    (– bon)

_____

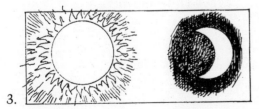

3.                                    (+ grand)

_____

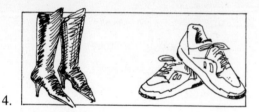

4. (− confortable)

5. (= intelligent)

**6** Future tense [10 points]

Use the correct future form of the verb in parentheses to express the summer plans of the following people:

1. (visiter) Ils _____ la France.

2. (aller) Moi, j'_____ à la plage.

3. (faire) Nous _____ un voyage.

4. (devoir) Vous _____ rester chez vous.

5. (être) Elle _____ en Suisse tout l'été.

6. (venir) Tu _____ chez moi.

7. (avoir) J'_____ du travail à faire.

8. (pouvoir) Elles _____ faire une croisière.

9. (vouloir) Vous _____ aller en Europe.

10. (célébrer) Nous _____ le 4 juillet ensemble.

**7** Listening comprehension [10 points]

a. Listen to your teacher read twice a situation in French. Then your teacher will pause while you circle the letter of the best suggested response:

    1. a. Je dois chercher mes pantoufles.
       b. Je vais mettre mon imperméable.
       c. Il me faut un gilet.
       d. Je chercherai une écharpe.

2. a. Il me faut une vitre.
   b. La plaque est dans le moteur.
   c. Je vais vérifier les pneus.
   d. Le coffre est vide.

3. a. Jouons aux cartes.
   b. Faisons du sport.
   c. Allons à la campagne.
   d. Patinons.

4. a. Je vous recommande ces mouchoirs en papier.
   b. Il vous faut du déodorant.
   c. Voici un bon dentifrice.
   d. Ces vitamines sont excellentes.

5. a. J'aime dessiner.
   b. J'aime tricoter.
   c. J'aime cuisiner.
   d. J'aime collectionner les timbres.

**b.** Listen to your teacher read twice in succession a situation in French. Then your teacher will pause while you write an appropriate response to the situation in the space provided. Assume that in each situation you are speaking with a person who speaks French:

1. _____

2. _____

3. _____

4. _____

5. _____

**8**  Reading comprehension [10 points]

Choose the best completion to each of the five statements that follow this selection. Base your choice on the content of the selection and write its letter in the space provided:

Nous sommes le vingt-huit juin. Michel, qui a dix ans, se réveille à sept heures précises, avant toute sa famille. Aujourd'hui, il va quitter ses parents pour la première fois pour aller passer l'été dans un camp de vacances. Son frère y va également, mais il sera dans une section différente avec ses amis. Michel sait qu'un de ses camarades de classe sera aussi au camp. Mais pour l'instant, Michel est très nerveux. Il se lève, puis se lave et s'habille. Il n'a pas faim car il est nerveux. Il dit au revoir à ses jouets préférés et à son ours. Il ne peut pas emmener son ours avec lui. Son frère lui a dit que tout le monde se moque des enfants qui apportent leurs ours. Il l'a aussi menacé de jeter l'ours par la fenêtre du bus si Michel ne lui obéissait pas. Alors Michel dit au revoir à ses parents et monte dans l'autobus sans son ours, comme une grande personne.

1. Michel se réveille

   a. tard.
   b. après toute la famille.

   c. le premier.
   d. pendant la nuit.

   _____

2. Il va passer ses vacances

   a. loin de ses parents.
   b. seul.

   c. avec sa classe.
   d. en Europe.

   _____

3. Michel est nerveux et ne veut pas

   a. courir.
   b. manger.

   c. dormir.
   d. se réveiller.

   _____

4. S'il prend son ours, son frère sera

   a. fâché.
   b. content.

   c. triste.
   d. nerveux.

   _____

5. Michel veut devenir

   a. plus seul.
   b. plus gros.

   c. plus petit.
   d. plus adulte.

   _____

**9** Slot completion [10 points]

Read the following selection. For each blank space, four completions are provided. Choose the one that best completes the sentence and circle its letter:

C'est le mois de juillet. Nous sommes en ___(1)___ . Vous aimez aller nager dans la mer ou à la piscine. Cependant, il y a quelques règles de sécurité qu'il faut ___(2)___ pour éviter les accidents:

a. Ne nagez jamais ___(3)___ .
b. Ne nagez pas quand vous êtes fatigué. Il est important d'avoir assez ___(4)___ sinon vous risquez un accident.
c. Pour éviter les crampes d'estomac, ___(5)___ puis attendez au moins une demie heure avant d'aller dans l'eau.

1. a. printemps
   b. été
   c. automne
   d. hiver
2. a. respecter
   b. chercher
   c. croire
   d. finir
3. a. assez
   b. trop
   c. seul
   d. souvent
4. a. d'énergie
   b. d'aliments
   c. de boissons
   d. d'argent
5. a. dormez
   b. amusez-vous
   c. habillez-vous
   d. mangez

**10**   Composition [5 points]

Write a five-sentence note to convince your friend to stay at your house for a week during the summer:

_____

_____

_____

_____

_____

**11**   Visual Stimulus [5 points]

Write a story in French of at least five clauses about the situation in the picture:

_____

_____

_____

_____

_____

## Key to Achievement Test 2

**1**
1. *un four*
2. *une baleine*
3. *essayer des chaussures*
4. *des mouchoirs en papier*
5. *un boucher*
6. *une robe de chambre*
7. *un volant*
8. *faire une promenade en bateau*
9. *collectionner les cartes de base-ball*
10. *la navette spatiale*

**2  a.**
1. *Paul et Béatrice y arrivent.*
2. *Le garçon leur demande s'ils veulent dîner.*
3. *Le garçon les conduit à une table.*
4. *Il en met deux sur la table.*
5. *Paul le lit.*
6. *Béatrice veut la goûter.*
7. *Le garçon lui recommande le canard.*
8. *Paul et Béatrice veulent en prendre.*
9. *Le repas terminé, Paul la paie.*
10. *Ils y ont passé une bonne soirée.*

**b.**
1. *Je vais lui en donner un.*
2. *Faut-il la lui apporter?*
3. *Écrivons-les-y.*
4. *Ne l'y mettons pas.*
5. *Je vais la lui demander.*

**3  a.** Teacher cues:

1. cent cinquante
2. mille deux cents
3. dix neuf mille
4. cinquante mille
5. trois mille

1. *b*  2. *d*  3. *c*  4. *b*  5. *a*

**b.**
1. *C'est son premier anniversaire.*
2. *C'est son neuvième anniversaire.*
3. *C'est son quinzième anniversaire.*
4. *C'est son vingt et unième anniversaire.*
5. *C'est son cinquantième anniversaire.*

**4**
1. *Croyez*
2. *doit*
3. *jette*
4. *Buvez*
5. *s'ennuient*
6. *préfère*
7. *achète*
8. *mangeons*
9. *Commence*
10. *cours*

**5**
1. *Un léopard est aussi féroce qu'un tigre.*
2. *Les légumes sont moins bons que les tartes.*
3. *Le soleil est plus grand que la lune.*
4. *Les bottes sont moins confortables que les baskets.*
5. *Un programmeur est aussi intelligent qu'un vétérinaire.*

**6**
1. *visiteront*
2. *irai*
3. *ferons*
4. *devrez*
5. *sera*
6. *viendras*
7. *aurai*
8. *pourront*
9. *voudrez*
10. *célébrerons*

**7** Listening comprehension

**a.** Procedure: Instruct students to read the directions. Then say: "I will now read a passage in French twice. Listen carefully. After each passage, look at the four suggested answers printed on your sheet. Choose the best answer and circle its letter. Do not read the answers while listening to the passage. I will now begin."

1. Vous allez voir une pièce de théâtre en ville. Le ciel est gris et la météo a indiqué que la pluie commencera à tomber vers huit heures. Avant de partir, vous pensez: (Key: *b*)

2. Vous devez faire un long voyage en voiture et vos parents sont très nerveux. Avant de partir, vous leur dites: (Key: *c*)

3. Vous passez vos vacances d'été à la Martinique. Malheureusement, il fait mauvais et vous devez rester dans votre chambre d'hôtel. Vous dites à vos parents: (Key: *a*)

4. Vous travaillez dans une pharmacie. Un client entre. Il a les dents jaunes et une mauvaise haleine. Vous lui dites: (Key: *c*)

5. Votre ami remarque qu'il y a beaucoup de cartes postales et de lettres de pays étrangers sur votre table de nuit. Vous lui dites: (Key: *d*)

**b.** Procedure: Instruct students to read the directions. Then say: "I will now read a passage in French twice. Listen carefully. After each passage, I will pause. During the pause, write an appropriate response to what you have just heard. Do not write while I read the passage. I will now begin."

1. Vous êtes chez le marchand de meubles. Un vendeur vous demande ce que vous cherchez. Vous lui répondez:

   (Sample response: *Je veux des meubles pour ma salle à manger.*)

2. Les vacances d'été arrivent. Votre ami vous demande ce que vous ferez au mois d'août. Vous lui répondez:

   (Sample response: *J'irai à la plage tous les jours.*)

3. Vous allez chez le boulanger et vous lui dites:

   (Sample response: *Donnez-moi du pain, s'il vous plaît.*)

4. Vous entrez à la pharmacie et dites au pharmacien:

   (Sample response: *Il me faut des aspirines, s'il vous plaît.*)

5. Votre ami va aller à une surprise-partie avec vous. Il vous demande ce qu'il doit y apporter. Vous lui dites:

   (Sample response: *Apporte des disques et du soda.*)

**8**  1. *c*  2. *a*  3. *b*  4. *a*  5. *d*

**9**  1. *b*  2. *a*  3. *c*  4. *a*  5. *d*

**10**  (Sample response)

*Cher Jacques,*
*Viens passer une semaine de vacances chez moi, s'il te plaît. Nous irons à la plage tous les jours. Nous ferons de la planche à voile. Le soir nous irons au cinéma. Nous nous amuserons beaucoup.*
                                    *Philippe*

**11**  (Sample response)

*Un extraterrestre vient d'atterrir sur terre. Il rencontre Marie. Il lui pose beaucoup de questions. Marie lui répond. Elle l'invite chez elle.*

# *Proficiency Test*

## 1. Speaking

**a.** Informal Classroom Evaluation

Scores are based on student performance in daily classroom activities during assessment periods, during which students have frequent opportunities to engage in realistic oral communication. Reading aloud and recitation of memorized texts do not constitute oral communication.

Criteria are frequency and consistency of student expression consistent with the proficiency levels to be attained.

Suggested scores for frequency/consistency:

| | |
|---|---|
| All the time | 10 |
| Most of the time | 7–9 |
| Half of the time | 4–6 |
| Seldom | 1–3 |
| Never | 0 |

**b.** Oral Communication Tasks

Up to 5 credits may be given for each task according to the following criteria:

One credit for each of the four student utterances that is *comprehensible* and *appropriate*.

One credit for the *quality* of all four comprehensible and appropriate student utterances.

No credit is given if the purpose of the task has not been achieved.

No credit is given for Yes-No utterances or repetitions.

A. Socializing

I am your friend. We have a telephone conversation. Ask me what I am going to do today and then tell me what you have planned. You begin the conversation.

B. Providing and obtaining information

I am a salesclerk in a clothing store. You are shopping for clothes. I begin the conversation by asking you how I can help you.

C. Expressing personal feelings

I am your parent. You tell me about your classes and your teacher. We talk about your likes and dislikes. You begin the conversation.

D. Persuading others to adopt a course of action

I am your brother/sister. Try to convince me to lend you some money to buy a new record. You begin the conversation.

**Sample Sequences:** (The teacher is the conversation partner for all tasks.)

A. Socializing

STUDENT: Bonjour, Marie. Qu'est-ce que tu vas faire aujourd'hui?
TEACHER: Je ne sais pas.
STUDENT: Veux-tu aller au cinéma avec moi?
TEACHER: Peut-être. Quel film veux-tu aller voir?
STUDENT: «Aventure dans l'espace.» C'est un film de science-fiction.
TEACHER: D'accord. À quelle heure irons-nous?
STUDENT: Je viendrai te chercher à cinq heures.

B. Providing and obtaining information

TEACHER: Bonjour. Est-ce que je peux vous aider?
STUDENT: Oui, je désire acheter un complet.
TEACHER: De quelle couleur le voulez-vous?
STUDENT: J'en veux un noir.
TEACHER: Est-ce que vous avez besoin d'autre chose?
STUDENT: Oui, il me faut aussi une chemise blanche.
TEACHER: Voulez-vous aussi acheter une cravate?
STUDENT: Non, merci. J'en ai déjà une.

C. Expressing personal feelings

STUDENT: Tout va très bien à l'école.
TEACHER: Combien de classes as-tu?
STUDENT: J'en ai cinq: français, anglais, maths, biologie et histoire.
TEACHER: Qui est ton professeur de français?
STUDENT: Madame André. Elle est très gentille.
TEACHER: Que fais-tu en classe de français?
STUDENT: J'apprends à parler et à écrire des compositions en français.

D. Persuading others to adopt a course of action

STUDENT: Le nouveau disque des «Ours blancs» vient de sortir.
TEACHER: Est-ce que tu vas l'acheter?
STUDENT: Je ne peux pas parce j'ai dépensé tout mon argent de la semaine.
TEACHER: Alors, attends la semaine prochaine.
STUDENT: Tous les disques seront vendus. Je dois y aller aujourd'hui.
TEACHER: Est-ce que je peux t'aider?
STUDENT: Oui, tu peux me prêter vingt francs. Je te paierai dimanche prochain.

## 2. Listening Comprehension

a. Multiple Choice (English)

Procedure: Instruct students to read the directions for Part 2a. After students have read and understood the directions, proceed as follows.

To begin, say: "In Part 2a, you will have to answer ten questions. Each question is based on a short passage that I will read to you. Listen carefully. Before each passage, I will give you some background information in English. Then I will read the passage in French *twice*. After you have heard the passage for the second time, I will read the question in English. This question is also printed in your book. After you have heard the question, you will have about one minute before I go to the next question. During that time, look at the question and the four suggested answers in your book. Choose the best answer and write its number in the space provided. Do not read the question and answers or take notes while listening to the passage. I will now begin."

Administer each item in Part 2a, numbered 1 to 10, as follow: First, read the setting in English *once*, then the listening-comprehension passage in French *twice in succession*. Make every effort to read the passage in the way students would hear it in an authentic setting. Then read the question in English *once*. Pause for no more than one minute before proceeding to the next item.

1. You overhear your friend Charles speaking to your teacher. He says:

   Je regrette, M. Lambert, mais je n'ai pas fait mes devoirs. J'étais malade hier et je me suis couché à quatre heures et demie de l'après-midi. Est-ce que je peux vous les apporter demain?

   What is Charles' problem? (Key: *1*)

2. Tomorrow is Mother's Day and your sister went to a clothing store to find a gift. She tells you:

   J'ai trouvé une belle robe de chambre à manches longues au magasin de vêtements. Je crois que maman aimera beaucoup ce cadeau.

   What did your sister buy? (Key: *3*)

3. At the end of the class period, your teacher says:

   Vous savez qu'il y a un examen demain. Mais ce ne sera pas un examen de grammaire. Vous devez étudier tous les mots de vocabulaire et toutes les expressions que nous avons appris.

   What will you have to study for the test? (Key: *4*)

4. Your friend Thomas and you are in a restaurant. You hear Thomas ordering:

   Je prendrai d'abord un verre de jus d'orange, puis deux œufs frits accompagnés de deux croissants avec du beurre et de la confiture. Apportez-moi aussi une tasse de café, s'il vous plaît.

   Which meal is Thomas eating? (Key: *1*)

5. You hear the following weather report on the radio:

   La température tombe très rapidement. Il fait très froid et il va neiger avant la nuit. Ne prenez votre voiture que si c'est absolument nécessaire.

   In which season of the year are we? (Key: *4*)

6. You are at a bus station in Paris. You want to buy a ticket to Versailles. The ticket agent tells you the following:

   Je suis désolé, mais les autobus pour Versailles ne partent pas à l'heure aujourd'hui. Il y a eu un accident et toutes les routes sont bloquées. Le prochain autobus partira à trois heures de l'après-midi.

   Why can't you take the scheduled bus? (Key: *3*)

7. You have just arrived in Port-au-Prince. It's Saturday night. Your friend calls you at the hotel and says:

   J'ai une bonne idée. On joue un film formidable à l'Odéon ce soir. Ça s'appelle «L'amour au printemps». Georgette Hubert joue et chante dans ce film. Nous allons tous y aller. Qu'en penses-tu? Veux-tu venir avec nous?

   What is your friend's suggestion? (Key: *1*)

8. Your cousin's family in Cannes is making preparation for a picnic at the beach. Christine says:

   Nous avons besoin de beaucoup de choses. D'abord, il nous faut acheter des assiettes en papier et des fourchettes en plastique. Puis il nous faut du pain, du jambon et du fromage pour les sandwiches. Et n'oublions pas les boissons, les fruits et les gâteaux.

   Where can these items be bought? (Key: *4*)

9. You are walking with a group of friends. One of them says:

   J'ai de bonnes nouvelles. Mon père m'a promis que si j'ai de bonnes notes ce semestre, nous passerons nos vacances d'été en France. Nous visiterons tout le pays et les grandes villes comme Paris, Nice, Lille et Marseille.

   What's the good news? (Key: *4*)

10. Your telephone rings. You pick up the receiver and hear your Canadian pen pal's excited voice:

    J'écoutais la radio quand j'ai entendu une nouvelle chanson des Cygnes, un groupe américain. Je l'aime beaucoup et je veux acheter le disque. Malheureusement, je ne connais pas le titre de la chanson. On dit que c'est un grand succès aux États-Unis. Peux-tu l'acheter pour moi et me l'envoyer, s'il te plaît?

    What does your friend want you to do? (Key: *2*)

**b.** Multiple Choice (French)

Procedure: Instruct students to read the directions for Part 2b. After students have read and understood the directions, say:

"In Part 2b, you will have to answer 5 questions. Part 2b is like Part 2a, except that the questions and answers will be in French. I will now begin."

Administer Part 2b in the same manner as Part 2a.

11. You are on vacation in Guadeloupe and overhear two mothers talking. One of them says:

    Je suis tranquille car Pierre et Georges sont assis loin de la mer. Ils jouent dans le sable où ils s'amusent à faire des châteaux.

    Que font les enfants? (Key: 3)

12. Your friends Marie and Pierre are talking about their plans for the summer. Marie says:

    Pierre! Comme je suis contente! Demain est le dernier jour d'école et les vacances commencent. La semaine prochaine, nous serons sur les plages de la Martinique.

    Où vont aller les jeunes gens? (Key: 2)

13. You overhear two high-school seniors discuss their future. One of them says:

    François, à quelle université veux-tu aller? Auras-tu assez d'argent pour vivre sur le campus? Moi, je sais que je devrai travailler pour payer mes études universitaires.

    De quoi ces jeunes gens parlent-ils? (Key: 2)

14. The French Club in your school is having a social. You hear a member say:

    Je finirai mes études au lycée cette année. Je sais bien parler anglais et français, mais je préfère les sciences. Je veux étudier la médecine parce que je veux devenir un médecin célèbre.

    Que savez-vous de cette jeune fille? (Key: 4)

15. Thérèse describes her new job:

    À vrai dire, mon travail est facile à apprendre et le salaire n'est pas mauvais. Mon bureau est très joli et les heures de travail me conviennent. Le problème est que la directrice est très sévère. Elle est difficile et a mauvais caractère.

    Qu'est-ce que Thérèse n'aime pas? (Key: 3)


c. Multiple Choice (Visual)

Procedure: Instruct students to read the direction for Part 2c. After students have read and understood the directions, say:

"In Part 2c, you will have to answer 5 questions. Part 2c is like Parts 2a and 2b, except that the questions are in English and the answers are pictures. Choose the picture that best answers the question and circle its number. I will now begin."

Administer Part 2c in the same manner as Part 2a and 2b.

16. Your friend Jean describes his work to you:

    Mon travail n'est pas facile, mais il est intéressant. Quand une voiture ne marche pas, je dois trouver la cause du problème et faire les réparations nécessaires.

    Which picture best describes Jean's occupation? (Key: 3)

17. You are in a department store in Grenoble. The clerk says to the customer in front of you:

Est-ce que ce sera tout? La chemise coûte 300 francs, la cravate 180 francs et les chaussettes 25 francs. Vous pouvez payer avec votre carte de crédit si vous le voulez.

What are some of the things bought by the customer? (Key: 2)

18. Your classmate Louise is talking about what she has to do:

Je n'ai pas le choix. Je dois passer toute la journée à étudier si je veux réussir mon examen de maths. Je vais aller à la bibliothèque où il n'y a pas de bruit.

Where is Louise going? (Key: 2)

19. You friend describes one of his favorite places:

Je viens souvent ici. Les prix sont raisonnables et le service est excellent. Mais le plus important est qu'il y a une grande variété de plats.

What is being described? (Key: 3)

20. The anchorman is reporting the following on the evening newscast:

Cet après-midi, deux hommes sont entrés dans la bijouterie Lamont. Ils ont pris plus de dix mille dollars en bijoux. Heureusement, un policier les a vus et les a arrêtés immédiatement.

What did the policeman do? (Key: 2)

## 3. Reading

**a.** Multiple Choice (English)

*KEY:* 21 (2)   23 (1)   25 (4)
       22 (4)   24 (1)   26 (3)

**b.** Multiple Choice (French)

*KEY:* 27 (2)   29 (3)
       28 (1)   30 (4)

## 4. Writing

**a.** Rate each note as follows:

Read the entire note to determine whether its purpose has been achieved.

If the purpose has been achieved and the note consists of at least 12 comprehensible words (not including salutation and closing), give three credits.

If the purpose has been achieved but the note consists of fewer than 12 comprehensible words (not including salutation and closing), give two credits.

If the purpose has not been achieved (regardless of the number of words used), give no credit.

(Sample responses)

1. *Cher Jean,*
   *Merci beaucoup pour le baladeur que tu m'as donné pour mon anniversaire. J'en voulais un depuis longtemps. C'est vraiment un cadeau formidable.*

2. *Chère Sylvie,*
   *Comment vas-tu? Moi, je vais très bien et je m'amuse beaucoup. Il fait très beau et je vais à la plage tous les jours. J'apprends à faire de la planche à voile.*

**b.** Rate each list by awarding ½ credit for each comprehensible and appropriate item on the list. Place a check mark [✔] next to items that are incomprehensible and/or inappropriate and, therefore, receive no credit.

(Sample responses)

1. *des boissons*        2. *trois pantalons*
   *un gâteau*              *deux chemises*
   *de la glace*            *un sweat-shirt*
   *des sandwiches*         *un blazer*